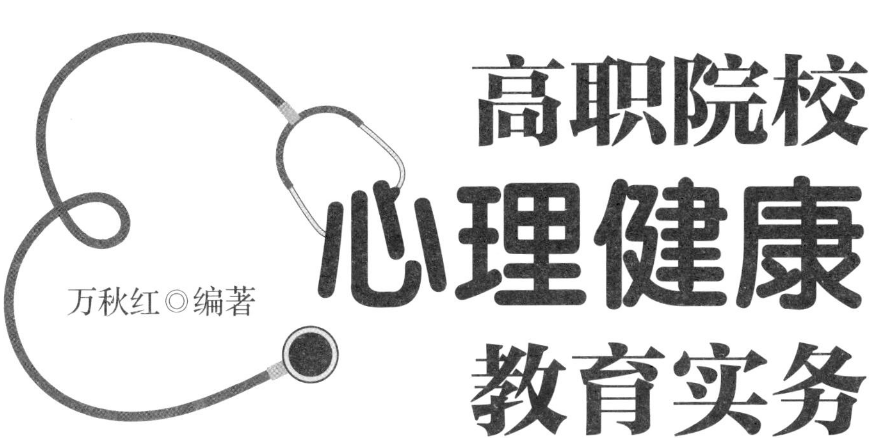

高职院校心理健康教育实务

万秋红◎编著

GAOZHI YUANXIAO XINLI JIANKANG JIAOYU SHIWU

中国纺织出版社有限公司

内 容 提 要

对高职大学生的心理健康进行分析及开展心理危机干预是高校心理健康教育工作的重要内容。随着高等职业教育的发展和高职高专院校办学规模的扩大、学生数量的提升，高职高专院校学生的心理问题呈现多样性与复杂性，心理健康教育与心理危机干预工作日益重要。

通过对高职高专院校学生心理健康问题进行分析，了解出现心理危机原因，并对处于危机爆发状态的学生个体或群体，实施全方位的心理援助，平衡其已严重失衡的心理，降低、减轻可能出现的对人对社会的危害。建立高职院校心理危机干预模式：以教育为基础，以预警为重点、以干预促转化、以跟踪固成效的管理、教育、心理和医学相结合的心理危机干预模式。

图书在版编目（CIP）数据

高职院校心理健康教育实务／万秋红编著. --北京：中国纺织出版社有限公司，2022.1

ISBN 978-7-5180-9185-0

Ⅰ. ①高… Ⅱ. ①万… Ⅲ. ①心理健康—健康教育—教学研究—高等职业教育 Ⅳ. ①G444

中国版本图书馆CIP数据核字（2021）第241028号

责任编辑：闫　星　　责任校对：高　涵　　责任印制：储志伟

中国纺织出版社有限公司出版发行

地址：北京市朝阳区百子湾东里A407号楼　邮政编码：100124

销售电话：010—67004422　传真：010—87155801

http://www.c-textilep.com

中国纺织出版社天猫旗舰店

官方微博 http://weibo.com/2119887771

北京佳诚信缘彩印有限公司印刷　各地新华书店经销

2022年1月第1版第1次印刷

开本：710×1000　1/16　印张：16

字数：252千字　定价：88.00元

本书是2019年湖南省高校思想政治工作优秀团队建设项目（19GG40）研究成果之一，由湖南省高校思想政治工作专项资金资助。

前言

加强和改进大学生心理健康教育是贯彻党的十九大精神，落实全国教育工作会议、教育规划纲要、促进学生健康成长、培养造就高级专门人才的重要途径，也是全面贯彻党的教育方针、加强和改进大学生思想政治教育的重要任务。近年来，中共中央、国务院、教育部及省教育厅、卫健委连续颁布文件，表现了对大学生心理健康教育的空前重视。各高校的心理健康教育工作也得到很大发展，形成了心理健康教育与德育相辅相成的局面，共同帮助学生健康成长成才。

在心理健康教育繁荣发展的过程中，各高校尤其是本科院校非常重视心理健康教育工作，建立健全心理健康教育中心，开设心理健康教育教学体系，开展丰富的宣传教育活动、心理咨询及危机干预工作等，深入学生的学习与生活，突出心理健康教育的亮点与特色等。随着我国大力发展职业教育，注重人才培养的质量，高职院校心理健康教育也越来越受到重视，但通过问卷调查，发现部分高职院校依然存在一些不可忽视的乱象，比如，对心理健康教育机构建设重视不够，心理健康教育专项经费缺乏，机构工作内容模糊、工作体制不健全，心理健康教育课程课时设置不足，心理健康教育队伍配备不齐、专业胜任力不够、缺乏稳定性等，这些都使得心理健康教育“供需矛盾”日益突出，忽略了以学生为中心、以发展为核心的面向全体学生提升其心理素质，促进和谐发展的心理育人目标，等等。这些问题影响了高职院校心理健康教育的深入、系统、规范、专业化发展。因此，在这样的思考下，编者结合多年的高职心理健康教育工作经验，借鉴省内外各院校同行专家们的学术观点和成果，编写了这样一本高职心理健康教育实务操作手册，以期为高职院校开展心理健康教育工作提供参考。

本书遵循心理健康教育的基本规律，根据高职学生心理发展特点，对高职院校学生心理健康现状进行调查与分析，并在此基础上对高职院校心理健康教育中心的建设、心理健康教育队伍的建设、心理健康课程建设、实践活动、辅导咨询及心理危机预防干预等内容进行详细的介绍，注重操作性、可行性，求真务实，创新发展，希望能为高职院校提供借鉴，促进高职院校心理健康教育工作科学化建设，提升高职院校心理健康教育工作者专业化水平，有效为学生开展心理服务，促进学生心理健康素质与思想道德素质、科学文化素质协调发展，培养高素质技能型人才。

编著者

2021年10月

目录

第一章 高职学生心理健康现状与分析

高等职业教育是高等教育的重要组成部分，高等职业院校的学生是大学生群体的重要组成部分。高职生与普高本科生既有共同的心理特点，又有独特的心理特征。随着经济的快速发展，社会竞争日益激烈，社会和企业对高素质技能型人才的需求不断增加，高职学生面临的生存与发展压力越来越大，其复杂的心理健康问题和心理危机给高职院校心理健康教育工作增加了难度。想要提升高职学生的心理素质，需了解高职学生心理健康现状，根据心理健康教育的原理，从高职学生的特点出发，因势利导地开展心理健康教育，促使其身心健康成长。

第一节　高职学生心理发展特点与影响因素

当代的高职学生是“00后”，成长的环境十分优越，没有经历动荡、艰难困苦和复杂的生活环境，一直生活在平静的家庭和校园环境之中。这是他们成长的基本情况。因此，他们在心理上具有一定的共性。要提升高职学生的心理健康水平，必须了解个体的生理、心理发展规律，认识高职学生心理发展特点及影响因素，这是有针对性地开展高职学生心理健康教育的前提。

一、个体的生理、心理发展规律

在人的成长过程中，生理和心理状况随时间推移而不断变化发展。个体的身心发展在成长的岁月中呈现出一定的规律性。而对个体生理发展过程及心理发展特点的探索与研究，将使人们更清楚地了解自我成长特点，以便更好地发展。

个体的生理发展过程是个体按照自身预定的程序和节奏而自然成熟、成长的过程。从生理学角度分析，人的一生可分为胎儿期、婴儿期、童年期、青年期、成年期和老年期。在人的生长发育过程中，一般说来有两个生长发育的高峰时期，第一个高峰期是人体形成的重要时期——胎儿期；第二个高峰期是人体成熟的时期——青春期，它也是人体发育的转折时期和定型时期。在青春期时，我们认识到自己开始长大了，体态发育基本稳定，体内机能趋于完善，性器官、性机能基本发育成熟，大脑及神经系统也基本发育成熟。心理是人的大脑及神经系统的机能，大学生身体发展特别是大脑生长的状况，为心理的进一步发展和完善提供了物质基础。

关于个体心理发展，一般认为，个体心理发展中会表现出一定的年龄特征，人一生心理发展的阶段是：胎儿期、新生儿期、婴儿期、幼儿期、童年期、少年期、青年期、中年期和老年期。人们心理机能的发展呈现出阶段性。婴儿期是人的动作和言语发展的关键期。幼儿期是人的智力发展的关键期。儿童期是人的个性形成和培养学习品质、道德品质的关键期。青年期是价值观、人生观形成的关键期。在成年期，人的认识方式趋于稳定、思维习惯得以形成。而进入老年期，人的心理机能会逐渐衰退。艾瑞克·埃里克森（Erik Erikson）认为，个体还必须成功地通过一系列的心理社会性发展阶段，每个发展阶段都会出现一个主要冲突或危机，虽然每个危机都不会完全消失，但如果个体想要成功应对后面发展阶段的冲突，就需要在特定阶段充分地解决这个主要危机。同时，个体的心理发展也是一个社会化的过程。社会化是个体掌握和积极再现社会经验、社会联系和社会关系的过程。社会化过程是人类学会共同生活和彼此有效交互作用的过程，也是个体与社会环境交互作用的过程。

可以说，生理发展促进心理发展，而正常的心理发展，有利于生理发展。两者相互依存，互相促进。

二、高职学生心理发展的阶段及特点

从发展心理学的角度看，高职学生的心理发展处于个体心理发展的青年期。这一时期是心理上逐步走向成熟但还没有真正成熟的时期。在大学阶段，大学生开始设计自己的未来，人生观、世界观开始形成，个体真正开始成为独立的社会成员。知识的扩充、认知的发展和自我意识的趋于成熟，使这一时期成为人们一生中最具活力、最有朝气、最富想象力的时期。整个大学阶段，大学生的心理发展又可分为适应准备阶段、稳定发展阶段、走向成熟阶段。大学新生一般处在适应准备阶段，他们遇到的新问题最多，各方面会产生诸多的不适应。但大学生心理发展过程中适应准备阶段的时间长短是因人而异的，短则两三个月，长则一两年。适应准备阶段之后，大学生的心理发展会进入稳定发展阶段。在这个阶段并非没有心理问题，如大二学生学习问题最突出，其次是人际关系问题，也不乏恋爱问题的困扰；大学三年级学生的未来发展成为突出问题。只不过在这一阶段，他们已适应大学生活学习环境，容易取得社会支持，并有了一定的自我调适能力。稳定发展阶段之后，大学生的心理发展会走向成熟阶段。处于这一阶段的大学生基本上能较好地处理自己遇到的困惑或问题，而在碰到自己难以解决的问题时，能选择正确的求助方式。

当代高职学生在心理上具有一定的共性，表现出与以往任何一个年代大学生都不尽相同的心理面貌、心理矛盾、心理问题和心理发展优势。主要表现在以下3个方面。

（一）当代高职学生的心理面貌出现了三大转变，即从闭锁转向开放，从依赖转向独立，从关心书本转向关心社会

21世纪的高职学生不像20世纪六七十年代的大学生那样服从领导、依赖学校，而有了很强的独立意识；更不像以往大学生那样“两耳不闻窗外事，一心只读圣贤书”，而转向关心社会，特别是关注社会对自我发展的影响。当代高职学生的心理面貌突出表现为价值观念多元化、需要结构多样化、个性发展自主化、学习行为实用化。

（二）当代高职学生是一个充满心理矛盾的青年群体

他们普遍存在的内心矛盾主要有：闭锁性所导致的孤独感与强烈的交往需要之间的矛盾，渴求自主独立与情感物质依赖之间的矛盾，强烈求知欲与识别

能力不强之间的矛盾，情绪情感冲动与理智调控约束之间的矛盾，美好的愿望理想与当前现实不如意之间的矛盾，强烈的性意识、性冲动与正确处理异性之间关系、性道德之间的矛盾。由于心理矛盾的多样性、复杂性和心理冲突的加剧，当代大学生在心理上也出现了一些发人深省的新问题。心理幼稚者、自我中心者、人格分裂者、网络成瘾者、精神空虚者都在他们中出现了，这些问题既影响他们精神生活的质量，又影响能力的发挥。

高职学生与普高本科生既有共同的心理特点，又有其独有的心理特征。虽然从名义上讲高职学生属于大学生范畴，但由于高职与重点大学、普通本科院校的录取分数线有所区别，即使他们与其他高校学生年龄相仿，但心理上仍有不尽一致的变化。主要表现在以下3个方面。

1. 成就感与自卑感交织在一起，偏重后者

他们经过6年小学、6年中学（或职高）的学习过程，特别是高中学业完成后，经过了严格而又艰辛的高考，总算进入了高等职业学院，向大专程度迈进，这是人生的一个崭新阶段，自然而然有一种成就感，但因为他们在高考中发挥得不太好，分数不尽人意，一部分学生是出于无奈才填报高职院校，心理上有一种自卑感，即使他们已度过“黑色的七月”，但他们心理上留下的阴影，在很长一段时间都不会隐去。因此，他们在获得高分的同学面前，在父母以及他人面前，往往有一种抬不起头的感觉，情绪一度会比较低落。

2. 新鲜感与失落感并存，往往此消彼长

他们离开熟悉的高中校园，进入全新的高等职业学院，心灵的触动是很大的。一是学校的环境多集中在大城市的市区，有浓厚的文化氛围；二是学校的运作方式与高中有很大的不同，他们自主学习，自由发挥自己聪明才智的机会更多了；三是应试教育的压力明显减小，素质教育的成分显著增加，学习的趣味性、积极性加大；四是从过去偏重基础性的全科学习转向了基础与应用紧密结合的高等职业教育领域，学习的目标和方向更加清晰。

另外，由于高等职业院校是近20年才大力发展的新型院校，它们与创办几十年乃至上百年的普通本科院校相比，有着明显的差别。比如，目前多数高职校园还是原来中专的校址，相对面积较小；图书、仪器设备还在逐渐添置，与其他大学有一定的差距；学校的管理水平、师资力量配备等方面也处于不断

规范、逐步充实提高的过程中。因此，高职院校对他们既是新鲜的、有吸引力的，又使他们感到不尽如人意，远非以前所想象的那么美好，滋生出一种“不过如此”的情绪，有时甚至存在着失落感。

3. 进取性与焦虑感相互作用，与日俱增

这些学生进入高职院校后，对环境逐渐适应，学习生活初步走上轨道。再加上学校有良好的校风和学习氛围，他们的学习积极性又有了新的提高，进取性也有所增强，也会希望在3年的高职学习中，能学到更多的知识和技能，在本行业中成为一个才能出众的经营者和管理人才。同时，由于整个社会正处于日益激烈的市场竞争过程中，专业知识和业务水平越来越成为青年人发展的重要因素。高职生对自己的处境和能力有自知之明，感到在文凭上不及本科院校毕业生吃香，在基础理论的扎实程度上也有差距，学习时间又比本科生少一年，或多或少会影响学习的深度和广度。所以，他们的进取精神促使他们在学习上自我加压，但又因自己成长环境上的种种差距，自觉或不自觉地带来相应的焦虑感，精神上的负担相对是比较重的。

（三）当代高职学生中也不乏自信自强、乐于奉献、意志坚强、思想进取的优秀者，自信心比较强，富于竞争意识和挑战精神

青年期是人们智力因素发展的黄金时期，也是非智力因素发展的关键时期。多数高职学生能做到自我接纳、自我开放、自我展示、自我超越，具有较强的独立性和责任心；多数大学生都比较重视人际交往和团队意识；求知欲强烈，尤其对实用性技术和获利较多的行业知识更为关注，随着市场“效益观”的日趋增强，高职学生更偏重学一些比较实用而且能赚钱的知识和技能。

作为当代高职学生，既不必沾沾自喜于自己心理上的种种优点，也不必忧心于自己心理上存在的种种不足和缺点，因为这都是社会和时代的产物。应抓住青年期的心理发展优势，跟随时代前进的步伐，扬优弃劣、扬长避短。

三、影响高职学生心理健康的因素

影响大学生心理健康的因素体现在多方面，归纳起来可以分为内在个人因素和外在环境因素。

（一）个人内在因素

1. 个人生理方面的因素

（1）遗传因素。遗传是生物界共有的普遍现象。一般来说，心理活动是不会遗传的，它主要是在后天的社会环境影响下，在社会实践活动中形成和发展起来的。然而，作为一个整体的人与遗传的关系又十分密切，尤其是一个人的体型、气质、神经系统的活动特点及能力等的某些成分直接受到遗传因素的影响。

（2）年龄特征的影响。2018年入学的高职新生是第一批“00后”，他们既有青春期晚期的年龄特征，也有时代赋予他们的一些群体特性。“00后”学生成长于信息化、网络化、全球化的知识经济时代，也正值中国社会转型期，社会环境复杂，价值观念多元。高职学生社会阅历浅、思想单纯，对事物的复杂性认识不足，容易产生偏激情绪。加上现在的高职学生大多是独生子女，凡事“以自我为中心”倾向较重且心理韧性较差，一旦他们被认可、被关注的需要得不到满足，很容易情绪焦躁、抑郁烦闷。

（3）身体健康状况。各种躯体疾病会使人烦恼、敏感多疑、行为控制力下降，尤其是慢性病或久治不愈的疾病更容易导致严重心理障碍。

（4）内分泌系统。青春期是内分泌腺体活动加剧、激素分泌旺盛的阶段，某一种腺体活动失调会影响人的心理活动。青春期的性发育也是影响心理健康的一个不可忽视的因素。

2. 个人心理方面的因素

（1）人格因素。人格是个体在与环境相互作用过程中所表现出来的独特的行为模式。一个人在其成长发展过程中，如果受到家庭、学校、社会不良因素的影响，则可能出现人格发展缺陷（某方面过分发展，某方面发展不够等），严重的可能出现病态人格。心理学的研究表明：人格（个性）结构存在严重缺陷的人，社会适应力低，心理健康水平低；在遭遇外部刺激时，常会产生严重应激，产生心理问题。已有研究显示：单一的气质类型如典型的抑郁质和胆汁质人群是极易产生心理障碍的高敏感人群，这部分人在遇到外部强烈的刺激时更易出现强迫、人际关系敏感、抑郁、焦虑等症状。此外，大量的临床资料也显示，心理疾病患者大多属于内倾性格，在他们身上体现出的敏感、多疑、不善言谈等特点不利于歪曲认知的改变以及负性情绪的释放，从而导致心理障碍的产生。

（2）心理素质。心理素质是人的心理过程和个性心理所体现的心理品质的总和，也是人的智力因素与非智力因素所体现的品质的总和。智力类的心理素质包括注意力、观察力、记忆力、思维力、想象力等一般能力，也包括表现在方方面面的特殊能力，如表达能力、社交能力、组织能力等；非智力类的心理素质包括需要、动机、兴趣、情绪、情感、意志、态度、理想、信念等。心理素质是人的整体素质的一个重要组成部分，是人在社会实践活动中逐步形成的。大学生活也不是一帆风顺的，所谓“人生逆境十之八九，顺境十之一二”，大学生随时都会在学习、生活、交友、恋爱、择业等方面遇到各种各样的困难。心理素质脆弱，尤其是缺乏自制力与挫折承受力的人，容易遭遇心理问题。

（二）外在环境因素

1. 社会因素

（1）群体偏见及就业压力。由于“唯分数论”的根深蒂固，公众对职业教育普遍存在着一定程度的偏见，他们将高职教育视作“三流教育”，就读高职院校成为低分考生的无奈之举。加之在经济体制改革的推动下，我国产业结构发生重大变化。相比毕业生人数的逐年上升，用人单位的岗位需求相对不足，就业压力较大。面对社会的低估和严峻的就业形势，部分伴着失落感进入高职院校的学生必然会感到焦虑、茫然，他们始终无法形成良好的自我认同感，甚至会产生习得性无助。

（2）人的心理品质的形成是与特定的社会条件相适应的。当社会生活条件发生变化，人不能做出相应的调整而出现社会文化关系失调时，就有可能产生心理问题。社会经济制度的巨大变革，多元化文化价值观念的冲击，社会的竞争激烈，以及知识更新快，成才周期缩短等因素，给大学生带来了巨大的心理压力。对于大学生来说，社会、家庭寄予他们很高的期望，这种高期望对大学生的压力也是巨大的。在这些巨大的压力之下，他们又常常觉得缺少社会的支持，因此自然会感到压抑、苦闷、茫然。

（3）网络环境的影响。随着“互联网+”时代的到来，人们的传统生活方式乃至价值理念在某种程度上被解构。然而，开放、自由的网络给人们生活带来便捷的同时，因其信息传播的海量性和内容的不可控性，给人们尤其是正处于人生观、价值观形成时期的大学生带来了不可忽视的负面影响，加上高职学生自控能力较弱，所以部分学生终日沉迷网络难以自拔，不仅导致信仰缺失和学习思考能力下降，还导致人际交往能力弱化。

2. 家庭因素

家庭的影响主要包括家庭的氛围、父母的教养态度、家庭结构及家庭经济状况4个方面。家庭是人生的奠基石，父母是孩子的第一任教师，对学生成长与成才的影响是长久而深远的。家庭的氛围是良好心理素质形成的前提，家庭成员间的语言及人际氛围，直接影响着家庭中每个成员的心理，对个性逐渐成熟的大学生更具有特别的影响。父母的教养态度和教育方法直接影响孩子的行为和心理，民主、平等而非命令、居高临下的，开明而非专制的，潜移默化而非一味娇宠的教养态度与教育方法有利于学生心理的健康发展。家庭结构的变化如单亲家庭、重新组合家庭等因素必然会对正在读书的大学生心理有一定影响。家庭经济状况不佳，特别是困难甚至贫困家庭的学生易产生心理不适感。父母教养方式简单、粗暴、专制均会对孩子的心理产生不同程度的负面影响，甚至影响其健全人格的形成。相关研究显示，孩子心理不健康问题的发生，多数与家庭环境不良有密切关系。对于男孩来说，家庭矛盾及父母离异是焦虑或抑郁产生的主要根源；对于女孩而言，心理问题的产生不仅与家庭矛盾或父母离异有关，还与家庭亲密程度、情感表达方式、父母文化素养等相关。如果女孩生活在一个缺少关爱、缺乏亲情、呆板而毫无情趣的家庭中，极易出现焦虑或抑郁症。

3. 学校因素

学校是大学生日夜生活的场所，因而校园文化对大学生心理健康的影响是直接而深刻的，具体体现在以下两方面。

一是人际关系的复杂化。大学是集体生活，然而一些大学生常以自我为中心，容易造成人际摩擦。同时，大学生心理具有闭锁性，在寻求友谊中表现出对他人的苛求、交流的被动性等会造成人际疏离；在人生观方面流露出消极性，如认为人是自私、虚伪的等，也妨碍着人际交往的进行。

二是学习生活的紧张化。大学生心理上的紧张和压力一方面来自繁重的学习任务和需要应付的各种考试，另一方面来自同学之间的竞争和社会责任感等。适当的紧张与压力对一个人成才是必要的，但如果超过一定限度，成为一种心理负担时，就会影响心理健康。

第二节　高职学生心理健康现状调查及分析

在2018年开学季，“00后”作为一个大学生群体正式进入大学校园。这标志着我国高校的教育主体发生了根本性变化。相比于“80 后”“90 后”，他们具有更为优越的物质条件、日益多元的价值取向、鲜明张扬的个性特点，以及沉浸于丰富繁荣的网络文化等时代特征，这给高校的心理健康教育工作提出了新的时代课题。针对高校校园中日益严重的大学生心理问题，本书在借鉴已有研究成果和实际调查研究的基础上，结合高职院校自身的有利资源，研究分析高职学生心理健康现状，针对性地提出有效的解决措施。

一、高职学生心理健康现状调查

高等职业教育主要任务是为社会培养优秀的创新型人才，但高职学生心理健康问题已经成为妨碍一些学生顺利完成学业和保持心身健康的重要障碍。为了全面了解高职学生的人格特质和心理健康状况，建立学生心理档案，引导他们保持良好的心理素质，帮助他们调整和消除那些不利于其成长的消极情绪，使他们的身心都得以健康地成长，很多高职院校都对高职学生心理健康现状进行调查与分析，从而因势利导，有针对性地开展学生心理健康教育工作，促进高职学生身心全面和谐地发展。

沈翔鹰（2019）对“00后”大学生心理健康水平进行了现状调查，运用SCL–90施测并进行统计分析，结果表明：“00后”大学生心理健康状况总体良好，且在性别、生源地等人口学变量上和家庭变量的3个水平上有不同的差异。在此基础上，他提出了针对“00后”大学生心理特点的教育对策，包括形成合理信念、加强家校合作、关注心理异常学生等。贺彦芳（2018）对高职新生心理健康现状进行调查与分析，测查工具采用“大学生人格问卷”（UPI），结果表明：高职院校的大学生身心发展已趋成熟，他们与普通高校大学生一样都面临着新环境的适应、学习方法的转换、人际关系的处理以及恋爱、就业等一系列困扰，但高职学生心理问题的类型和呈现方式异于普通高校大学生。首先，表现为没有正确的自我意识，不能合理地认知自我。在当今社会既定观念下，职业院校学生的社会认可度相对普通高校大学生而言要低，他们因学习成绩不佳曾经受到过歧视或者嘲讽，因而高职学生普遍缺乏自信，自我评价较低。其次，缺乏良好的意志品质及行为习惯，如上课注意力不集中、做事缺乏耐性等。再次，有心理问题的人群有城乡差异、性别差异。第一、二类检出者大多来自农村，部分学生属单亲家庭或有留守经历，他们的心理问题从高中甚至初中就已存在；另外，女生与男生相比性格较敏感、自尊心更强且情绪波动较大，因此在面对相同的压力时，女生承挫能力相对较弱，也更容易出现严重的心理问题。刘雪琴（2018）采用SCL-90、大五人格量表结合访谈等对来自6所高职院校的526名高职学生进行调查，并用三级编码的方法对访谈资料进行分析。结果表明：高职学生心理测量阳性筛出率为7.79%，其心理健康水平比全国常模低，并受到性别、年级、家庭背景等因素的影响；阳性群体与非阳性群体在人格各因子上的得分也存在差异，高职生的心理测试阳性群体与非阳性群体在严谨性、宜人性和神经质三个因子上的差异具有统计学意义，在经验开放和外向性两个因子上无显著性差异。心理测试阳性的高职学生群体在人格的严谨性、宜人性维度上得分显著低于非阳性高职学生群体。处于心理测试阳性群体中的高职学生在严谨性维度上表现为缺乏坚持、努力工作的能力，往往对工作的计划性和目的性不强，做事不够谨慎；在宜人性维度上，表现为对待他人常常以自我为中心，敏感和多疑。在大五人格神经质维度上，心理测试阳性的高职学生群体得分显著高于非阳性高职学生群体，常常表现出恐惧、悲伤、尴尬、愤怒、内疚和厌恶等负面情绪体验，不能控制自己内心的冲动和不能很好地应对压力；采用自制访谈提纲对高职学生进行访谈，通过对访谈资料的分析发现，高职学生表现出某些共性和一致性，如高职学生缺乏主观能动性，消极情绪占主导地位；通过对资料的分析，发现43.8%的高职学生是出于自愿进入职业院校学习的，20.1%的高职学生进入职业院校是出于父母的要求，另外还有少部分的高职学生选择职业院校学习是因为升学考试未发挥好且不愿复读，不得不选择职业院校。对完成学业“信心不足”或“没有信心”的高达26.5%，仅占29.8%的学生表示热爱所学专业。由此可以看出，很大一部分的高职学生进入职业院校学习并不是出于自愿，多含有被动的因素，这使得高职学生角色专业认同度低，厌学情绪大，学习主动性和求知欲不强，挫败感较为严重，学生的自信心和自我认同感较差，对未来和学业成就的期望值较低，且有近一半的高职学生在建立和谐人际关系上存在问题。同时，逆商低，心理耐挫力低，为数不少的高职学生在心理个性发展上存在一定障碍。

二、高职学生心理健康现状与分析

（一）研究背景

加强大学生心理健康教育是全面推进素质教育的重要内容，是培养高职院校技能型人才的重要环节。为了全面了解高职学生的人格特质和心理健康状况，建立学生心理档案，为今后对学生个体开展心理辅导建立基础，并对筛查出来有心理问题、心理危机倾向的学生进行心理访谈，确定重点关注人群，提供有针对性的帮助，引导学生以良好的心理状态投入大学的学习与生活中，2019年12月对湖南省6所高职院19级新生2606人使用SCL–90、2645人使用“大学生自杀潜在风险”两个量表联合测试并进行分析，根据普查结论提出“00后”高职学生心理健康教育的对策，为高职院校思想政治教育工作提供参考。

（二）研究对象与方法

1. 量表工具介绍

采用具有较高信度和效度的SCL–90、“大学生自杀潜在风险”两个量表联合测试。症状自评量表（Symptom Checklist 90，简称SCL–90）由L. R. Derogatis于1975年编制，含有90个项目，每项5级评分。它测量较广泛的精神症状学内容，包括感觉、情感、思维、意识、行为、生活习惯、人际关系、饮食睡眠等，要求被试根据自己的实际情况来做评定，测得的是一个人在某段时间里（通常是最近一周）的症状水平，总分越高说明心理健康水平越低。本量表使用简便，测查角度全面。它对有可能处于心理障碍边缘的人有良好的区分功能，适用于测查人群中哪些人可能有心理障碍、有何种心理障碍及其严重程度如何。

该量表主要测查测试群体在10个因子上的情况，10个因子各自的定义如下。

（1）躯体化，包括12个项目。该因子主要反映主观的身体不适感，包括心血管、胃肠道、呼吸道系统主诉不适，头痛、背痛、肌肉酸痛及焦虑的其他躯体表现。

（2）强迫症状，包括10个项目。该因子主要是指那些明知没有必要但又无法摆脱的无意义的思想、冲动、行为等表现，还有一些比较一般的感知障碍。

（3）人际关系敏感，包括9个项目。该因子主要指某些个人的不自在感和自卑感，尤其是与其他人相比较时更为突出。

（4）抑郁，包括13个项目。该因子反映的是与临床上抑郁症状群相联系的广泛概念。抑郁苦闷的感情和心境是代表性症状，它还以对生活的兴趣减退、缺乏活动愿望、丧失活动力等为特征，并包括失望、悲伤以及与抑郁相联系的其他感知和躯体方面的问题。该因子涉及自杀意向。

（5）焦虑，包括10个项目。该因子包括一些通常在临床上明显与焦虑症状相联系的症状和体验。焦虑一般是指那些无法镇静、神经过敏、紧张以及由此产生的躯体症状（如震颤）。那种游离不定的焦虑及惊恐发作是本因子的主要内容，它还包括一个反映“解体”的项目。

（6）敌对，包括6个项目。该因子主要是从思想、情绪和行为3个方面来反映敌对表现。其项目中包括了从厌烦、争论、摔物直至争斗和不可抑制的冲动爆发等各个方面。

（7）恐惧，包括7个项目。该因子与传统的恐惧状态或广场恐惧症所反映的内容基本一致，恐惧的对象包括出门旅行、空旷场地、人群或公共场合以及交通工具等。此外，还包括社交恐惧的项目。

（8）偏执，包括6个项目。该因子主要指的是思维方面，如投射性思维、敌对、猜疑、关系妄想、被动检验和夸大等。

（9）精神病性，包括10个项目。该因子包括幻觉、思维涣散、被控制感、思维被插入等反映精神分裂症状的项目。

（10）其他，包括7个项目，该因子是反映睡眠及饮食情况的。

大学生自杀潜在风险测试适用于评估大学生的自杀潜在风险水平，包括成长经历、人格特质、生活事件、社会支持、抑郁5个部分，测试结果可以将大学生的自杀潜在风险划分为5个等级，依次为正常、较低、中等、较高、极高，随后进行自杀问卷评估与鉴别评估。

2. 测试时间与方法

在军训结束且正常学习一个月后进行施测，由各高职院校心理健康教育专兼职老师组织施测，施测时指导语、神态、语气等尽可能统，减少对学生的影响；采用手机微信端测试，以班级为单位统一测试。

（三）SCL-90测试结果与分析

1. 总体结果分析

按全国常模结果，总分超过160分，或阳性项目数超过43项，或任一因子分超过2.5分，可考虑筛选阳性，我们以10个因子中的任一因子分值或总均分≥3分为阳性，表示有中等程度以上的心理健康问题需进一步回访，据此筛选出如下数据结果：

表1-1　SCL-90总体筛查结果汇总表

因子	3＞因子分≥2.5		4＞因子分≥3		因子分≥4		总检出率	
	人数	比例	人数	比例	人数	比例	人数	比例
躯体化	36	1.4%	29	1.1%	1	0.0%	66	2.5%
强迫症状	191	7.2%	104	3.9%	8	0.3%	303	11.5%
人际关系敏感	128	4.8%	72	2.7%	5	0.2%	205	7.8%
抑郁	69	2.6%	50	1.9%	5	0.2%	124	4.7%
焦虑	79	3.0%	46	1.7%	5	0.2%	130	4.9%
敌对	68	2.6%	42	1.6%	9	0.3%	119	4.5%
恐怖	52	2.0%	42	1.6%	5	0.2%	99	3.7%
偏执	67	2.5%	32	1.2%	2	0.1%	101	3.8%
精神病性	65	2.5%	27	1.0%	3	0.1%	95	3.6%
其他	59	2.2%	37	1.4%	2	0.1%	98	3.7%
总分	396	15.0%	178	6.7%	22	0.8%	596	22.8%

注：3＞因子分≥2.5为轻度症状；4＞因子分≥3为中度症状；因子分≥ 4为重度症状。

由表1-1可以看出，SCL-90测验的总检出率为22.8%，其中症状表现轻度的人数为396人，占15%，表现出中度心理问题的人数为178人，占6.7%，表现出严重问题的有22人，占0.83%。表现出中度以上心理问题的人群是重点关注的对象，因为他们已经出现较严重的异常症状（如强迫倾向、人际关系非常敏感、敌对情绪严重、偏执等）。

2. 各因子得分比较，排在前3位的是强迫症状、人际关系敏感、焦虑（见表1-2）

表1-2　各因子得分比较

序号	因子	平均数	标准差
1	躯体化	1.35	0.42

续表

序号	因子	平均数	标准差
2	强迫症状	1.75	0.57
3	人际关系敏感	1.66	0.55
4	抑郁	1.46	0.51
5	焦虑	1.48	0.50
6	敌对	1.42	0.50
7	恐怖	1.40	0.50
8	偏执	1.46	0.46
9	精神病性	1.42	0.45
10	其他	1.44	0.47
11	总分	1.49	0.44

3. 因子分3分以上常见的十大症状（见表1–3）

表1–3　因子分3分以上常见症状

排序	题号	题目	人数	百分比
1	21	和异性相处时感到害羞、不自在	677	25.98%
2	10	担心自己衣饰的整齐及仪表的端庄	643	24.67%
3	46	难以做出决定	616	23.64%
4	34	您的感情容易受到伤害	575	22.06%
5	9	健忘	573	21.99%
6	86	感到要赶紧把事情做完	549	21.07%
7	61	当别人看着您或谈论您时感到不自在	535	20.53%
8	45	做事必须反复检查	443	17.00%
9	29	感到孤独	439	16.85%
10	55	不能集中注意	434	16.65%

4. 第15题得分分布情况

第15题为抑郁因子中的一条题目，题目为“想结束自己的生命”，从表1–4中可以看出，得分≥3分即选择中度、偏重、严重的人数有53人，需要对这部分人群进行重点关注。

表1–4　第15题得分分布情况

得分	1	2	3	4	5
人数	2343	210	44	5	4

（四）自杀潜在风险测试结果与分析

1. 总体结果分析

总分代表学生的自杀潜在风险水平，得分越高，说明自杀潜在风险越高。如图1–1，在全体学生当中，心理状态正常的有474人，所占比例为17.92%；自杀潜在风险为中等的有893人，所占比例为33.76%；自杀潜在风险为较高的有325人，所占比例为12.29%；自杀潜在风险为极高的有68人，所占比例为2.57%。对于自杀潜在风险为较高、极高的学生来说，需要立即进行下一级评估——当前自杀倾向评估；对于自杀潜在风险为中等的学生来说，可以保持追踪。

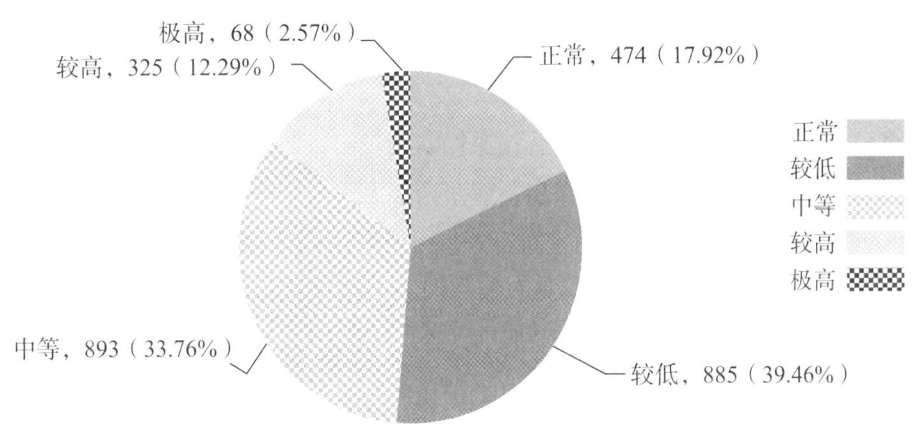

图1–1　学生自杀潜在风险水平比例

2. 具体分析

（1）成长经历。成长经历旨在测查个体的家庭、成长经历中是否存在显著的与自杀相关的风险因素。如图1–2，在全体学生当中，成长经历正常的有

2544人，所占比例为96.18%；成长经历异常的有101人，所占比例为3.82%。

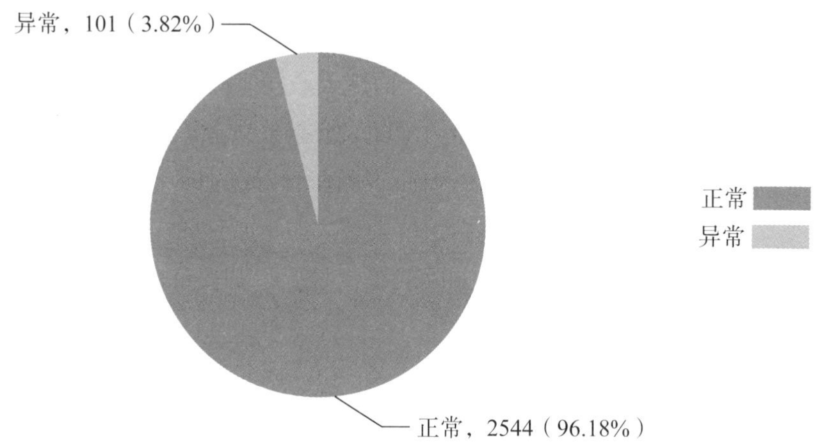

图1-2　成长经历比例

（2）人格特质神经质。人格特质神经质旨在测查个体的情绪是否稳定。如图1-3，在全体学生当中，神经质水平为低（情绪稳定性较好）的有957人，所占比例为36.18%；神经质水平为中等（神情绪稳定性为中等）的有1529人，所占比例为57.81%；神经质水平为高（情绪稳定性较差）的有159人，所占比例为6.01%。

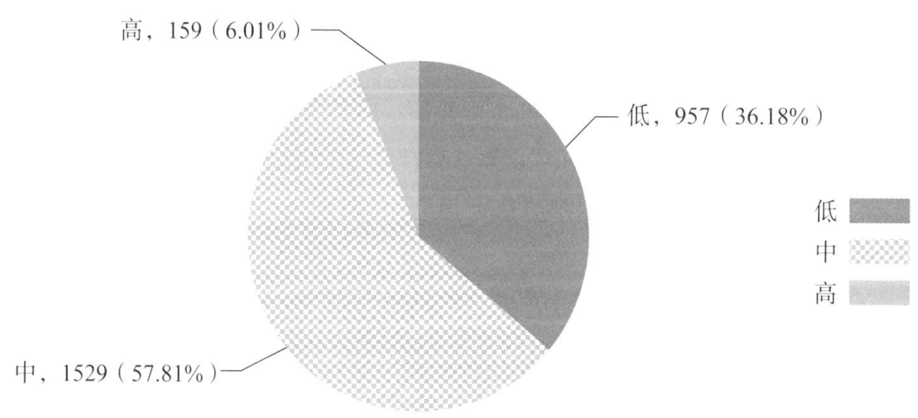

图1-3　人格特质神经质比例

（3）生活事件。生活事件旨在测查学生在最近半年内受所经历的负性生活事件的影响程度。如图1-4，在全体学生当中，受负性生活事件影响为低的有851人，所占比例为32.17%；受负性生活事件影响为中等的有1282人，所占比例为48.47%；受负性生活事件影响为高的有512人，所占比例为19.36%。

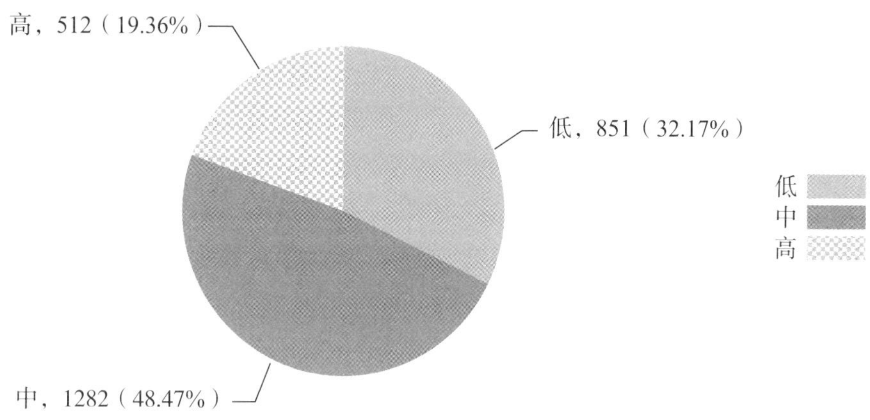

图1-4　生活事件比例

（4）社会支持。社会支持旨在测查学生所得到的来自家人、亲戚、师长、同学、朋友等的帮助和支持的状况。如图1-5，在全体学生当中，社会支持水平为低的有310人，所占比例为11.72%；社会支持水平为中等的有2168人，所占比例为81.97%；社会支持水平为高的有167人，所占比例为6.31%。

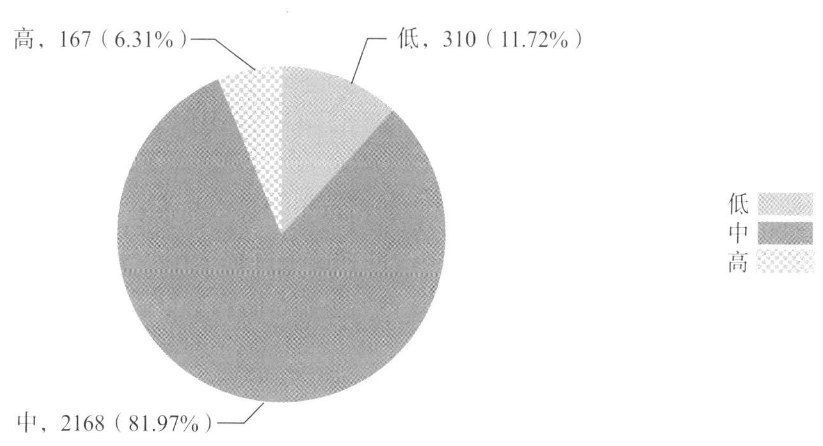

图1-5　社会支持比例

（5）抑郁。抑郁旨在测查学生在最近一周内的抑郁水平。如图1-6，在全体学生当中，无抑郁或极轻微抑郁的为874人，所占比例为33.04%；存在轻度抑郁的为1150人，所占比例为43.48%；存在中度抑郁的为397人，所占比例为15.01%；存在重度抑郁的为224人，所占比例为8.47%。

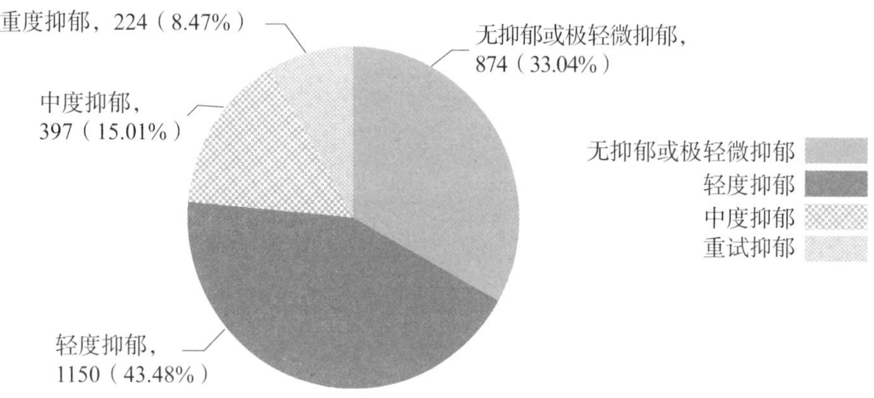

图1-6　抑郁比例

3. 不同性别的测试结果比较（总分的对比，见表1-5、图1-7）

表1-5　不同性别的测试结果

性别	人数	平均数	标准差
男	1956	2.60	1.85
女	689	2.93	1.93

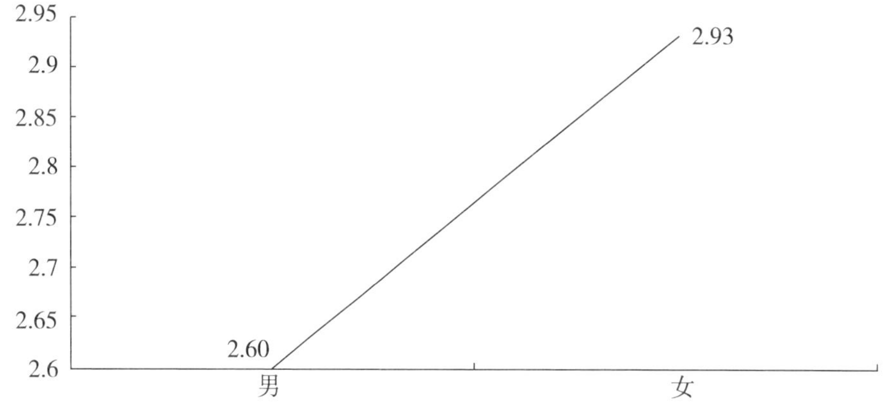

图1-7　不同性别的测试结果比较（总分）

4. 不同性别的自杀潜在风险各等级的人数分布（见表1-6、图1-8）

表1-6　不同性别的自杀潜在风险各等级的人数分布

性别	正常	较低	中等	较高	极高	合计
男	376	667	649	223	41	1956
女	98	218	244	102	27	689

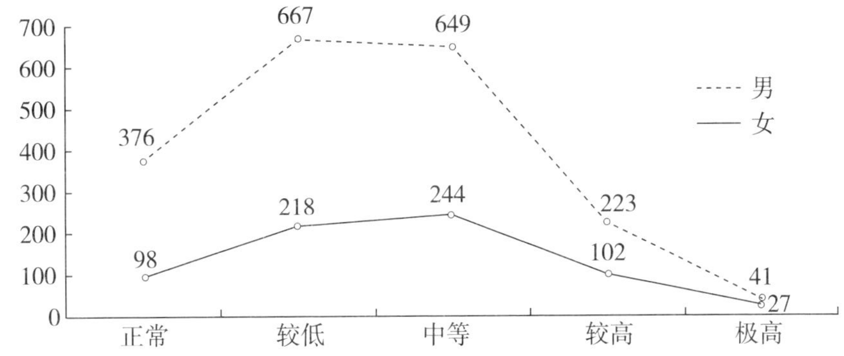

图1-8　不同性别的自杀潜在风险各等级的人数分布

第三节　高职学生心理健康调查结论及对策

一、高职学生心理健康现状调查结论

通过此次调查发现，19级高职新生大多数心理健康状况良好，但是，有部分学生仍表现出较为严重的心理问题和潜在自杀风险，主要表现在以下几个方面。

首先，通过SCL-90测试发现，出现心理问题倾向或曾经出现过心理问题症状的学生有596人，其中表现出中等程度心理问题的人数达到178人，出现严重心理问题症状的学生有22人，出现中等程度以上症状的男生绝对数大于女生，在各自群体中的比例女生大于男生。出现症状的严重程度前三位分别为强迫症状（11.5%）、人际关系敏感（7.8%）、焦虑（4.9%）。

其次，通过自杀潜在风险评估发现，自杀潜在风险极高的有68人，较高的有325人。其中大多与其成长经历、人格特质、生活事件、社会支持、抑郁密切相关，心理承受能力差。

最后，通过调查还发现存在问题较多的症状，如和异性相处时感到害羞、不自在（25.94%），担心自己衣饰的整齐及仪表的端庄（24.88%），难以做出决定（23.78%），感情容易受到伤害（22.15%），健忘（22.11%），感到要赶紧把事情做完（21.05%），当被别人看着或谈论时感到不自在（20.64%），做事必须反复检查（17.00%），感到孤独（16.89%），不能集中注意（16.77%）等问题。

二、高职学生心理健康现状调查对策

根据调查后的访谈，采用分层、分类，有针对性地开展教育、辅导、咨询、转介工作。

（一）全员、全过程、全方位心理育人

加强心理健康教育工作宣传力度，增强心理健康课堂教学实效性，提高学生心理素质；扶持学生心理类社团开展丰富多彩的心理活动，提高学生的心理健康水平和心理健康意识。

（二）重点关注，及时干预

密切关注出现中等程度以上问题及自杀风险极高、较高的学生，其中出现轻生念头、严重心理问题的人群要作为关注的重中之重，须认真填好访谈记录；对确实存在心理问题和潜在自杀风险的学生，纳入一级心理危机预警库制订心理帮扶措施，跟踪辅导，持续关注。

（三）落实五级心理防御体系工作

将学校—中心—系部—班级—寝室五级纵向心理防御体系布置到位，开展对心理委员的培训及朋辈心理互助员的选拔，增强朋辈咨询的能力，加强班级心理委员的基层观测能力，及时发现异常心理行为表现，并通过及时有效的途径上报给系部与心理健康教育中心。

（四）开展成长辅导与心理咨询

各二级学院利用成长辅导室开展各类成长辅导，如学业辅导、职业规划等，开展人际交往、适应性的团体辅导，培养学生积极心理品质，促进学生心

理健康成长与适应，必要时转介到心理中心进行心理咨询。

（五）加强家校合作、校医合作

定期与家长沟通，反馈学生的心理状况，家校联合提供心理支持，促使学生获得更多的家庭支持与关爱，促进心理成长与发展；对有心理疾病学生及时转介到精神专科医院治疗。

第二章 高职院校心理健康教育现状与分析

我国现代意义上的高校心理健康教育始于20世纪80年代。目前，心理健康教育得到了较快的发展，无论是理论研究、教材建设、课程开发，还是师资培训、教学活动的开展，都取得了显著成绩，为维护学生心理健康做出了巨大贡献。近年来，我国大力发展职业教育，注重人才培养的质量，高职院校心理健康教育也越来越受重视。

党的十九大的胜利召开为进一步开展高校思想政治工作指明了方向，心理健康教育是提高大学生心理素质、促进其身心健康和谐发展的教育，也是高校思想政治工作的重要内容。目前，各省高职院校对心理健康教育工作重视程度不一，建设力度不同。因此，在深入调查高职院校心理健康教育现状基础上，分析问题提出对策，是理清形势、找准短板、聚力发展的基本方法，也是改进作风、狠抓落实、确保实效的重要途径。

第一节　高职院校心理健康教育现状与分析

本次采取全面调查法，以全国高职院校为调查对象，共发放调查问卷80份，回收70份，回收率为87.5%，其中公办院校64所，民办高校6所。采用自编调查问卷——高职院校心理健康教育工作现状调查问卷，该问卷总共包含75个问题，为选择题和开放式题型，主要涉及高职院校心理健康教育机构建设、队伍建设、心理健康教育课程建设、特色成长辅导室的建设以及心理咨询与危机干预等五个方面的基本情况。本次调查统计截止日期为2020年12月30日。

一、高职院校心理健康教育中心机构建设现状与分析

从70所高职院校心理健康教育中心机构建设来看，公办学校64所，民办6所，大部分学校成立了心理健康教育工作领导小组，一半以上学校设立了心理健康教育专门机构。但有1/3的学校没有学校党委或校长办公会听取专门的心理健康教育工作汇报情况，有一半的学校心理健康教育专门机构负责人为非专职人员，有大部分学校心理健康教育机构需参与学生管理工作、辅导员队伍建设工作、学风建设工作、团学工作、招生就业工作、资助工作及其他工作，少部分学校心理健康教育工作没有年度预算。

二、高职院校心理健康教育队伍建设现状与分析

70所高职院校中，有心理健康教育专职教师168人，大部分为硕士学历，有一半教师为中级职称，工作时间为1~5年的占四成，大部分为专业技术岗，晋升职称系列为高校教师系列，但大部分学校没有专职心理健康教育教师培训经费，对心理健康教育专职教师培训支持不够。

三、高职院校心理健康教育课程建设现状与分析

从70所高职院校心理健康教育课程开设情况来看，绝大部分高职院校均在大一年级开设了心理健康必修课，只有一所学校没有开设，同时还有部分学校开设了相关选修课，充分发挥了心理健康课程在大学生心理健康教育中的主渠道作用；课程教学团队大部分为有心理学专业背景的心理健康教育专职教师组成，课程讲授内容广泛，课程资源建设较完善，精品课程也越来越多，但也存在一些问题，课程主管有四成不是心理健康教育主管部门负责，近一半学校没有开展课程集体备课与教学研讨，大部分学校没有教改课题与教学竞赛获奖。

四、高职院校特色成长辅导室建设现状与分析

70所高职院校共建有成长辅导室206个，其中一半以上学校100%立项省级

成长辅导室，且大部分已结项，大部分成长辅导室建设由心理健康教育机构指导，并有专职心理健康教师定期为辅导员开展成长辅导技能培训，不定期组织成长辅导案例研讨；但是，大部分学校没有制定成长辅导室建设管理制度，且没有专项经费支持成长辅导室建设，各二级学院大部分没有定期组织开展成长辅导案例研讨，没有开展团体辅导，且大部分学校没有将成长辅导作为辅导员工作重要考评指标，没有组织优秀成长辅导案例评比。

五、高职院校心理咨询与危机干预现状与分析

70所高职院校中，绝大部分学校心理咨询室功能齐全，开展个体咨询和团体辅导，且周一至周五定期开放，有统一制作的心理咨询记录表，颁发了心理危机干预工作实施办法，制订了心理危机应急干预流程，建立了校、院（系）、班级、宿舍四级预警防控体系，开展了心理危机干预培训，并能对辅导员进行危机干预培训，但很少对宿管、班主任、保卫干部进行培训，对新生开展心理普查回访，建立一级心理危机预警库，定期组织心理危机排查；有一半的学校没有签订咨询知情同意书，没有规定双方不能有双重关系，没有制定咨询质量管理制度，咨询案例没有定期研讨；大部分学校没有咨询团体督导，对新进的专职教师没有传帮带制度，没有规定心理咨询师必须与有自杀高风险的来访者签订安全协议；少部分学校没有与精神卫生专业医疗机构建立畅通、快速的转介通道，家校联动较少；大部分学校没有与周边社区建立心理危机干预联动机制。

第二节　高职院校心理健康教育存在的问题及对策

通过对70所高职院校心理健康教育工作现状调查与分析，发现仍有部分高职院校心理健康教育工作存在一些问题。

一、高职院校心理健康教育工作存在的问题

（一）对心理健康教育中心机构建设重视不够

从高职院校心理健康教育中心机构建设来看，有1/3的学校没有学校党委或校长办公会听取专门的心理健康教育工作汇报情况，有一半的学校心理健康教育专门机构负责人为非专职人员，有大部分学校心理健康教育机构需参与学生管理工作、辅导员队伍建设工作、学风建设工作、团学工作、招生就业工作、资助工作及其他工作，少部分学校心理健康教育工作没有年度预算，只有1/3学校生均费用达到10元。说明有些高职学校对心理健康教育中心机构建设重视不够，没有从人力、物力、财力等方面加大投入建设，为有效开展心理健康教育工作提供条件保障。

（二）对心理健康教育专职教师队伍支持不够

心理健康教育专职教师师资配备不齐、人员不稳定、高级职称较少，缺乏专职心理健康教育教师培训经费，说明一些高职院校对心理健康教育专职教师培训支持不够，队伍专业化水平有待提升。

（三）心理健康教育课程教学与教研有待完善

从课程开设情况来看，绝大部分高职院校均在大一年级开设了心理健康必修课，只有一所学校没有开设，但也存在一些问题，课程主管部门有四成不是心理健康教育主管部门负责，一部分学校没有设立心理健康教研室，近一半学校没有开展课程集体备课与教学研讨，大部分学校没有教改课题与教学竞赛获奖。这些都说明高职院校需加强课程建设与教学改革，提升教师教育教学能力，提高课程教学实效性。

（四）特色成长辅导室后续建设需加强

大部分高职院校没有制定成长辅导室建设管理制度，且没有专项经费支持成长辅导室后续建设，各二级学院大部分没有定期组织开展成长辅导案例研讨、没有开展团体辅导，且大部分学校没有将成长辅导作为辅导员工作重要考评指标，没有组织优秀成长辅导案例评比，而成长辅导室是开展学生心理健康教育工作和思想政治教育工作的重要阵地，因此，成长辅导室建设需持续加强。

（五）心理咨询与危机干预需强化

70所高职院校中，虽然部分学校心理咨询室功能齐全，能开展个体咨询和

团体辅导，组织心理危机干预培训，落实危机干预制度等，但仍然有少部分学校心理危机干预工作不扎实，心理咨询制度不齐全，说明高职院校须加强心理咨询室制度建设，落实心理危机干预联动机制，使心理咨询与危机干预工作有序、有效。

二、高职院校心理健康教育工作对策

根据以上高职院校心理健康教育工作调研与分析结果，结合目前高职学生心理健康现状，为加强高职院校心理健康教育工作，落实《高等学校学生心理健康教育指导纲要》（教党〔2018〕41号），深入贯彻习近平总书记关于教育尤其是立德树人的重要论述，现提出以下工作对策，以坚持育心与育德相统一，优化教育教学、实践活动、辅导咨询、预防干预、平台保障“五位一体”心理健康教育工作格局，不断提高心理健康教育专业化水平，有效降低学生心理疾病发生率，最大限度预防和减少学生严重心理危机个案发生，促进学生心理健康素质与思想道德素质、科学文化素质协调发展。

（一）高职院校开展心理健康教育工作对策

1. 完善心理健康教育课程建设

开设心理健康教育专门课程，是高职院校全面实现心理健康教育目标的主要途径和手段，是保证学生心理素质培养的全面性、系统性的客观需要，是心理健康教育走向科学与成熟的标志。高职院校必须把心理健康课程纳入学校课程体系之中，通过课堂教学向全体高职学生普及心理健康和心理发展知识，培养心理品质。心理健康教育专门课程的开设包括两个方面：一是开设“大学生心理健康”必修课，二是开设与高职学生心理发展相关的选修课。另外，还可以根据高职学生心理发展的热点问题开设专题讲座。

开设心理健康教育专门课程首先要规范课程的教学管理，加强教材建设，改革教学手段，努力提高课程的教学效果，发挥课程的知识普及与素质培养功能。其次，在教学中要以学生为主体，以学生心理健康水平的提高、心理素质的优化和心理潜能开发为目标；要根据高职学生的年龄特点和心理需求，适当介绍与心理健康密切相关的常识、进行自我训练的方法和自我保健的知识。也就是说，该课程传授的不是心理科学的系统知识体系，而是将有关心理科学的理论和技术化为大学生自我教育的理论和自我心理训练的可操作方法，以帮助大学生更好地认识自己，把握自己的心理，更自觉地维护和增进自己的心理健康，提高心理素质。另外，心理健康教育专门课程不同于普通的学科课程，它的主要内容是以大学生的生活和问题为逻辑，而不是以心理学科的知识体系为逻辑。

2. 创新心理健康教育实践活动

心理健康课外教育活动是心理健康教育课堂教学的补充、扩大和延伸，是教育者根据大学生心理发展的规律和特点，有目的、有计划、有组织地设置的活动项目，目的是使高职学生的心理品质得到实际锻炼，进而提高和培养他们的心理素质。课外教育活动可以弥补课堂教学途径的不足，打破了课堂教学在时间、空间、形式上的局限性，能够充分发挥学生的主体作用。

心理健康课外教育活动包括三种类型：一是知识普及型活动。如利用校园媒体（学校报纸、板报、广播、微信公众号等网络自媒体），采用心理健康知识抢答赛等形式，大力宣传心理保健知识，不断提高大学生心理健康意识。二是心理体验型活动。指通过心理沙龙、主题班会、心理剧表演、心理拓展训练等形式帮助学生将课堂中学到的理论知识、间接经验与自我体验、感受、直接经验相结合，转化为实用的、实在的也是真实的知识，从而提高教育的有效性。这也是高校心理健康教育特有的课外教育活动。三是氛围营造型活动。如利用每年“5·25大学生心理健康日”“世界心理卫生日”等“节日”，集中开展以“心理健康”为主题的，丰富多彩、形式多样的课外教育活动。这类活动的功能主要是营造健康向上校园心理文化氛围，使学生在潜移默化中、不知不觉中接受心理健康教育。

3. 优化成长辅导与心理咨询

高职院校心理辅导与咨询是针对部分有成长困惑、心理困扰的大学生提供的心理支持与帮助，其作用主要体现在它对一个人的人格建设、潜能开发以及全面发展具有正向引导及促进作用。开展成长辅导与咨询服务是高职院校心理健康教育中最具有专业特色的途径，也是不可替代的途径，具有非常重要的地位。

心理咨询（辅导）按对象的多少可以分为个别和团体咨询（辅导）；按问题分，可以分为发展性和障碍性咨询（辅导）；按方式分，可以分为面询（辅导）、电话咨询（辅导）、网络咨询（辅导）、通信咨询（辅导）等。由于心理咨询（辅导）是一项专业性、操作性很强的理论与技术，所以对心理咨询

（辅导）老师的资质、个人素质有较严格的要求，并且对他们要进行长期的咨询（辅导）技能培训。在心理咨询（辅导）的过程中，保护来访大学生的隐私是对每个心理咨询老师最基本的职业道德要求。另外，为了保证心理咨询（辅导）服务的规范性，必须建立相关制度，如心理咨询（辅导）老师工作规范、来访者须知、预约制度、转介制度等，以保证心理咨询（辅导）的科学性、专业性。

4. 强化心理危机预防与干预

高校心理危机干预工作是指依托学校教育管理机制，运用心理学、危机干预等方面的理论与技术对全体学生有目的、有计划、全方位开展的心理危机预防教育，主要目的是提高他们的危机应对能力；同时对处于心理危机状态的个体或群体进行心理援助和管理支持，平衡其已严重失衡的心理状态，降低、减轻或消除可能出现的对人和社会的危害。高校心理危机干预工作是实现心理健康教育基本目标的重要渠道。

搞好高校心理危机干预工作，一是要构建工作网络，要建立学校、学院（系）、班级、寝室全覆盖的四级心理危机防护网络，以及个人、家庭、学校、社会整合的心理支持系统。二是要把握心理危机干预四个环节，即教育环节、预警环节、应急干预环节、预后跟踪环节，形成以教育为基础、以预警为重点、以干预促转化、以跟踪固成效的高校心理危机干预体系。三是要建立科学、规范的制度。心理危机干预工作是一项系统工程，需要学校各方力量的积极配合，为此，要建立完善的心理危机干预制度，明确各部门的工作职责，建立良好的运行机制，在达到从上到下、由下至上的相互配合与协调的同时，形成有效、规范的干预程序，使心理危机干预工作具有科学性和操作性，建立教育、管理、干预和转介相结合的心理危机干预工作模式。

5. 利用互联网开展心理健康教育

大学生是使用互联网的最大群体，利用互联网开展心理健康教育是时代的要求。其主要形式是学校在校园网建立心理健康教育网站、QQ和微信公众号等，普及心理健康知识，提高学生的心理健康意识和心理认知能力；通过网站的各种互动功能，提供心理测验、在线心理咨询，开设心理沙龙、心理论坛等，提供心理服务。

利用互联网开展心理健康教育是当代信息技术发展的必然趋势。它不仅是现实心理健康教育在互联网上的拓展和延伸，而且是心理健康教育发展和创新的一种新趋势，更是一种全新的心理健康教育模式和理念。以互联网为代表的信息网络技术以其数字化、网络化、高速化、信息容量大、虚拟性等技术特性，促进了心理健康教育内容、方法、手段的创新，更以其平等、自主、交互性的社会性内涵推动了心理健康教育理念的创新。另外，利用互联网开展心理健康教育也有助于拓展教育时空，降低教育成本，增加教育效益。

6. 利用学科教学渗透心理健康教育

在学科教学中渗透心理健康教育是指任课教师充分挖掘并利用学科课程及其教学过程中潜在的心理健康教育因素，在自觉地、有意识地激发学生学习兴趣和传授科学知识的同时，培养学生良好的心理素质。学科渗透是实现全员参与、多方协作开展心理健康教育的途径，是高校心理健康教育深入发展的标志。同时，它也是学科教学自身发展的必然要求，是对学科课程自身的积极建构。

开展学科渗透要以全体学生心理健康和发展为中心，充分发挥学科教学的隐性心理教育功能，从而提高学生心理自助、心理互助能力。学科教学在传授知识的同时，也在塑造着人的科学精神和完善人的心灵。实施学科渗透，一是要将心理健康教育纳入学科教学目标，这是学科渗透的前提。二是要挖掘学科知识中内在的心理健康教育资源，使学生在学习科学知识的同时潜移默化地接受心理健康教育。三是要充分调动学生的主动性和积极性，促使他们积极探索，从而获得成功和收获的体验。四是要营造心理互动、心理体验的教学情境，创造和谐的课堂心理氛围，帮助学生形成对自己、他人、社会、自然的正确态度。实施学科渗透的保障，一是必须提高学科教师实施心理健康教育的技能；二是学科教师须具备维护自身心理健康的能力。

7. 开展科学研究

高校心理健康教育工作是项专业性很强的工作。以问题为中心开展科学研究，将研究成果转化为对心理健康教育的指导，将理论研究与实践活动密切结合，是高校心理健康教育工作得以不断深化的动力。

为此，一要研究高校心理健康教育基本理论。理论是实践的指导，完整的理论体系是高校心理健康教育工作科学化、规范化的保证。要从教育科学、心理科学统一的角度，开展高校心理健康教育基本原理的研究，并加强成果的转化，以指导和促进工作实践。二要科学分析当代大学生的心理特点。对大学生心理健康状况和心理素质发展的规律进行系统的研究，以界定不同年级、不同群体大学生的成长需要，并据此探讨心理健康教育的内容、教育途径、教育方法，提高心理健康教育的针对性。三要开展实践工作调查研究。即通过调查研究及时发现实践工作中的热点、难点问题，制定改善策略，不断提高心理健康教育工作水平。

（二）工作落实

1. 组织领导落实

心理健康教育工作是高职院校“三全育人”、党建述职评议考核、思政测评、文明校园和平安校园创建等工作的重要内容，高校要成立心理健康教育工作领导小组，并列入学校发展规划、人才培养体系、思想政治工作体系、督导评估指标体系，建立校内各部门统筹协调推进机制。学校要落实全体教职员工心理健康教育职责。教师在教学过程要关注学生思维、情感、态度等心理因素的发展，教学内容要充分挖掘课程教材蕴含的心理要素，不断渗透心理健康教育。

2. 机构设置落实

高职院校要不断探索心理健康教育机构专业化建设，有条件的高职院校应建立相对独立的专业机构。学校要对专业机构定级定岗。机构要具备教育教学、咨询服务、心理危机干预、科学研究和指导二级院（系）开展心理健康教育工作等职责职能；要按照师生比1∶4000且每校至少配备2名的比例，配齐配强在编在岗专职教师，新聘专职教师应具备与心理健康教育相关的学科背景；要设立心理健康课程教研室，组建心理健康课程教师队伍。

3. 队伍建设落实

高职院校要建设一支以心理健康教育专职教师为骨干、辅导员和兼职心理咨询师等为补充，班级（寝室）心理委员和朋辈志愿者为桥梁纽带的工作队伍。确保专职教师每年参加专业（含伦理）培训和学术会议不低于40学时，参加心理咨询案例督导不低于12学时；定期对辅导员、导师、班主任、宿管员以及其他从事思政工作的教职员工开展心理健康教育知识工作培训；定期对心理委员、朋辈志愿者等开展心理健康知识和助人技能培训。专职教师开展心理健康教育教学、个体与团体心理咨询、心理危机干预等工作，全面纳入教学考核评价、职称评聘的成果认定或学术性评价内容；专兼职心理咨询师开展个体与团体心理咨询应计算工作量；专职教师要纳入学生思想政治工作队伍管理，并参照一线专职辅导员给予岗位津贴；专业技术职务（职称）评聘应纳入学生思想政治工作队伍系列，评聘要充分考虑工作特点，确保“单列计划、单设标准、单独评审”；支持专职教师在职攻读专业学位，申报各级各类表彰奖励。

4. 制度机制落实

高职院校要制定和完善心理健康教育工作制度，定期开展自评自查，内容包括学校重视和支持程度、机构设置情况、专项经费保障、师资队伍建设、教学科研、辅导与咨询、心理危机干预工作等的开展情况和工作实效；加强对二级院（系）心理健康教育工作督查，结果纳入院（系）领导班子、领导干部年度考核；针对因心理问题发生极端事件的院（系），及时开展工作会诊。

5. 条件保障落实

高职院校按照生均不低于15元的标准将心理健康教育工作经费纳入学校年度预算，专项单列，专款专用。按照不低于100平方米/6000名师生的标准建设布局合理、功能齐全、设施完善的心理咨询室；二级院（系）成长辅导室应具备开展个体辅导和团体辅导的功能。要建设校内外心理素质拓展基地，培育高校心理健康教育优秀工作案例。支持高校通过购买社会服务等形式，为学生提供公益性心理健康服务。有心理学、教育学、精神医学等相关学科的高校应加强学科建设，积极探索中国特色心理健康教育专业人才培养模式，为心理健康教育发展提供支撑。

第三章 高职院校心理健康教育中心建设

加强高职学生心理健康教育是全面推进素质教育的重要内容，是高职院校培养高素质技能型人才的重要环节，也是加强和改进高职学生思想政治教育工作的重要任务。随着经济的快速发展，社会竞争日益激烈，高职学生面临的生存与发展压力越来越大，其复杂的心理健康问题和心理危机给高职院校心理健康教育工作增加了难度。高职院校心理健康教育是一项复杂的系统工程，而学生心理健康教育中心是开展心理健康教育工作的一个管理和服务机构，因此，需正确把握心理健康教育的内涵和外延，心理健康教育的目标与原则，加大高职院校心理健康教育中心建设，满足学生日益增长的心理需求，促进学生健康成长成才。

第一节　高职院校心理健康教育的目标与原则

高职院校心理健康教育是以教育学、心理学的理论和技术为主要依托，结合高职院校日常教育、教学工作，根据高职学生的生理、心理发展特点，有计划、有目的地维护学生的心理健康，培养良好的心理素质，开发心理潜能，以促进其整体素质提高和身心和谐发展的教育活动。

一、高职院校心理健康教育的目标

高职院校心理健康教育的目标是选择与确定心理健康教育内容的依据，也是指引心理健康教育方向和调控心理健康教育过程的参照，既是检验、评估心理健康教育工作有效性的标准，也是激发学生接受心理健康教育动机的手段，高职院校心理健康教育的目标确立需兼顾社会和学生个人需要，使学生能够理解和接受，是具体、可行和可评估的。

（一）高校心理健康教育的总目标

提高全体学生的心理素质，充分开发学生的潜能，培养学生乐观向上的心理品质，促进学生人格的健全发展。具体包括：引导学生客观认识自我，增强调控自我、承受挫折、适应环境的能力；培养学生健全的人格和良好的个性心理品质：帮助少数有行为障碍和心理障碍的学生提高心理健康水平。

（二）高校心理健康教育的具体目标

1. 初级目标——化解心理问题，增进心理健康

这一目标要求高职院校必须贯彻预防为主的方针，通过系统的心理健康教育活动，及时发现并科学化解学生的心理问题；更为重要的是，帮助学生学会自我心理保健，掌握缓解和消除心理问题的原则和方法，对自我心理健康状况有正确的认识，能够游刃有余地应对生活中的各种挫折和困扰，保持乐观、稳定、积极向上的心态。

2. 中级目标——优化心理素质，促进全面发展

这一目标要求高职院校通过系统的心理健康教育活动，一方面帮助学生学会正确地对待自己、接纳自己、化解内心冲突，确立适当的志向水平，保持精神生活的内部和谐；另一方面帮助学生形成正确的适应行为，使其行为符合社会规范，消除人际障碍，改善人际关系，增强职业适应能力。总之，就是帮助学生学会调节和适应。

3. 最高目标——开发心理潜能，达到自我实现

这一目标要求心理健康教育要从已有的科技成果和教育的成功经验中，吸收和借鉴一些开发心理潜能的经验，以提高学生的心理机能，使每个学生都能达到意识独立、创造力充分发挥、智力充分发展、人格和谐发展的理想状态。

二、高职院校心理健康教育的内容

高职院校心理健康教育内容是高职院校心理健康教育目标的具体化，内容的确定以高职院校心理健康教育的目标为直接依据，既要注意立足于高职学生的心理实际需要，也要着眼于现实及社会对公民的客观要求，根据高职院校心理健康教育目标，心理健康教育内容可分为以下3个方面。

（一）普及心理健康知识，增强学生心理健康意识

普及心理健康知识，使学生获得有应用性价值的心理科学理论，帮助学生了解健康心理对成长成才的重要意义，了解心理健康的标准，识别心理异常现象，透析常见心理问题产生的原因及主要表现，科学对待各种心理问题，增强心理健康意识，实现自我教育。

（二）传授心理调适技能，提供维护心理健康的方法

介绍增进心理健康的方法和途径，提供维护心理健康和提高心理素质的方法，帮助大学生学会自我心理调适，有效消除心理困惑，及时调节负性心理和情绪，提高承受和应对挫折的能力，掌握人际沟通的方法，增强社会适应能力。

（三）开发心理潜能和创造力，促进学生主动发展

帮助大学生养成良好的学习习惯，掌握科学、有效的学习方法，提高学习能力，自觉开发智力潜能，培养创新精神和实践能力；培养自尊、自爱、自律、自强的优秀人格品质和坚韧不拔的意志品质，有效开发心理潜能。

三、高校心理健康教育的原则

高职院校心理健康教育工作，需遵循一般的教育原则，同时应根据心理健康教育内容和教育对象的具体情况，从心理健康教育的目标出发，掌握和运用一些心理健康教育的特殊原则。高职院校心理健康教育的原则反映了心理健康教育的基本规律，是心理健康教育工作者在开展具体工作时必须遵循的基本要求。

（一）全体性原则

高职院校心理健康教育应面向全体高职学生。首先，全体高职学生是心理健康教育的对象和参与者；其次，教育的目标、内容要着眼于全体高职学生的发展，考虑绝大多数高职学生的共同需要和普遍存在的问题；最后，全体高职学生心理健康水平的提高和心理素质的提升是高职院校心理健康教育的基本立

足点和最终目标。

（二）发展性原则

高职院校在实施心理健康教育的过程中，要顺应高职学生身心发展特点和规律，促进全体高职学生获得最大程度的发展。另外，高职院校心理健康教育要以发展为重点，辅以预防和矫正，或者说在预防的同时更要追求发展。因为发展的本身就是积极的预防和矫正，只有这样才能促进全体高职学生心理的健康发展。

（三）主体性原则

高职院校心理健康教育要以高职学生为主体。在实施心理健康教育的过程中必须以高职学生为出发点，充分尊重学生在心理健康教育中的主体地位，充分发挥学生的主体作用。只有将教师的教育与学生的主动参与有机结合，才能使高职学生的主体地位得到实实在在的体现。

（四）差异性原则

高职院校心理健康教育要根据每一位高职学生心理发展的特点和自身发育规律，有针对性地实施教育，使每一位高职学生的心理健康教育水平得以提高，最终实现全体学生心理素质的提高。可以说，高职院校心理健康教育就是要帮助高职学生将其差异性、独特性最合适而完美地展现出来，这是高职院校心理健康教育的精髓。

（五）活动性原则

高职院校心理健康教育要重视通过活动促进学生心理的发展。活动的组织和开展要符合学生心理发展的需要，同时要注意通过系列活动让学生重复参与各种训练和练习。丰富多彩、形式多样的活动，不仅是心理健康教育取得实效的前提条件，也是区别于学校各科教育的主要特征。

第二节　高职院校心理健康教育中心机构建设

我国心理咨询活动起步较晚。大学生心理咨询始于20世纪80年代中期。1985年，上海交通大学、华东师范大学最先在校内建立了心理健康教育与咨询机构。随着心理咨询的普及和心理健康研究的逐步深化，中共中央、教育部连续多年在全国会议和文件中强调要加强大学生心理健康教育，加强高校心理健康教育与咨询机构的规范化建设，促进青年大学生心理素质的良好发展。进入90年代，在国家和各地教育部门的倡导与推动下，在各地教育工作者的努力下，诸多高校相继成立高校心理健康教育与咨询机构。据2020年对湖南省77所高职院校的统计，有30%~40%开展了各种形式的大学生心理健康教育与咨询工作，为促进和提升高职院校大学生心理健康水平发挥了积极作用。

然而，就高职院校心理健康教育与咨询工作的整体现状与发展而言，还存在诸多不足之处。首先，还有少部分高职院校没有成立专门的心理健康教育与咨询机构；其次，在开展了心理健康教育与咨询工作的高职院校中，有一部分是由本校思想政治教育或德育教师兼职完成，没有配齐专职心理健康教育教师；最后，有的高职院校虽然成立了专门的心理健康教育与咨询机构，但是由于受到经费、人才、场所等方面的限制，实际工作中还存在各种不规范的地方或发展困境。

高职院校心理健康教育与咨询机构应该建设成什么样的机构？以下从机构名称、职能定位和发展方向3个方面由表及里、由近及远地对高职院校心理健康教育与咨询机构的基本定位进行初步探讨。

一、机构名字

每个人都有自己的名字，不同的名字通常寄予了父母对孩子的不同期望。心理健康教育与咨询机构在不同的高校通常也有不同的名字，有学者通过问卷调查的形式，对我国部分高校心理健康教育与咨询机构的名称及现状进行了初步统计。高校心理健康教育与咨询机构的名称叫法很多，大致可归为8类：最多的是称“大学生心理健康教育中心”（含其中一所称“大学生心理教育中心”），占被调查学校的40.54%；有不少高校称“大学生心理咨询中心”，占被调查高校的21.62%；有的称“大学生心理健康教育与咨询中心”，占被调查高校的10.81%；也有的称“大学生心理健康教育指导中心”（含其中一所称“大学生心理咨询指导中心”），占被调查高校的10.81%；还有的称“大学生心理健康教育与研究中心”，占被调查高校的8.1%；少部分高校称“大学生心理健康教育与服务中心”“大学生辅导与发展中心”，分别占被调查高校的

2.7%。那么，究竟哪种叫法更科学、更合理呢？

从工作角度来看，高校心理健康教育与咨询机构的职责不仅包括预防性质的心理健康教育、宣传、辅导、素质拓展，也包括矫正性质的心理咨询、心理评估、心理危机干预、转介等，是一种一体性、连续性的服务工作。因此，心理健康教育与咨询机构的名称应该在概念上综合涵盖这几个方面的内容。有学者认为，心理健康教育与心理辅导都是以正面教育为主的工作定位，其内涵比较接近，但心理健康教育及心理辅导工作不能回避心理咨询和治疗问题，从广义上来讲，可以说前者包含后者；而心理咨询与心理治疗总体上是面向个体和针对问题的，它一般不能包含心理健康教育的全部内容。因此，根据教育部等有关文件精神及大学生心理健康教育立足教育的原则，为清楚体现工作定位及职责，高职院校心理健康教育与咨询机构的名称以“心理健康教育与咨询中心”较为合适，也可以直接称“心理健康教育中心”或“心理健康指导中心”。在关键词上，不宜以心理咨询、心理治疗、心理训练等小概念替代正向的大概念；在职责上，要体现服务工作职责而非科研职责，所以不宜冠“研究中心”等名称。

另外，针对机构的一些辅导室，不少高校直接使用“心理咨询室”“心理宣泄室”这样的名称。这些名称的专业色彩比较浓厚，与大学生身心发展尚不成熟的特点不甚相符，可以选择更加亲切、生动、贴近学生、易被接受的名称，比如心理咨询室可以称为心语室、知心屋、开心屋、谈心室、静心室、怡心室、心情吧、晴朗地带、心灵港湾等，心理宣泄室可以称为释放空间、减压仓、出气吧、宣泄吧等。上述的一类名称既有一定的专业含义，又容易引起学生的共鸣，能够为学校的心理健康教育与咨询工作起到潜移默化的推动作用，各高职院校可加以借鉴。也可以通过头脑风暴，集中有关师生的智慧，取一个亲切合理又有自己特色的名称。

二、职能定位

高职院校心理健康教育与咨询机构的职能在探讨其名称的时候已经提及，应该既包括预防性质的心理健康教育、宣传、辅导、素质拓展，又包括矫正性质的心理咨询、心理评估、心理危机干预、转介等。同时，很多高校心理健康教育与咨询机构的教师还从事与心理学有关的科研、教学、公益项目、社会服务等工作。那么，究竟哪些职能是高职院校心理健康教育与咨询机构最核心、最基础的职能呢?

纵观高校心理健康教育与咨询机构的发展历程、典型个案和改革方向，我们认为，高职院校心理健康教育与咨询机构最主要的职能是为本校学生的心理健康提供专业服务，开展各种形式的心理健康教育和咨询活动，为学生和家长提供促进心理健康成长的指导性意见，为学校教育工作提供意见和建议，营造积极的关注心理健康的校园氛围。如果涉及对外开展公益项目或社会服务，应该本着学生参与的原则，以有利于促进学生心理素质发展为落脚点。因此，高职院校心理健康教育与咨询机构的工作重点和特色应该是其服务性，其定位应是为高职学生心理健康提供一体化专业帮助的服务机构。

三、发展方向

目前，高校心理健康教育与咨询机构最主要的发展困境包括两个方面：一是独立性问题，二是专业性问题。

有些高职院校在开展心理健康教育与咨询工作之初，因为人员不足，会以思想政治教育或德育工作为依托，并由这些学科的教师兼职完成心理健康教育与咨询工作。但是，心理健康教育与咨询工作毕竟是独立于思想政治教育和德育工作的一项专业工作，关系着大学生的心理素质发展和成才大计，必须由具备一定心理学教育背景和心理辅导工作经验的专职教师指导完成。为了保证大学生心理健康教育与咨询工作的有效开展，高职院校心理健康教育与咨询工作需要从思想政治教育工作和德育工作中独立出来，不断提高心理健康教育工作的专业性和实效性，突出高职院校心理健康教育与咨询机构的服务性。

第三节　高职院校心理健康教育中心人员构成

高职院校心理健康教育与咨询机构通常是一个“小部门”，但是麻雀虽小，五脏须俱全。高职院校心理健康教育工作是一项专业性很强的工作，建立一支专业强、素质高的心理健康教育队伍，是有效开展心理健康教育工作的前提，也是保证心理健康教育顺利实施的关键。综合多所高职院校的经验来看，高职院校心理健康教育与咨询机构的正常运转必须加强“四组人员”（管理队伍、专职教师队伍、兼职教师队伍、朋辈心理互助队伍）的建设。

一、管理队伍

高职院校心理健康教育与咨询机构的良性运转有赖于一支完善、协调的管理队伍。由于高校心理健康教育与咨询机构面向全校师生提供心理健康服务，工作中常常需要学校其他多个部门的配合，因此，管理人员应该涉及各个部门的有关负责人和分管心理健康教育工作的校级领导。有调查指出，在已成立心理健康教育领导小组（或领导委员会）的高校中，其管理队伍有85.7%含校领导，87.8%含学生处负责人，57.1%含校医疗机构负责人，42.9%含教务处负责人，38.8%含保卫处负责人，14.3%含思政课部负责人，10.2%含各院（系）党政领导，4.1%含宣传部负责人，4.1%含校团委负责人。根据我们对一些心理健康教育工作先进单位的考察，高校心理健康教育领导小组（或领导委员会）至少应该包括分管心理健康教育工作的副书记或副校长、学工处分管领导、校团委分管领导、保卫处分管领导、校医院分管领导、各院（系）分管领导、心理健康教育与咨询中心主任，以便开展心理健康“多级预警系统”。其中，分管心理健康教育工作的副书记或副校长主要负责高校心理健康教育与咨询机构的建设和统筹发展；学工处和校团委分管领导主要协助指导心理健康教育与咨询机构队伍的基本建设和全校心理健康教育辅导活动的开展；保卫处分管领导主要负责组织有关人员协助中心做好安全教育和危机干预工作；校医院分管领导主要负责协助中心做好健康检查、转介治疗和医疗保险工作；中心主任则主要负责制定中心工作制度和规范，提交中心工作计划和总结，组织管理中心日常工作，指导建设学生心理工作团队并组织考核；等等。心理健康教育领导小组（或领导委员会）需要经过讨论明确规定各分管领导及其部门工作人员的职责，并定期对他们的工作进行考核，这样才能使高校心理健康教育与咨询机构的工作实现上通下达，最大限度地维护学生的心理健康。

二、专职教师队伍

心理健康教育专职教师指高职院校心理健康教育实施机构的工作人员。心理健康教育专职教师队伍的建设包括以下3个方面。

（一）建立专业资格准入制度

专职教师的专业能力直接影响高校心理健康教育工作的专业水平，所以，专职教师必须具备教育学、心理学等相关专业硕士研究生以上学历或学位，具有熟练的专业技能、良好的心理素质和高尚的职业道德。

（二）建立培训制度

高校要将专职教师纳入学校教师队伍序列管理和师资培训计划，有计划地选送他们参加专业培训以及国内外的学术交流活动。同时，学校也应经常性地开展工作培训活动，如工作交流会、案例讨论会、案例督导等，帮助他们提高工作技能、业务水平和科研能力。

（三）建立考评激励制度

高职院校要对心理健康教育教师的工作进行考评。考评以提升专职教师的工作能力，提高工作质量为目标。同时，不仅要依据考评结果授予荣誉称号，而且要将考评与专职教师的职称评定、职务晋升、工作酬金、科研资助挂钩。

三、兼职教师队伍

高职院校在开展心理健康教育实践工作中，专职教师往往由于人数较少、工作繁多，难以满足学生的心理辅导需求，而学校兼职心理健康教育队伍则是重要补充。

（一）队伍组成

兼职心理健康教育教师队伍主要指辅导员队伍。大学生心理健康教育是大学生思想政治教育的重要内容。辅导员工作在大学生思想政治教育的第一线，心理健康知识、辅导技能是辅导员必备的知识及能力扩充的方向。辅导员在日常教育管理中要注意运用心理健康教育的方法，给教育对象以帮助、启发、引导，才能使思想政治教育入情入理，卓有成效。另外，辅导员在与学生的日常接触交流中，要注意及时发现和处理学生的心理问题，以保证心理健康教育工作的及时、有效性。

（二）队伍建设

一是明确心理健康教育工作是辅导员的工作职责和工作内容，并将之纳入辅导员工作考评指标体系中。二是开展心理健康教育技能培训。通过心理问题识别、谈心谈话、心理危机干预等技能的培训，使辅导员掌握建立辅导关系的技术，明白心理问题性质的判断方法，了解各类心理测验的解释等；通过实践操作训练，如案例分析、典型示范、讨论交流等，提高辅导员开展心理健康教育工作的能力。

四、朋辈心理互助队伍

高职院校健康教育与咨询活动坚持学生参与的原则，由高职院校心理健康教育与咨询机构选拔聘任一支朋辈心理互助队伍，不仅有利于组织开展心理健康教育活动，还可以帮助心理辅导老师及时准确地了解全体学生的心理状况，还可以促进学生自身心理素质的发展。

（一）队伍组成

高职院校心理健康教育朋辈心理互助队伍指学校学生会朋辈心理互助部的成员、学院（系）学生分会的成员、每个学生行政班级班委的班级心理委员、每间学生寝室的寝室信息员以及其他学生骨干。朋辈心理互助队伍通过教师队伍的引导、支持和培训而发挥作用，同时通过建立完善的互助机制，在高校心理健康教育中起到自助、互助作用。

（二）队伍建设

一是要建立朋辈心理互助队伍的管理制度，规范工作职责，建立激励机制。二是要建立上岗培训制度，经培训合格后才能任用。培训内容主要是心理健康基本知识，互助对象关系的建立，常见心理问题的识别，基本工作伦理等。三是经常性开展岗位工作培训，不断提升朋辈心理互助队伍的工作水平。

第四节　高职院校心理健康教育中心组织管理

高职院校心理健康教育工作的高效、顺利开展，需要有完善的组织管理机制。科学、合理的心理健康教育组织管理机制，一方面可以用科学的理念、方法、策略来引领学校心理健康教育工作，另一方面可以整合学校的各种力量，做到整体规划、全面管理、统一协调和多方兼顾。因此，完善的组织管理机制是高职院校心理健康教育工作实现规范性、科学性和有效性的根本保障。

一、教育管理机构

（一）领导机构——学校心理健康教育工作领导小组

1. 工作职责

心理健康教育工作领导小组是学校组织、实施心理健康教育工作的最高领导机构。领导小组负责对学校心理健康教育工作实行统一领导规划，落实机构、人员、经费保障，协调和组织各职能部门解决工作中的困难和问题，组织对学校心理健康教育工作进行研究、评价、指导。

2. 成员组成

根据党中央、国务院以及教育部相关文件精神，学校应成立以校领导为组长，学生工作部门、宣传部门、教务部门、人事部门、财务部门、校团委、安全保卫部门、后勤保障服务部门负责人为组员的“心理健康教育工作领导小组”，办公室设在学生工作部，由学生工作部心理健康教育工作负责人任主任。组长要在管理工作中发挥政治核心作用、行政保障作用，以营造政策环境，排除工作阻力。其他职能部门则对心理健康教育业务工作起到行政支持和高效运转的保障作用。

（二）统筹机构——学生工作部

1. 工作职责

学生工作部根据学校的总体要求，部署、督查全校的心理健康教育工作。学生工作部在学校心理健康教育工作领导小组中发挥组带作用、协调作用，对各学院（系）开展心理健康教育工作起到行政指导和保障作用。

2. 管理模式

开展心理健康教育是新形势下大学生思想政治教育的有效途径，学生工作处是高职院校开展大学生思想政治教育的职能部门。根据教社政〔2005〕1号文件精神，心理健康教育中心挂靠学生工作处，归学生工作处管理。所以，高校心理健康教育工作的管理模式基本属德育管理模式。这种管理模式一方面更加贴近学生生活、学生的需要，另一方面能使心理健康教育成为学生工作者的工作内容，从而充分发挥心理健康教育的矫正、预防和促进发展功能。

（三）实施机构——心理健康教育中心

1. 工作职责

心理健康教育中心负责制定、实施学校心理健康教育工作计划；组织、指导各学院（系）开展工作；培训专兼职心理健康教育队伍开展心理健康教育课程教学；开展课外心理健康教育活动，开展心理咨询服务和心理危机干预工作；通过科研活动，提高工作的针对性、有效性。建设标准化、规范化的心理健康教育中心是心理健康教育工作有效开展的重要保障。心理健康教育中心集教育、教学、管理、服务、科研五大职能为一体。

2. 场地保障

为了开展规范、专业的心理咨询，心理健康教育中心须建立标准的心理咨询功能室。功能室选址须遵守“安全方便，独立私密”的原则，摆设讲究“宁静和谐，心物交融”，环境要求“自然开阔，柔和舒适”。功能室须具备接待、个体面询、团体心理辅导、心理宣泄、心理督导、心理测验等功能，配备放松、心理测量、心理宣泄等专业设备，为开展日常的心理咨询服务提供有力的物质保障。

二、教育管理制度

高校心理健康教育工作是高校教育管理工作的一个子系统，达成各子系统间的相辅相成需要有制度的保障；同时，高校心理健康教育工作自身也是一项复杂的系统工程，协调内部各子系统之间的关系，需要有制度的保障。合理、完善的心理健康教育规章制度是高校心理健康教育工作顺利开展和高效运行，形成长效机制的基本保障。

（一）规划保障制度

为保证心理健康教育工作可持续发展，高校要通过规章制度的制定明确心理健康教育工作在学校整体工作的地位、重要性；对机构设置、经费来源、人力配置、办公设施等提出具体的要求，为工作的开展提供人力、物力、财力、人事管理环境等方面的有力政策保障；对心理健康教育工作未来的发展重点、发展方式、发展方向进行规划，引导心理健康教育工作健康、有序地发展。

（二）工作运行制度

为保证心理健康教育工作的高效运行，高校要制定心理健康教育工作的标准，对心理健康教育工作的内容、方法、程序和效果提出具体的要求；另外要制定心理健康教育工作考评指标体系，加强对心理健康教育工作的质量监控，规范质量管理，增强心理健康教育工作的实效性。

（三）职责规范制度

为了保证高校心理健康教育工作的规范性，学校要建立健全心理健康教育的各项具体的管理制度，如心理健康教育机构工作职责、心理危机干预工作管理办法、心理健康教育人员（教师、学生）工作职责、心理咨询原则与流程、咨询教师工作规范等，以保证日常工作开展的制度化、规范化。

三、工作评估

高校心理健康教育工作评估是根据上级部门的工作要求以及高校心理健康教育的目标，运用科学可行的方法，对高校心理健康教育的要素、过程和效果进行价值评价的活动。高校心理健康教育工作评估是高校心理健康教育总体规划的重要组成部分，对促进心理健康教育工作的开展，使之科学化、规范化起到重要作用。

（一）评估的意义

（1）通过评估可以了解、掌握心理健康教育目标的达成情况，了解工作中的困难，从而制定下一步的工作重点，提高工作成效。

（2）通过评估可使高校从事心理健康教育工作的组织管理人员、教育教学人员获得理论、实践探讨的机会，促使工作不断改进。

（3）通过评估还能促进校内各部门工作人员的分工与合作，为日后工作的进一步开展打下良好的基础。

（二）评估内容

（1）教育保障评估：包括领导重视、组织管理保障、队伍保障、场地设施保障等。

（2）教育过程评估：包括教育计划、教育总结、实施教育的途径等。

（3）教育效果评估：包括学生心理健康水平的提升、师生主观评价、社会影响等。

（三）评估方法

（1）定量评估：对评估内容或评估指标的整体进行量化。

（2）定性评估：根据观察、检查和记录等进行定性描述和判断。

（3）问卷调查或访谈调查。

第五节　高职院校心理健康教育中心场地设备

作为教师开展心理健康教育工作、为学生提供心理服务的固定场所，学校心理健康教育场地非常强调环境的合理布置。因为心理健康教育不仅包含有声的交流，还包含无声的交流，室内的色调、桌椅的布局、画像的摆挂以及光线的投射等，无不在向学生传递着无声的信息，影响着心理健康教育的效果，影响着学生再次来访的意愿。

一、心理健康教育场地的位置选择

学校心理健康教育场地的位置选择应遵循安静、方便和私密的原则。

（一）安静原则

嘈杂的环境容易导致教师和学生因外界干扰而分心，影响心理健康教育工作的顺利开展。所以学校心理健康教育场地周边的环境应清静幽雅，不宜设在人流多、嘈杂喧闹的地方，要避免紧邻音乐室、体育场、宿舍、食堂、商业街道、主干道等。设在图书馆、校医院或行政中心附近都是不错的选择。

（二）隐秘原则

许多学生对心理咨询的认识还不够深入，对他人的看法非常敏感，害怕别人的议论和误解，不太愿意让老师、同学看到自己出入心理健康教育机构。因此，心理健康教育场地不要离辅导员、院系、学科教师的办公室太近，避免学生因来访途中遇到熟人而感到尴尬。

（三）方便原则

学校心理健康教育场地不能设于不为人察觉的偏僻角落，要便于寻找和访问。远离教学区、宿舍区、办公区的偏僻角落虽然确保了环境的安静，但也容易造成过度的神秘感，使学生在寻求心理服务时形成空间上和心理上的阻隔，大幅降低学校心理健康教育场地的利用率。

心理健康教育场地周围最好有花草树木，如果透过窗户能看到则更佳。室外的装饰不要过度张扬突兀，尽量与周边环境融为一体，可适当放置一些绿色植物。必要时可在入口处悬挂心理咨询信箱，或者设置宣传专栏，附上服务内容简介、图示图标及欢迎标语等。

二、心理健康教育场地的功能布局

每个学校应根据本校的经济条件和占地面积合理规划和布局各种心理健康教育场地，包括心理健康教育专兼职教师办公室、预约接待室、个体咨询室、团体辅导室、心理测量室、心理档案室、心理放松室、心理宣泄室、沙盘游戏室、心理阅览室和户外心理素质拓展训练基地等。条件受限的学校也至少应设置教师办公室、个体咨询室、团体辅导室三类必备的功能室，以满足开展心理健康教育活动的基本需要。然后在此基础上合理规划，充分发挥各功能室的多种用途，有效提高心理健康教育场地的利用率。例如，教师办公室兼作咨询接待室和咨询等候室，团体辅导室兼有心理放松室的功能等。

（一）教师办公室

主要用于心理健康教育专兼职教师日常办公。室内布置与普通办公室类似，应配备办公桌椅、带锁的文件柜、电话、计算机、打印机、空调、饮水机等设备，可在墙壁上悬挂《学校心理健康教育工作者工作守则》和心理挂图等。

（二）咨询接待室

咨询接待室用于接待前来预约咨询的来访者，并为前来接受咨询的学生提供等候的空间。作为一个专业化的前台设置，接待室除了要给来访者提供方便外，还应让来访者感到放松，减轻他们进入咨询室的戒备心理。

接待室内应配备的设备包括：电话、计算机、沙发、茶几、办公桌椅、饮水机和心理咨询预约单。最好还能提供各类心理杂志书籍，供来访者在等候时阅读，以免他们因无所事事而产生烦躁情绪。宜在墙上张贴《心理咨询人员职业道德准则》《心理咨询人员保密原则》《心理健康教育岗位职责》《心理咨询预约制度》《心理咨询工作制度》等，方便来访者了解心理咨询的注意事项。

（三）心理咨询室

1. 布置的原则

心理咨询是探索心灵的历程，要使来访者无保留地开放自己压抑的内心，宣泄负面的情绪，检视不合理的思维方式，心理咨询室的布置应遵循安全、舒适、简洁的原则，要给来访者安全、祥和以及充满生机的感觉。

（1）安全。要使来访者产生心理安全感。比如咨询椅的摆放要避免朝向门窗，避免让来访者与突然到来的外人照面。窗户要配备窗帘，避免过路者在窗外能清楚地看见来访者。建议条件允许的学校给心理咨询室配置单向玻璃。

（2）舒适。需选用质地柔软舒适的咨询椅，让来访者坐得舒服，心理松弛，才能自由倾诉。室内的装饰不能太夸张，色调不宜过于鲜艳刺激。

（3）简洁。室内的布置既不要过于单调和缺乏人情味，也不能花里胡哨和杂乱无章，以免分散来访者的注意力。室内要保持整洁，办公家具的数量和摆放的位置应恰当，应以满足基本功能和实用为度，不要摆放过多的杂物。不宜过分反映和张扬心理咨询教师的个性和私人生活。

2. 房间的选择

（1）面积。心理咨询室的大小应适宜，一般10平方米左右比较合适。过大的房间易使来访学生产生空旷感和不安全感，而过于狭小的空间会使人有压抑感和窘迫感。

（2）采光。心理咨询室一般都要有窗户，以满足来访者对窗口的心理要求，减少封闭空间的压抑感，改善空间的开放性，将来访者引向理想世界，以便可以向咨询师畅所欲言。

室内光线应适中，光线昏暗会让来访者产生被诱惑的感觉，而过于明亮又会使人感到单调和乏味。设计咨询室时通常会凸显灯具，将灯具作为空间的视觉焦点。为营造温馨的咨询气氛，光线宜含蓄柔和，使人情绪平静，精力集中。

（3）通风。室内应保持良好的通风，避免憋闷和压迫之感。最好配置冷暖两用空调，使室内保持舒适的温度。

（4）隔音。心理咨询室应独立封闭，隔音效果好，以保证心理咨询过程中不受任何人和外界环境噪音的打扰，并确保来访者的有关情况只有来访者自己和咨询教师知道。咨询室内不要放置电话，时钟应选择静音式。

（5）地板。不宜直接使用水泥地面，因为容易给人造成冰冷的感觉。建议使用木质地板。

（6）色调。室内色调要和谐、淡雅、温馨，宜使用乳白色或其他柔和的色调，如让人感觉安全、平和、凉爽的苹果绿，或温馨、亲切的米黄色。一定要避免大红、深蓝等强烈刺激的色彩。

3. 咨询椅的摆放

不要让来访者坐在朝向强光的地方。前来寻求心理咨询的人通常思维或情绪都有点乱。强烈的光线会使他们越发感到心烦和不安。所以如果要安排谁坐在比较光亮之处，咨询教师会更合适些。

心理咨询教师与来访者所坐的两张咨询椅宜呈直角摆放。教师不宜坐在办公桌后面和来访学生隔着桌子谈话，因为这种安排会使来访者有接受审判的感觉，尤其是当心理咨询教师边问边记录时，这种反应会更加明显，同时这样也不利于心理咨询教师观察来访者的全身细微变化。咨询室内可以摆放长沙发，但是咨询教师与来访者应避免并坐在长沙发上。

咨询椅比较恰当的摆放方法是：心理咨询教师与来访者分别坐在两张夹角为90°的沙发上，两张沙发之间隔以较矮的不影响视线的茶几，距离适中，具体以心理咨询教师和来访者都自然舒展地坐下时脚尖不会相互碰触为度。

这种安排有诸多优点：对来访者是一种尊重，体现了来访者与心理咨询教师的人格平等；心理咨询教师和来访者之间既能保持相对人性的亲近，又不致因过于亲密而让来访者感到不安；可以使某些有眼光交流困难的来访者感到自在，不会因不得不面对面地直视而过分的局促和尴尬；心理咨询教师也无须始终直视来访者，可以使心理咨询在较为自然的状态下进行；来访者的一举一动均在心理咨询教师的观察范围之内，心理咨询教师可以很方便地通过直视或余光观察来访者的所有肢体动作。

4. 其他物品的布置

纸巾盒。可放置在茶几上，便于来访者哭泣时随时取用。

设计简洁的挂钟。用来控制咨询时间，同时也能起到装饰的作用。最好放置在来访者的身后，位于咨询教师视线所及之处，以免因咨询教师多次看手表，致使来访者不能平静地谈话。

简洁清新、不带刺的小盆栽。绿色植物象征生命力，用作室内点缀可使咨询室充满生机。

书画作品。如广阔、恬静的风景画，能使来访者开拓联想想空间，保持心境舒畅。

纸笔。放置在咨询教师便于取放的地方，避免当需要记录来访者地址、电话号码等信息时，教师移动过于频繁，动作幅度过大。

饮水机、空调。有条件可配置录音机和摄像机等设备。如需录音，必须征得来访者的同意，并将麦克风放在来访者可以看到的地方，以避免使来访者产生不安和顾忌。

（四）团体辅导室

团体辅导室与心理咨询室基本一致，都要求给人以安静、温馨、安全、舒适和简洁的感觉，要采光良好、空气流通、温度适宜，室内色调要淡雅温馨。其与心理咨询室的主要不同之处在于以下三点。

1. 面积

团体辅导室需要容纳多名成员，要比个体心理咨询室更为宽敞，以保证足够的活动空间。学校心理健康教育以预防性和发展性目标为主，团体活动的性质多体现为团体的成长性，如职业生涯规划团体、自我探索团体、人际交往团体等，成员数目一般为8~12人，故团体辅导室的面积为60平方米左右较为适宜。若需兼作心理活动室，面积还可以稍大一些。

2. 椅子

个体心理咨询室的咨询椅多选用柔软舒适的沙发，而团体辅导室可以选用椅子，也可以不用椅子，用坐垫直接坐在地上（地面最好铺设木地板）。若选用椅子，最好是可折叠的，方便成员在活动时叠放起来以节省空间。无论是采用椅子还是坐垫，成员都应该围圈而坐，而且圆圈要正，这样每位成员才可以轻松地看到其他成员，无障碍地进行沟通。圆圈的中间不要放置桌子等障碍物，以免对成员的自我暴露构成无形的心理障碍。

3. 其他设备

除窗帘、挂钟、挂画、柜式空调外，为方便团体活动的开展，团体辅导室还应配备以下设备：一套多媒体设备（计算机、投影和音响），用于播放背景音乐和放松指令，以及展示成员作品或活动步骤；一面涂鸦墙或白板；一些可以随意移动、组合、折叠的桌子，供成员书写或绘画时使用；悬挂于墙上的《团体领导者工作守则》《团体契约书》；用于盛放眼罩、绳子等团体辅导用具的柜子、团体辅导箱。

（五）心理测评室

心理测评室旨在为学生完成心理测试提供不受干扰的环境。心理测试的结果是否准确有效往往受到很多因素的影响，其中环境因素如测试室的温度、噪音、光线、桌椅的舒适度等是引起测试误差的常见因素之一，因此安静、舒适的心理测试环境能让测验结果更可信，更能反映个体的真实心理状态。

心理测评室的房间面积要求不大，但要求采光良好，温度适宜，而且要绝对安静，以保证学生在接受心理测量时不受干扰。心理测量室内需要配备各种常用的标准化心理量表、测试用纸、笔、计时用的秒表、电脑、测试软件、统计软件、光电阅读仪和打印机，墙上应悬挂《心理测试使用条例》。心理测评室还可以兼作心理档案室，放置带锁的文件箱，存放各类心理档案、心理咨询记录和心理健康教育机构的其他各类文件资料。

（六）心理阅览室

心理阅览室是存放和阅读心理图书资料的专用房间。面积大小可根据学校条件配置，室内布置同普通阅览室，可配置空调、书柜、阅览架、阅览桌椅、挂画，以及各类心理期刊、书籍等。

（七）心理放松室

心理放松室主要是提供进行各种放松训练的环境，帮助来访者缓解压力和调节情绪。为便于学生放松情绪，心理放松室必须具备良好的隔音效果，配备相应的隔离设施。室内所需设备包括用于播放松弛音乐和指令的音响设备、专业放松椅等，条件好的学校还可以配置生物反馈仪。

（八）心理宣泄室

心理宣泄室是帮助来访者宣泄情绪的专业功能室。宣泄室的色调以淡蓝等冷色调为宜，因为冷色调有镇静作用，有助于学生缓解情绪。地面切忌使用硬、滑的材质，宜用软皮作为墙面材料，以防止学生撞伤或墙面受损。需要配备的宣泄器材包括拳击手套、宣泄棒、宣泄沙袋、宣泄抱枕、涂鸦板（墙）、涂鸦笔等。

（九）沙盘游戏室

与心理咨询室一样，沙盘游戏室对环境布置有严格的要求，因为只有处于被接纳的、受保护的空间时，来访学生才能将内心世界通过沙盘作品自由地表现出来，其心理问题才可能通过沙盘得以缓解、解决。沙盘游戏室除了需要满足一般心理咨询室的布置要求外，还要根据沙盘治疗的特点，注意以下布置：

铺设水泥地板，以便清洗。

摆放两个沙盘，一个装干沙的沙盘和一个装湿沙的沙盘。

各类沙盘游戏模具和摆放沙盘游戏模型的架子，架子的位置要便于来访者挑选和取用。标准的沙盘治疗通常需要1200多个沙盘游戏模具，把它们按照基本的类别来适当摆放，一般需要3个沙盘游戏模型架。

其他辅助设备，如盛水器、沙耙、沙刷、洒水壶、胶水、双面胶、悬挂架等，以备来访者摆沙盘时所需。

两个小的钟表，分别用于来访者和沙盘游戏分析师看时间。

照相设备，用于拍摄来访者所摆沙盘。这些照片将记录来访者在一段时期的沙盘游戏治疗中所呈现的一系列的沙盘布景，既可用于沙盘游戏督导或用作分析治疗的依据，同时也可以反映来访者在沙盘游戏治疗过程中的变化和效果。

纸巾、洗手池，以便来访者完成作品后清洗。

两个座椅、茶几，如果沙盘游戏室不仅用于个体治疗，还用于团体治疗或家庭治疗，那么空间上还要有所扩展，需设置多名成员参与、观看的椅子和活动空间。

（十）户外心理素质拓展训练基地

随着素质拓展训练在国内的日益推广，越来越多的高校开始建立自己的大学生心理素质拓展训练基地。规划和建设心理素质拓展训练基地时应注意以下几点。

位置要选在空间开阔、绿化状况良好的地方。占地面积大小根据器械的多少而定，各类器械之间应保持一定的间距，确保训练者有足够的活动空间。基地四周最好设有围栏，防止学生在无教练指导的情况下自行上器械练习。为避免在训练中造成摔伤，地面要求平整、无硬物。某些器械下方应铺设草皮或沙坑。

选用器械时，要合理利用已有校园环境设施，开发设计拓展训练内容，突出校本特色。

拥有空旷场地的学校则可考虑建设高空项目器械，如巨人梯、高空断桥、空中抓杠、泸定桥、天使之手、攀岩、高空相依、软神、合力制胜、云中漫步、筑桥向前、高空绳网，高空秋千等；场地和资金都受限的学校应以配置场地项目器械为主，如逃生墙、信任背棒、模拟电网、有轨电车、孤岛求生、飞行转轮、依存共渡、雷阵、梅花桩、夺宝奇兵等。

第四章 高职院校心理健康教育队伍建设

心理健康教育队伍是高职院校有效开展心理健康教育工作的基础。心理健康教育工作是一项专业性很强的工作，打造一支专业强、素质高的专兼职相结合的心理健康教育师资队伍是开展大学生心理健康教育工作的前提，是推进高校心理健康教育工作科学化、规范化的关键；打造一支有爱心、热心、诚心、耐心、责任心，并掌握一定心理服务知识的朋辈心理互助队伍，是实现大学生自助与互助的有效途径。而加强对心理健康教育队伍的培训、培养是高职院校心理健康教育可持续发展的动力。

第一节　专职心理健康教育队伍

心理健康教育专职教师队伍，指学校心理健康教育中心工作人员，专职从事学校心理健康教育工作的教师，他们具有扎实的心理学或教育学理论知识，经过相关专业知识的学习和专业技能的培训，能充分掌握和运用有关心理健康教育的方法和手段，并以培养学生良好的心理素质、促进学生身心全面和谐发展与综合素质全面提高为主要教育任务。毋庸置疑，专职教师是心理健康教育工作得以科学化开展的核心力量。该队伍的建设可以从以下3个方面来考虑。

一、专职教师工作职责

（一）协助与协调工作

为学校制定心理健康教育的总体规划，发挥专业上的参谋作用，协助其他部门如教务处等开展教学工作；根据学校的总体规划做好全校不同阶段学生的心理健康教育工作，具体筹划、组织与协调校、院心理健康相关工作。

（二）日常行政工作

参与心理健康教育中心的日常管理工作，如参加中心的各种行政管理会议会务工作，撰写相关工作的工作计划、工作总结，参与中心的各种值班及组织的各种行政性活动等，以保证心理健康教育中心工作正常运转；及时完成学校“大学生心理健康教育工作领导小组”安排的其他工作任务。

（三）业务培训工作

参与心理健康教育中心对兼职教师和其他教师进行的专业培训和指导工作，组织、指导甚至直接承担朋辈心理互助员的培训工作。

（四）心理健康知识科普工作

承担心理健康教育必修课的教学，开设相关选修课程；通过活动，开展各种主题讲座及各种主题的校园心理文化活动；借助媒介，创建心理健康教育网页、微博、博客、QQ、报纸、杂志等，搭建与学生的互动平台。

（五）心理咨询服务工作

参加心理健康教育中心面向在校学生开展的个体、团体、电话、互联网等不同形式的心理咨询、心理辅导工作，严格遵守心理健康教育中心制定的心理咨询管理制度及心理咨询师职业道德。

（六）心理危机干预工作

组织开展全校性的心理普查和心理排查工作，建立全校学生的心理档案，掌握每一个学生的心理健康状态信息，对存在心理困惑、心理障碍、心理疾病的学生给予及时干预；在应对和处理学生危机心理问题时，配合学院及其他相关部门，发挥专业的指导和参谋作用，承担相应的专业工作。

（七）科研工作

根据心理健康教育中心的工作计划、工作重心、工作目标积极开展心理健康教育研究，实现理论研究促进实践工作的开展，实践工作促进理论水平的提升。

二、专职教师须具备的基本素质

心理健康教育专职教师专业素养的高低直接影响着心理健康教育目标的实现。心理健康教育工作要上新台阶，要实现科学化、专业化，首要工作是把好专职教师的选拔关。因此，在选拔专职教师时，要考虑其是否具备以下4个方面的素养：

（一）必备的资质

专职教师必须接受过系统的专业训练，具备心理学或其相关专业的硕士或博士学历或学位，获得国家二级心理咨询师（及以上）资格证书。

（二）行政能力

专职教师需要有良好的团队合作意识，有良好的口头表达能力和沟通能力，有较强的协调组织管理能力，有良好的全局观念和创新思维。

（三）专业素养

（1）具备一定的教育教学理论和教学技能，能承担教学任务。

（2）具备一定的科学研究能力，有严谨的科研精神，能参与或独立主持心理健康教育中心的科研课题。

（3）能设计专业性的教育活动。

（4）能对不同心理状态的学生进行心理评估。

（5）能独立开展心理咨询，撰写完整的心理咨询个案记录。

（四）人格品质

对待学生要有爱心、热心、诚心、耐心、责任心，善于容纳他人，对待工作乐于奉献，有主动性、积极性；具备自我察觉、自我平衡能力，能及时处理自己内心冲突；心理稳定，处事成熟。

三、专职教师的培训

根据相关文件精神，学校心理健康教育专职教师必须要有心理学及相关学科的专业背景，以及心理咨询的资质。但成为一名合格的学校心理健康教育教师必须不断地提高自身素养和工作水平。所以，学校要将心理健康教育专职教师队伍建设纳入学校师资队伍建设的总规划中，不断加强培训力度。

（一）培训内容

（1）专业修养方面。一是要进行高校心理健康教育基本原理的培训，帮助专职教师了解学校心理健康教育的目标、任务、原则、途径等；二是要进行教育技能的培训，如班会的设计及召开，团体心理辅导的设计与实施方法等；三是要进行开展科研工作的培训，即如何根据学生的心理发展状况进行科学研究，并获得科学的工作方法；四是心理咨询技能的培训，尤其是正常与异常心理的区分；五是对自我成长的培训，即对自身心理品质、自我修复的觉察能力的完善、提升。

（2）行政素养方面。心理健康教育中心担负着全校心理健康教育的组织与管理职能，要求专职教师具备一定的行政素养。因此学校要帮助专职教师了解学校管理的基本知识，了解学生工作的管理模式，尤其是工作平台，知晓专职教师的工作职责。对专职教师行政素养的提升是学校容易忽视的地方，但是专职教师行政素养的高低会直接影响到心理健康教育工作的开展和深入，同时，专职教师如果忽视行政工作，将自身定位在心理咨询师的角色，便无法履行工作职责，阻碍工作的开展。因此对于专职教师来说，除了要不断提升专业素养，也需要进一步加强行政素养和工作技能，培养协调能力、组织能力、管理能力等。

（3）自身心理素质方面。有调查表明，心理健康教育专职教师的职业倦怠、职业枯竭率要比其他行业人员高。就拿心理咨询工作来说，如果专职教师自身都处在一个低心理能量的状态，就难以给来访学生提供高质量的心理咨询服务。所以，专职教师自身心理素质的提升非常重要。除学校相关部门提供的良好工作环境与工作氛围以及学习与督导机会外，专职教师自己也要注意从生活、工作中去提炼、领悟人生意义的真谛，拓宽自己的知识视野，丰富自己的人生阅历和社会经验，多接触生活、工作中正能量的方面，努力提升对生活、工作的主观满意度和人生幸福感。

（二）培训途径

（1）派出去。定期选送专职教师出校、出省甚至出国学习、考察，保证心理健康教育工作者知识与技能的与时俱进。

（2）请进来。定期从校外邀请相关专业领域或兄弟院校的专家来校讲座、讲学、交流，或开展案例督导，拓展思维、开阔视野。

（3）支持学。从时间和资金上支持专职教师通过自学或继续深造以及考证等来提高其理论水平、专业知识和基本技能。

（4）抓内训。针对学校心理健康教育工作的特点、难点，开展工作技能培训，提高专职教师工作能力以及工作的规范性。

（5）互相学。专职教师之间互相学习，每个人都有专业上的长处，都有在工作中的出色之处，相互交流，共同成长。

第二节 兼职心理健康教育队伍——辅导员

随着高校心理健康教育体系的逐步完善，大学生对心理辅导的渐渐认可和接纳以及高职学生心理问题的日益增多，单靠心理健康教育专职教师的力量已无法满足高职学生的需求。辅导员作为一线学生工作者，在大学生心理健康教育中起着至关重要的作用。

一、角色定位

（一）学生信得过、靠得住、谈得来的知心老师

辅导员要充分发挥年龄优势、工作性质的优势，关心接近学生，获得学生的充分信任，成为学生信得过、靠得住、谈得来的知心人。通过经常性地开展谈心活动，引导大学生养成良好的心理品质和自尊、自爱、自律、自强的优良品格，增强大学生克服困难、经受考验、承受挫折的能力。辅导员要有针对性地帮助大学生处理好学习成才、择业交友、健康生活等方面的具体问题，提高思想认识和精神境界。这是辅导员做好思想政治教育的关键，更是发现和干预学生心理危机的基础。

（二）了解和反映学生心理健康状况的信息员

辅导员的工作性质决定了他们对每个学生的品德、学习、生活、行为习惯、性格、兴趣爱好、家庭情况等方面都有较为全面的了解。他们掌握着各类困难学生的情况，而这一群体也正是心理问题的多发人群。学生干部信息网络也可成为辅导员了解和掌握学生心理动态和个别特殊学生的重要渠道。所以，对学生的心理问题，辅导员最容易，也会最早发现。了解、发现和反映学生存在的心理问题，是辅导员工作的重点之一。

（三）心理健康教育活动的组织者

普及心理健康知识，引导大学生掌握基本的心理调适方法，帮助其树立自信，增强维护心理健康的意识，提高其社会适应、自我管理、学习成才、交友恋爱、求职择业、人格发展和情绪调节等能力，都需要以活动为抓手来实现。所以辅导员应通过多渠道、多形式拓展心理健康教育活动，调动学生参与的积极性，努力成为心理健康教育活动的开发设计者和有效组织者。

（四）心理危机干预工作的参与者

辅导员能及时了解学生思想动态，在日常生活中发现学生的非正常行为，及时摸排可能引发学生心理危机的突发事件和潜在因素。一旦发现学生心理危机爆发，辅导员应及时与专业工作人员联系，避免贻误心理危机干预的最佳时机。

当危机事件如自杀事件正在发生时，辅导员应第一时间赶赴现场，在专业人员的指导下，运用心理危机干预知识尽可能降低可能带来的伤害程度，为专业心理干预工作人员的下一步工作做好铺垫。同时，辅导员要帮助专业工作人员获取当事人的各项信息，做好学生家长的联络和安抚工作，为当事人提供多渠道的心理援助，做好专业人员的助手。

在预后跟踪干预期，辅导员须配合专业人员对当事人定期回访，并对当事人保持一定时间、一定程度的关注，引导当事人正确认识危机事件，使危机事件成为当事人实现个人成长的机遇。同时，辅导员要做好班级及宿舍同学的思想工作，为当事人营造良好的心理修复环境。此外，还须关注和疏导与当事人关系密切的学生，防止危机事件对这些学生的潜在影响。

（五）院校、家校情况沟通的桥梁

一是与学生的沟通。这是了解学生心理发展状况，避免出现意外情况的关键。二是与学生家庭的沟通。辅导员应及时与有心理问题学生的家庭取得联系，了解问题产生背景、直接原因和学生在家人面前的表现，为问题解决提供参考，同时要求家长共同关注学生，发挥家庭在危机处理中的作用。三是与领导的沟通。对发现的问题要及时向上级领导汇报，并及时采取有效措施。四是与专业机构的沟通。如学生因精神疾病住院，辅导员要与医院加强联系，了解学生的病程以及治疗效果，为学生复学做好准备。信息沟通是辅导员在心理健康教育工作中的重要职责，对于避免和解决因心理问题引发的重大突发事件具有重要的意义。

二、培训内容及途径

根据辅导员在高校心理健康教育工作中的角色定位、工作内容、工作性质，加强对他们的工作培训和心理健康教育基本理论知识的培训是非常重要的。掌握心理健康教育的常识、一般理论及基本的操作技能，对于院系所有辅导员老师来说都是非常重要的。

（一）培训内容

1. 增强普及心理健康知识的意识

辅导员要掌握心理健康基本常识及促进学生心理健康的技能技巧与途径，通过上演校园心理情景剧、播放心理电影、举办图片展和心理沙龙、微信公众号进行心理健康知识普及等，使大学生通过参与，增强对自我健康心理的关注，提高大学生心理健康意识和自我心理健康教育能力。通过开设讲座、组织讨论会等，有针对性地解决诸如新生适应、学习障碍、人际交往、择业心理、情绪调适等常见的心理问题，提高学生的心理素质。

2. 提高识别正常与异常心理问题的能力

要通过掌握分类标准，能够初步区分出一般心理问题、严重心理问题和精神疾病。对于严重心理问题及精神疾病要及时向学校心理健康教育机构汇报，并制订帮助方案。

3. 掌握一般心理问题的辅导方法

大学生一般性心理问题属于成长过程中的烦恼，且呈现出阶段性与共性的特点。这些问题如果能防患于未然或消除在萌芽状态则会大大减少大学生心理疾患的发生率，通过培训不断加强辅导能力的培养，辅导员便可承担起此类心理问题的辅导工作。

（二）培训途径

针对辅导员所需要掌握的心理健康教育工作的相关知识，可以通过以下几个途径来提升相关工作素养。

1. 全员培训与重点培训相结合

全员培训指针对全体辅导员的培训。学校要安排课时，对全体辅导员进行系统规范的培训，使他们对心理健康教育专业知识有比较全面系统的了解与掌握，自觉增强心理健康教育的意识并提高自己的能力。同时，还可根据工作分工进行针对性培训，如对新生辅导员进行大学生入学适应方面的心理问题分析及辅导培训，对毕业班辅导员开展就业心理辅导方面的指导等。

2. 校本培训与校外培训相结合

校外培训是指选派辅导员参加国内高层次的培训和学术交流等，另外，还可依靠学校自身师资力量，针对工作需要开展校本培训。搞好校本培训首先要拟订科学系统的、针对性与实用性均强的培训大纲。其次要采取灵活多样的培训方式，如专题讲座、网上心理知识库、心理咨询教学录像、案例分析、模拟咨询等。最后，还可举办辅导员沙龙、网上论坛等交流平台。辅导员可以利用这些平台共同研讨学习实践中遇到的难题；通过专题调查、课题攻关等，形成在工作中研究的良好氛围；通过严格规范的考核制度确保校本培训的质量。

3. 理论提升与实践锻炼相结合

辅导员除自觉加强心理学理论学习外，还应注重其他方面的理论修养。只有在自身身心素质提高的前提下，辅导员才可能具备较强的心理健康教育能力，才有条件将自身的优秀素质转化为育人的素质。同时，辅导员要充分利用岗位优势，将心理健康教育的理论和技能渗透到实际工作的每一个细节中，如讲究沟通技巧，以引起学生思想与情感的共鸣；善于捕捉学生的心理问题，正确干预或转介出现心理问题的学生等。学校也须积极为辅导员提供和创设实践机会，如允许和鼓励辅导员参与心理教学、开设心理知识讲座等，以便他们通过实际工作不断积累实践经验。

第三节　朋辈心理互助队伍

一份有关朋辈心理互助有效性的调查结果表明：96%以上的大学生曾经作为当事人向同龄人倾诉心事，其中52.7%当事人认为倾诉“使自己情绪好转”，38.2%当事人认为互助“促使自己面对现实和积极行动”。没有人提到朋辈互助“有不良效果”“没有效果”或“使自己人格发生改变”。可见，在高校，朋辈心理互助员的设立是非常必要的。朋辈通常会有较为接近的价值观念、共同的生活方式与生活理念、相同的关注问题等特点，所以朋辈心理互助比较符合大学生的心理需求，其过程也是一种自主性的助人与自助的过程。朋辈心理互助队伍是高校心理健康教育专业队伍的重要的补充力量，是开展心理健康教育活动与进行心理危机干预工作的基层力量。朋辈心理互助员指的是班级心理委员、寝室信息员以及经过互助培训的学生干部、志愿者等。

一、朋辈心理互助员的工作职责

（一）传播心理健康知识

朋辈心理互助员要在学校心理老师的指导下开展班级、寝室或其他场所的心理互助活动，制订有效、多样化的心理健康知识宣传方案，积极主动地向同学宣传心理卫生方面的知识，帮助同学们了解心理发展的规律，对自身在发展过程中出现的问题进行自我调节和自我保健。比如，制作心理健康宣传画发放到各寝室，利用班级QQ群等网络资源发布一些与大学生相关的心理学或心理健康知识等。

（二）传递心理健康信息

朋辈心理互助员与同学们生活在一起，能及时观察同学的情绪和行为举止，学习、生活状态。所以，朋辈心理互助员须将同学的学习状况的变化（如挂科、英语过级考试失利等）、人际关系变化（与宿舍同学有分歧、与恋爱对象发生矛盾、与老师有冲突、与家庭成员的恩怨等）以及其他学习与生活的不适应等信息与老师进行交流和沟通，为早期干预打下基础，防止恶性事件的发生。待问题得到初步解决后，在老师的指导下再继续关注当事者后续的心理动态，如有异样再及时上报。

（三）帮助有心理困扰者

朋辈心理互助员要做同学们“成长的同行者和陪伴者”，要跟班级、寝室同学们保持良好的沟通、联系和交流，运用自己在培训中所学的知识和助人技能帮助身边的同学解决心理困扰。或向同学告知学校心理健康服务信息，如学校心理咨询室、学院成长辅导室位置、预约流程等，也可以帮助其预约或陪同到心理咨询室。碰到存在特殊心理问题的学生而心理老师又不在学校或同学拒绝见任何老师的情况时，可以通过电话、即时通信软件等媒介与心理老师进行沟通，在老师的指导下对他们进行有效的疏导。

（四）组织心理互助活动

一是自己要积极参加学校组织的心理健康教育活动。二是要将学校心理辅导活动内容及时传达给同学，发动班级、寝室同学参加。如果对心理辅导活动有新的创意和建议可及时提供给相关的负责人，并主动到现场配合心理辅导活动的开展。三是可以自行设计和组织以提高心理素质、促进心理健康水平为目的的班级团体活动，例如邀请心理老师举办专题讲座，召开班级心理健康主题班会以及其他同学喜欢的且具有心理内涵的各种班级活动，以寝室或班级为单位开展心理素质拓展训练等。

二、朋辈心理互助员的选拔与管理

（一）朋辈心理互助员的选拔

朋辈心理互助是一门学问，不是谁都可以做好的。因此，在选拔朋辈心理互助员时，要考虑以下4个方面。

（1）思想素质。筛选出来的朋辈心理互助员一定要是思想素质过硬的学生。他们热爱本职工作，愿意为此付出时间和精力，有一颗与人为善的心和助人为乐的良好品质；有耐心、爱心，尊重他人，人缘良好，人际关系和谐，能取得广大同学的信赖。

（2）心理素质。朋辈心理互助员要给朋辈正性的心理能量，首先自身得有积极健康的心理能量，能在班级、寝室形成辐射，给同学们带来积极的感染和影响；在开展工作的过程中，能把这种乐观心态带进工作中去，使心灰意冷的同学重新鼓起生活的勇气，焕发生机。

（3）专业基础。接受过朋辈心理互助的系统培训，获得了学校颁发的朋辈心理互助培训证书，具备一定的心理健康基本常识以及心理互助技能，掌握了大学生常见心理问题的识别和应对技能；了解心理互助的基本原则，能恪守心理互助的基本要求。

（4）其他相关能力。有良好的沟通能力，既能够细心倾听同学的诉说，准确了解同学的想法和感受，又能够用合适的语言表达自己的想法或建议，避免产生沟通误解。有良好的团队合作精神和组织协调能力，可以开展各种朋辈互助活动。

（二）朋辈心理互助员的管理

1. 学校心理健康教育中心层面的管理

学校心理健康教育中心要针对不同的朋辈心理互助群体设定不同的工作规章与工作职责，制定相应的实施办法与管理条例，如《××职院班级心理委员工作条例》《××职院朋辈心理互助员工作条例》，做到管理有章可循，印发不同朋辈心理互助员群体工作手册，规范其互助行为，真正起到互助辅导的效果。

2. 院（系）层面的管理

院（系）要在学生会成立朋辈心理互助部，设立部长、副部长等，每个班级设置一到两名班级心理委员，每个寝室设置一名信息员，实行分层级分块管理，并且根据学校心理健康教育中心的相关规定制定朋辈心理互助部的管理制度，规范对朋辈心理互助成员的管理。

3. 工作考评

每个学期结束，学校心理健康教育中心与学院（系）可以从以下几个方面对朋辈心理互助员的工作进行考核，考评优秀者可以参与优秀学生干部的评选，以此激发朋辈互助成员的积极性，促进其更好地开展工作：①参加校心理健康教育中心和学院（系）组织的会议及培训情况；②在学校、学院（系）或班级中开展心理健康知识的宣传与普及情况；③协助学院（系）做好学生心理健康状况的普查和排查工作的情况；④探索提高学生心理素质、创新能力等的途径和方法的情况；⑤工作态度等。

三、朋辈心理互助员的业务培训

有效的朋辈心理互助需要具备一定的专业知识，而大学生原有的知识结构中心理健康方面的知识储备较少。通过开展系统的培训，使朋辈心理互助员系统掌握心理健康与心理辅导的基础知识和基本技能，是充分发挥他们重要作用的前提。

（一）培训内容

朋辈心理互助员的业务培训内容主要包括：朋辈心理互助员的基本概念与工作定位、朋辈心理互助技巧、大学生常见心理问题的识别与应对、大学生心理危机的识别与干预、朋辈心理互助员自我成长等。

（二）培训途径

（1）学校层面上的培训。心理健康教育中心定期组织朋辈心理互助员开展培训。

（2）院（系）层面上的培训。院（系）朋辈心理互助部（或心理协会等）利用朋辈心理互助员工作例会等形式交流经验，组织朋辈心理互助员参与素质拓展活动等。

（3）个体层面上的学习。朋辈心理互助员自身也要加强自主学习，利用课余时间阅读相关书籍，选修心理健康的相关课程，并在实践中积累经验，不断增强自己的助人能力。

第五章 高职院校心理健康教育课程建设

高职院校心理健康教育是教育者运用教育学、心理学、精神医学等学科知识，通过多种途径，使高职学生克服心理障碍，提升心理素质和心理健康水平，发挥心理潜能，促进身心和谐发展的教育。而心理健康课程教学是心理健康教育的主渠道，不断加强心理健康课程建设，是适应心理健康教育发展趋势的有力举措。高职院校要根据高职学生的心理特点和发展需求，准确把握心理健康教育课程的独特性质，面向全体高职学生开设“大学生心理健康”公共必修课，设立教研室，组建与培养教学团队，合理规划教学内容，完善课堂教育方式方法，并加强教学评估与督导，充分发挥课程教学在心理健康教育体系中的重大作用。

第一节 高职院校心理健康教育课程的设置

高职院校心理健康教育课程是培养大学生良好心理素质，以促进大学生身心全面发展为目的，以心理知识传授、心理品质培养和心理辅导为内容，根据大学生生理、心理发展的特征与规律，由具有一定心理学素养的教育工作者设计和组织的专门课程。普及心理健康教育课程，对全体学生较为系统地了解和掌握心理健康的理论和方法，充分满足学生对心理健康知识与方法的迫切需求具有十分重要的教育意义。

一、心理健康必修课的课程性质

2011 年教育部颁发的《课程教学基本要求》中指出，“大学生心理健康”课程属于一种集知识传授、心理体验与行为训练为一体的课程。心理健康必修课的课程性质侧重点在于学生心理素质的发展，即通过有效的心理健康教育，识别与预防各种心理障碍，解决大学生在日常学习生活中遇到的各类适应性和发展性的问题，促进学生身心健康、人格完善，激发学生内在潜能，是一门具有广泛实用性和指导性的课程。

二、心理健康必修课的课程目标

作为一门素质教育公共课程，“大学生心理健康”旨在使学生明确心理健康的标准及意义，增强自我心理保健意识和心理危机预防意识，掌握并应用心理健康知识，培养自我认知能力、人际沟通能力、自我调节能力，切实提高心理素质，促进学生全面发展。具体而言，该课程要使学生在知识、技能和自我认知三个层面达到以下目标。

知识层面：使学生了解心理学的有关理论和基本概念，明确心理健康的标准及意义，了解大学阶段人的心理发展特征及异常表现，掌握自我调适的基本知识。

技能层面：使学生掌握自我探索技能、心理调适技能及心理发展技能，如学习发展技能、环境适应技能、压力管理技能、沟通技能、问题解决技能、自我管理技能、人际交往技能和生涯规划技能等。

自我认知层面：使学生树立心理健康发展的自主意识，了解自身的心理特点和性格特征，能够对自己的身体条件、心理状况、行为能力等进行客观评价，正确认识自己、接纳自己，在遇到心理问题时能够进行自我调适或寻求帮助，积极探索适合自己并适应社会的生活状态。

三、心理健康必修课的课程设置

2011年5月28日颁发的《教育部办公厅关于印发〈普通高等学校学生心理健康教育课程教学基本要求〉的通知》（教思政厅〔2011〕5号文件）指出，

高校要根据学生心理健康教育的需要，结合本校实际，制订科学、系统的教学大纲，组织实施相应的教育教学活动，保证学生在校期间普遍接受心理健康课程教育。心理健康必修课的课程设置要充分考虑开设时间、教学内容、教学形式以及教学人员四个方面。

（一）教学时间安排

根据教育部相关文件规定，课程开设时间和方式有如下要求：在第一学期开设一门“大学生心理健康教育”公共必修课程，覆盖全体学生，在其他学期开设相关的公共选修课程，形成系列课程体系。有条件的可以增开与大学生素质教育、心理学专业知识有关的选修课程。从大学生实际需求的角度出发，心理健康教育课程授课时间以大一为主，之后开设会错过了其心理适应发展的第一时间，略显滞后。需要注意的是，在大一时期，学生对大学生活还缺乏必要的体验，需要通过在教学设计上做一定的安排加以处理。当然，更为理想的课程安排可能是：将心理健康教育课程体系覆盖大一到大四，针对每个时期不同的发展任务，有针对性地安排专题课程。北京师范大学在实际操作中采取的即是这种模式，从大一到大四分别安排了适应、学习、人际、恋爱、自我认同、职业探索等不同主题，与学生不同时期的心理需求和发展任务相匹配。

（二）教学设计安排

心理健康教育课程是基于学生心理健康成长设计和运作的，要突破传统的单纯理论知识灌输的模式，以体验为主要形式，以直接经验为基础，让学生通过体验来获得感悟。因此在教学总体设计上，要遵循体验为先，理论并重的原则，高校可以根据教学设施、师资力量、学生特点等情况，将32~36学时用作理论和实践学时。在教学方法上，要增强教学感染力和实效性，采用项目教学法、团体辅导法、小组讨论法、行为训练法、游戏辅导法、互动体验式、案例分析、角色扮演等多种教学方法。在教学手段上，要充分利用网络、多媒体、案例等资源，调动学生的积极性与参与热情，提升教学效果。实践学时还可以设置为必修与选修两个部分，以满足不同类型大学生的心理教育需求。

（三）教学内容安排

无论哪一种模式，理论教学内容均应包括：大学生心理健康与咨询、大学生心理困惑及异常心理、自我意识、大学生人格发展与心理健康、学习心理、大学生人际交往、生活规划，恋爱与性心理、情绪管理、压力与挫折应对、生命教育与心理危机应对。实践教学内容与理论教学内容相匹配，形式上提倡多样化，以巩固与提升理论教学效果。

（四）教学人员储备

目前高校在教学人员安排上有以下几种方式：心理健康教育专兼职教师为主、本校专兼职教师加外聘外校心理健康教育专职教师、心理健康教育专兼职教师与辅导员队伍相结合、辅导员队伍为主等。从长远发展角度考虑，高校要形成长效的培养机制，建立一支师德高尚、专业过硬、结构合理、充满活力的心理健康课程教学队伍，加强心理健康课程教学人员培养工作，鼓励教师积极开展心理健康教学研究和团队教学，参与心理咨询与心理训练，增强教学实践能力，并聘请相关方面的专家加入教学队伍，创造性地开展各种教学教研活动，促进教学水平和教学效果不断提高，并鼓励有条件的辅导员参与相应课程教学。

第二节　高职院校心理健康教育课程教学模式与方法

众所周知，心理健康教育在我国越来越受关注，各高校开展心理健康教育的热情也空前高涨。就心理健康教育而言，方法和途径是多种多样的，但心理健康教育的主渠道始终是课程教学，对心理健康必修课教学模式与方法的探索是有效提升心理健康课程教学效果的必经之路。

一、心理健康必修课教学模式

教学模式是在一定教学理论的指导下，通过对教育教学实践经验的概括和总结所形成的一种指向特定教学目标的比较稳定的基本教学范式。它是某种教学理论在课堂教学特定环境中的表现形式，可以实现特定条件下的教学结构和功能统一。教学模式是指导教学实践的重要依据。要提高大学生心理健康教育课的实效，促进大学生心理健康成长和人格完善，必须探索有效的教学模式。

（一）讲授式教学模式

这是指教师通过课堂教学，主要以讲授的方式向学生传授心理学的知识和理论。这种模式是在传统课堂教学模式的基础上逐渐演变而来的，在心理健康教育课最初开设时为大多数教师所运用。

例如，在讲解心理健康的标准时，讲授式模式是教师在课堂上导入问题，然后给学生讲解什么是健康、什么是心理健康、心理健康的重要意义以及提升心理健康水平的方法等相关的理论知识。

讲授式教学模式对于从事心理健康教育的教师来说比较容易掌握。但这样的课堂教学模式容易陷入教师主动学生被动的困境。因此，教师在实际教学中要将讲授式教学模式与其他教学模式相结合，要防止过度知识化和学科化倾向。

（二）活动式教学模式

培养学生的心理品质需要“动之以情，晓之以理，导之以行”，只注重“理”的讲，只注重“情”的体验或只注重“行”的训练，都是片面的，应该将“知、情、行”有机地结合在活动式教学模式中，教师根据学生的生理、心理特点精心设计活动，学生通过参与丰富多彩的活动获得充分的心理体验，从而提高社会适应能力和心理健康水平。在这种模式中，教师并不给学生提供理论指导，主要让学生参与活动并让学生在活动中自己体会。

以压力应对内容为例，活动式教学模式是教师利用自己精心设计的压力情境和活动，让学生在活动中体验压力、应对压力和管理压力。

活动式教学模式可以充分调动学生的积极性和主动性，形成活跃的课堂氛围；可以给学生带来充分的心理体验，同时也遵循心理健康教育课的活动性原则。但这样的模式对于教师来讲不容易把握和控制，需要教师有丰富的经验和较强的组织管理能力，活动过后教师需要花时间解释活动的目的、分析活动中的现象、给出相应的结论并指导学生在现实中运用。

（三）对话式教学模式

教师根据教学要求或学生实际情况选定某一讨论主题，并将学生分组，每个小组内成员均可充分发表自己的看法，畅所欲言，形成小组意见，然后小组与小组讨论，最后由教师做总结。根据我国大班教学的实际情况，可将6~10名同学分为1组。小组内有一定的分工，每位同学都要担任一种特定的角色，如主持人、检察员、记录员、总结人或激励者、协调者等。在活动过程中，教师只是一个组织者，对话时是完全与学生平等的关系。对话有学生与学生的对话、小组与学生的对话、小组与小组的对话，还有学生与教师的对话以及小组与教师的对话。

以情绪管理为例，分组后小组内成员可以探讨自己在遇到烦心事时是怎么调节自己的情绪的，或大家帮助其中一个现在心情不好的同学，让他高兴起来。

这种模式给学生和教师营造了一个平等和谐、畅所欲言的课堂氛围。在这个氛围中，教师对于学生提出的任何观点与方法，无论正确与否都不简单地批评和指正，而是通过小组的讨论和辩论，利用理性的思维来检查自己的行为模式，从而解决价值冲突。但课堂毕竟是课堂，单纯的讨论难免导致形式过分单一，因此也不宜过多地采取这种模式。

（四）诱导式教学模式

诱导式教学模式由教师创设具体情境，以引起学生的情绪体验或行为反应，在学生积极参与和教师根据心理学原理有目的的诱导下，学生自觉进行自我教育，发展心理品质，开发心理潜能。它的实施可以分为四个阶段：创设情境、操作体验、问题感知、交流感悟。创设情境在诱导式心理健康教育中有着至关重要的作用，情境的创设可以利用讲故事、录像、投影等教学手段来实现。在操作体验中，教师一是要鼓励学生轻松活泼地进行表演，从而吸引更多的同学参与和投入其中；二是要引导学生将注意力集中在扮演的角色上而不是学生身上，注重角色所表现出的意义和感觉，而不是学生的演技。在问题感知阶段，教师可通过一系列的问题引导学生的积极思维，鼓励学生辨认自己的价值观念，揭示并解决自己的价值冲突，进而形成合理的观念和健康的行为。最后在交流感悟阶段中，教师应引导同学之间互相交流体会和感受，在自我教育中不断内化，加强自律能力，训练和强化健康的行为方式。所采用的方法可以有角色扮演、心理游戏、心理训练、参观访问等。

以人际交往内容为例，教师可以首先讲述一个宿舍人际交往的小故事，然后让学生通过角色扮演的方法再现出来。学生表演完之后，同学们针对表演的情景进行讨论，从而找出优化人际关系的一些方法。

在诱导式教学模式中，教师最重要的是通过一系列的方法让学生进行“感受”和“体验”。在整个过程中，教师不做过多的讲述和讲解，只是在必要时加以引导。这种让学生自感、自悟、自得的方式要比教师直接给出答案有意义，学生的体会更深刻，也容易使整个教学过程达到知、情、行的有机结合。诱导式教学模式是一种较理想的模式，它特别强调学生的心理体验，让学生潜移默化地接受行为训练。在这种教学模式中，学生是活动真正的主体，教师仅对学生循循善诱地进行引导而非刻板地说教。

二、心理健康必修课教学方法

“大学生心理健康”是一门素质教育课程。这门课程应本着“理智启迪与情感培养相结合，知识讲授与案例分析相结合，课堂练习与情景体验相结合，教师引导与学生参与相结合”的教学思路，打破单一的知识讲授的教学方式，采取灵活多样的教学方法。具体说就是除课堂讲授外，还应将课堂练习、案例分析、寓情于景等教学方法融入课堂教学中，使大学生心理健康教育课程的教学方法具有自己的鲜明特色。适合“大学生心理健康”课程教学的方法有以下6种。

（一）课堂讲授法

心理健康教育课程的课堂讲授应与传统的课堂讲授有区别，心理健康教育课程讲授更应注重课堂中的师生互动、启发领悟与心理体验。借助于多媒体，通过提问等方式，让学生进入老师的语境和情感中，从而使学生更好地理解讲授的内容，掌握心理健康的知识，懂得主动调节心理状态、维护心理健康。“大学生心理健康”不同主题中的心理健康基础知识教学，均会用到讲授法。

教师讲课中应有热情、有感染力、精神饱满。能吸引学生注意力固然重要，但更重要的是目的明确、思路清楚，对问题的阐述简练准确，重点突出，能把学生带到深入探讨问题的境界，给予学生思考、联想、创新的启迪。

（二）案例分析法

教师通过列举贴近当代大学生的生活典型案例，针对他们普遍的心理困惑，层层解剖分析，或者以提问方式启发引导学生进行具体分析，帮助学生深化认识，获得感悟，找到解决实际问题的办法。

例如在人际关系这一主题中，教师可以常见的大学生人际交往的案例为原型来举例并进行分析，让学生从别人的经历中获得感悟。又如以生命教育为例，教师可以列举正反两个对生命不同态度的个案，分别进行具体分析，帮助学生深化对生命的理解，引导建立或强化正确的生命观。

（三）分组讨论法

课堂讨论常是深受学生欢迎的一种方法。这是学生的研究性、探索性学习的主要体现。在教学过程中，教师提出问题组织学生围绕同一个主题进行讨论，使学生学会基于事实、概念和推理来维护自己的意见，同时学会从不同的角度考虑问题，在培养集思广益能力的同时提升心理健康水平。根据课程内容需要，教师也可将不能在课堂解决的问题，布置给学生课后讨论，下次课前再进行课堂总结发言。这种方式可让学生的认知得到验证和交流，问题得到查清，也可进一步加深对相关知识的理解。

例如在学习心理这一专题教学中，教师可先组织学生分组讨论他们目前所面临的学习困难，确定本班学生的不同学习困难后，再分组讨论如何解决。学生们自己应对学习困难的方法很可能比教师介绍的普遍应对方式更有效、更具针对性。又如生涯规划专题学习完后，可以布置每个组采访5位以上比较成功、在学生中有一定影响的本专业的学长，然后在组内开展讨论，并在此基础上制定自己的大学生涯规划方案。通过这种方式制定的方案比仅在课堂理论学习和认知基础上形成的大学生涯规划对学生本人更有指导性和实效性。

（四）心理测验法

为加深学生对课程内容的理解，可以精心挑选出一些适合课堂完成的心理测试量表，对学生进行心理测试，让学生了解自我，主动调节自己的心理，维护心理健康。心理测验法是深受大学生喜欢的一种教学方法，也是大学生了解自我心理状况的一种简单有效的途径。教师要选择些科学规范、信效度较好的量表，并对测量结果进行适当分析和解读。

以“大学生人格完善”为例，教师可让学生在课堂完成16PF或者艾森克人格问卷；而在“压力应对”教学中，教师可选择“大学生生活事件量表”施测，为防止学生简单地对号入座，给自己“贴标签”，教师应及时科学地解释测验结果。

（五）情景再现法

这是指教师向学生提供或创设各种情景，让学生在亲身实践中，获得体验，如心理游戏、团体活动、视频欣赏等。这种寓教于乐的教学活动，活跃了课堂气氛，吸引了学生的注意力，提高了学生的学习兴趣。

如在“压力应对”中，可让学生参与体验心理辅导活动“成长三部曲”：使用“石头、剪刀、布”象征成长中的某种状态，即“鸡蛋”“小鸡”“大鸡”最后变成“人”。游戏从“鸡蛋”开始，每个人都是“鸡蛋”，抱成团蹲在地上，与同学进行猜拳，如果赢了，就进化成“小鸡”；变成“小鸡”后再与“小鸡”猜拳，如果赢了，就进化成“大鸡”；成为“大鸡”如果再赢了，就成长为“人”。简单、有趣的心理活动既轻松、愉快，又能让同学们体验和观察如何面对成长过程中的压力与挫折。

（六）角色扮演法

教师提供一定的主题情境并讲明表演要求，让学生扮演某种人物角色，演绎某种行为方式方法与态度，以达到深化学生的认识，感受和评价“剧中人”的内心活动和情感体验的目的，根据组织形式的不同，角色扮演法可细分为短剧和小品表演、哑剧表演、空椅子表演、双重表演、改变自我的表演、咨询表演等形式。

以大学生恋爱心理为例，可选择“拒绝爱”为情境，让不同的学生根据自己的经验和个性来进行表演，让同学们在观赏中获得感受和评价。实践表明，只要运用得当，这种方法对于培养大学生良好的心理素质会有较为令人满意的效果。

第三节　高职院校心理健康教育课程教学设计与实施

根据《教育部办公厅关于印发〈普通高等学校学生心理健康教育课程教学基本要求〉的通知》（教思政厅〔2011〕5号）、《中共教育部党组关于印发〈高等学校学生心理健康教育指导纲要〉的通知》（教党〔2018〕41号）等文件精神，结合专业人才培养目标与规格，各院校应制订科学、系统的《大学生心理健康教育》课程标准，组织实施相应的教学活动，促进学生心理健康发展，提升学生心理健康素质。

一、课程性质与任务

《大学生心理健康教育》课程是面向全体学生，集心理知识传授、心理活动体验与行为训练于一体的公共必修课程。课程旨在使学生明确心理健康的标准及意义，增强自我保健意识和心理危机预防意识，掌握并应用心理健康知识，培养自我认知能力、人际沟通能力、自我调节能力，切实提高心理素质，促进学生全面发展。

通过有效的心理健康教育，使学生识别与预防各种心理障碍，解决在日常学习生活中遇到的各类适应性和发展性的问题，促进学生身心健康、人格完善，激发内在潜能。为学生健康成长成才、成功就业创业以及后续可持续发展奠定良好、健康的心理素质基础。

二、课程目标与要求

（一）课程目标

课程总体目标在于提高全体学生的心理素质，充分开发学生的潜能，培养学生乐观向上的心理品质，促进学生人格的健全发展。

1. 素质目标

培养学生健康心态和正向思维，形成乐观向上、积极进取、忠诚奉献的人生态度；树立心理健康发展的自主意识，引导学生正确认识自己，恰当评价他人，悦纳自我，形成自信、顽强、坚韧、创新等职业心理品质，健全学生人格；树立职业认同感，提升职业素养，有良好社会适应能力和职业幸福感。

2. 知识目标

领会并判断心理健康的标准及意义；解释大学阶段人的心理发展特征及异常表现；正确认识自我心理发展的现状及存在的问题；总结自我心理调适的基本知识。

3. 能力目标

能掌握适应技能、压力管理技能、沟通技能、问题解决技能、自我管理技能、人际交往技能和生涯规划技能并运用；能领会心理调节方法并化解心理困扰；能提升自我保健意识与自我保健能力，有效解决成长过程中遇到的各种心理问题；能灵活运用心理学知识服务于专业学习，把心理学知识、原理灵活运到岗位工作中，增强沟通协调、团队合作等职业能力。

（二）课程教学基本要求

（1）了解心理健康的基本概念、大学生心理健康的标准、青年期心理发展的年龄特征以及大学生常见心理障碍及其应对等健康心理学的基本概念和基本理论，了解影响个体心理健康的各种因素。

（2）理解大学生心理健康所涉及的基本内容，懂得自我意识、情绪与情感状态、意志品质、人格特征、品德修养和行为方式等个体心理素养与心理健康的关系。

（3）掌握大学生在学习心理、人际关系调适、青春期性心理与恋爱心理的维护、求职与择业的心理准备及挫折应对方式等方面表现出来的特点，帮助大学生掌握适应大学生活的基本方法与技能。

三、课程结构与内容

（一）课程设计思路

该课程为适应大学生自我成长的需要而开设，紧紧围绕大学生的身心特点、生活环境、常见的生活事件以及心理问题展开专题讲解与心理训练，提供必要的心理学技术与方法，以此提高学生的自我认知和管理能力以及社会适应能力，促进其心理成长和潜能开发。

课程在多媒体教室和团体辅导室进行，采用理实一体化教学，理论教学中融入各项心理实践活动；采用基于慕课的线上线下混合式模式教学，结合心理普查、“5·25 大学生心理健康日”系列心理健康教育活动、心理素质拓展训练、团体辅导、心理讲座、心理班会、课后自助与助人等实践活动，充分利用课内外资源，通过多途径、立体化、信息化教学，将心育与德育有机结合，促进学生思想道德素质、科学文化素质和身心健康素质协调发展。

（二）教学内容选择

1. 对接职业岗位要求和大学生活需求

教学内容选择充分考虑学生的心理发展规律和特点，对接学生职业岗位工作要求，注重理论联系实际、力求贴近学生生活，满足学生自我成长的心理需要，调动学生自我认识、自我教育、自我成长的积极性、主动性。具体来说，以学生职业岗位要求和大学生活需求来组织教学内容，对接学生岗位能力和实际需要，将教学内容分为3个模块，14 个项目。

2. 强调学生心理发展

遵循积极心理学的成长模式，更多关注正向的、积极的力量。大学生的心理状况总体上来说是积极的、健康的，大学生心理健康教育的重点不是对心理异常和心理疾病的分析，而是要面向全体大学生，让他们从积极的角度看待自己的心理现象，理解自己、发现自己、发展自己、挖掘潜能、扬长避短、优化品质。大学生心理教育应该是积极的、发展的模式。当然，对于少数存在较为严重心理和行为问题的学生必须给予心理疏导和治疗。

3. 注重启发，注重操作

教师帮助学生理解心理学的基本知识，掌握必要的心理学方法和技能，在此基础上引导学生通过自我调节解决心理问题，发挥自己的潜能优势。因此，在内容选择上，力求每个项目都有相关案例、阅读资料、拓展活动以及实用性的自测量表，以增加可读性和操作性，尽量使用大学生身边的生活事例说明相关的理论和概念。

（三）教学内容安排（见表 5–1）

表5–1　教学内容安排表

模块内容	教学内容	学时	主要教学知识点	思政融入点	时间
模块一 了解心理健康知识 有效适应大学生活	项目1： 心理实践活动一	2	◆课程介绍 ◆分组建立学习团体 ◆新生适应团体辅导	倡导学生树立健康心态，引导学生遵守规章制度，培养学生树立集体意识和纪律意识	第一学期第7周
	项目2： 心理健康概论	2	◆认识心理活动的特点和实质 ◆掌握大学生心理健康的标准 ◆了解大学生心理发展的特点与影响因素 ◆心理咨询的概念、意义、内容 ◆心理困惑及异常心理判断方法 ◆心理健康自我维护的技巧和方法	培养学生积极乐观的心态，引导学生开展心理自助、互助活动，学会求助，培养关爱自己关心他人的社会责任感	第一学期第8周

续表

模块内容	教学内容	学时	主要教学知识点	思政融入点	时间
模块二 培养良好自我意识 塑造健康个性心理	项目3： 大学生自我意识的培养	2	◆自我意识的心理学知识 ◆自我意识的发展 ◆自我意识的常见偏差及矫正方法 ◆大学生自我意识的培养	培养学生自尊自信、自立自律；引导学生将个人发展与社会发展相结合；培养学生的担当和责任意识	第一学期 第9周
	项目4： 大学生人格塑造	2	◆大学生的人格特征 ◆人格发展异常的表现与评估 ◆大学生人格完善的途径与调适方法	帮助学生塑造健康人格，引导学生形成良好的人生态度，正确认识义和利、群和己	第一学期 第10周
模块三 提升心理调适能力 促进心理健康发展	项目5： 心理实践活动二	2	◆新生心理健康普查 ◆大学生常见精神障碍的求助与防治	帮助学生正确认识自己的心理健康状态，增强学生自助、求助与助人意识	第一学期 第11周
	项目6： 大学生学习与创造	2	◆学习的心理学知识 ◆学习心理障碍的表现、成因及调适 ◆学习能力的培养及潜能开发	帮助学生掌握有效解决学习困难的方法技巧，树立积极奋斗的人生态度和价值观	第一学期 第12周

续表

模块内容	教学内容	学时	主要教学知识点	思政融入点	时间
模块三 提升心理调适能力 促进心理健康发展	项目7： 大学生情绪管理	2	◆情绪的心理学知识 ◆大学生情绪特征与常见情绪困扰 ◆不良情绪的调控	通过情绪管理的学习，强化自我管理能力、幸福感受能力，以乐观的态度、理性的思维、幽默的情趣有效处理问题并关爱他人，提升社会适应能力和综合素质	第二学期 第13周
	项目8： 大学生网络心理	2	◆认识大学生网络心理现状 ◆根据健康网络心理评判标准做深度自我检视和优化 ◆提升网络素养，掌握高效利用网络的若干策略	对健康网络心理和不良网络心理的辨析，引导学生树立正确的价值取向、政治态度和道德观念等，坚持正确的舆论导向，学会自觉遵守并维护网络文明	第一学期 第14周
	项目9： 大学生压力与挫折应对	2	◆压力与挫折的心理学知识 ◆大学生压力挫折表现、学会应对压力与挫折的技巧	引导学生正确认识成与败、得与失，积极应对压力与挫折，强化担当、责任意识；培养学生艰苦奋斗、自强不息、勇于拼搏的精神	第二学期 第7周

续表

模块内容	教学内容	学时	主要教学知识点	思政融入点	时间
模块三 提升心理调适能力 促进心理健康发展	项目10： 大学生人际交往	4	◆人际交往的心理学知识 ◆大学生人际交往的特点与问题以及人际交往的技巧	帮助学生有效处理人际冲突，学会与人和谐相处，培养学生的团队合作意识和集体主义精神	第二学期 第8~9周
	项目11： 大学生恋爱与性心理	4	◆恋爱与性的心理学知识 ◆大学生性心理发展现状 ◆恋爱与性的常见困扰及调适 ◆学会爱的艺术	引导学生树立正确的恋爱和性的价值观；理性辨析人性善恶、法律责任和道德责任，弘扬爱与责任的价值观	第二学期 第10~11周
	项目12： 大学生生命教育与心理危机应对	2	◆认识生命，珍爱生命 ◆追寻生命的意义 ◆心理危机的应对、树立自助、助人、求助的意识	通过生命意义和价值的探讨，心理危机干预技巧的学习，引导学生以积极、科学的态度面对生命，追求理想，奉献社会，最大程度实现人生价值	第二学期 第12周
	项目13： 心理实践活动三	2	◆职业心理素质训练 ◆户外拓展活动	引导学生树立职业认同感，形成良好的职业心理素质，培养学生爱岗敬业、积极进取、忠诚奉献的精神	第二学期 第13周

续表

模块内容	教学内容	学时	主要教学知识点	思政融入点	时间
模块三 提升心理调适能力 促进心理健康发展	项目14：心理实践活动四	2	◆心理情景剧表演结课与考试	引导学生优化心理素质，养成正向思维、理性平和、积极向上的健康心态	第二学期第14周
总计		32			

四、课程考核与评价

本课程改变以往单一的评估形式，坚持形成性评价与结果性评价相结合，学习态度、方法与效果相结合，教师与学生相结合，网络平台与人工相结合的评价方式，评估学生对知识的理解与掌握程度，考核学生心理成长。具体安排详见表5-2。

表5-2 教学评价构成表

<table>
<tr><th>评价方式</th><th colspan="2">评价内容</th><th>评价要求</th><th>评价形式</th><th colspan="2">成绩比例</th></tr>
<tr><td rowspan="6">过程性评价（70%）</td><td rowspan="2">课堂纪律</td><td>课堂考勤</td><td>按时上课不迟到、旷课</td><td rowspan="2">教师评</td><td>5%</td><td rowspan="2">10%</td></tr>
<tr><td>上课纪律</td><td>不吃零食，不交头接耳，不做与课堂无关的事情，不与老师起冲突</td><td>5%</td></tr>
<tr><td>课堂互动</td><td>参与课堂活动情况</td><td>积极参与投票、问答、抢答、选人、讨论、心理测验、小组任务、团体辅导等活动</td><td>教师评+学生评（包括学生自评、组内互评、组间互评）</td><td colspan="2">30%</td></tr>
<tr><td>资源学习</td><td>教学任务点学习</td><td>及时完成课前、课后教师推送的各类资源</td><td>教师评</td><td colspan="2">10%</td></tr>
<tr><td colspan="2" rowspan="2">平时作业</td><td>及时完成教师布置的课前练习</td><td>教师评</td><td>10%</td><td rowspan="2">20%</td></tr>
<tr><td>积极完成课后拓展任务</td><td>教师评+学生评</td><td>10%</td></tr>
</table>

续表

评价方式	评价内容	评价要求	评价形式	成绩比例	
结果性评价（30%）	期末考察	熟练运用心理知识学习解决实际问题，有较好的职业规范、职业素养等	教师评	30%	30%

五、课程实施与保障

（一）授课教师基本要求

授课教师必须围绕立德树人的根本任务，关心学生、关爱学生，师德高尚、业务精湛、充满活力，具备心理学、教育学硕士学位，接受过系统心理知识与技能专题培训，能积极开展教学研究和团队教学，创造性地开展各种形式的教学活动，促进教学水平和教学效果的不断提高。同时，注重个人专业能力发展，积极参加各级各类培训，能积极参与心理咨询和心理训练，为学生的健康成长成才保驾护航。

（二）教学条件要求（见表5-3）

表5-3　教学条件要求

实训室	设备配置	数量	设备功能与要求	职业能力培养
心理健康教育中心	个体咨询室	1间	帮助学生有效解决心理困扰、开展团体辅导活动式教学	提升学生自我认知、自我保健和自我管理能力
	沙盘游戏室	1间		
	心理宣泄室	1间		
	团体辅导室	2间		

（三）教学方法与手段

1. 及时采集学生需求

该课程以研究和解决大学生中普遍存在和关注的心理问题为主要任务，因而在教学中首先必须不时地对大学生心理现象发生、发展变化进行调查研究，进行学情分析，在掌握丰富的有关大学生心理健康方面的第一手资料的基础上，进行有针对性的心理问题和心理现象的理论探讨，努力提高课程的教学质量和教学效果。

2. 不断开发课程资源

根据学生实际需求精选教学内容，基于学科融合的视角，设计与专业学习深度融合的多任务教学，使其不仅符合学生的认知水平和学习兴趣，还能够让学生对自身和社会有比较全面、客观的认识，激发学生参与的兴趣和热情。

3. 注重实践教学环节

在活动体验式教学理念的指导下，重视培养大学生的自我心理调适能力，通过多种形式的活动式教学、心理测试、心理网站建设、“5·25心理健康月”系列活动、校园心理情景剧、朋辈心理培训、专题知识讲座、个体心理咨询和团体心理的辅导等多种实践教学活动，有效提升学生的心理自助能力，促进学生的心理成长。

4. 倡导多元体验分享

充分运用各种现代化教育技术手段，采用心理知识讲授法、心理活动法、小组讨论法、心理测评法、角色扮演法、情境模拟法、影视赏析等教学方法，营造云端一体化交互式学习交流平台，通过探究式学习，活动体验，在参与、合作、感知、体验、分享的过程中获得成长，有效帮助学生提升“自助、互助、助人”的意识与水平。

（四）教学资源建设

1. 选用教材

《大学生心理健康教育教程》，湖南人民出版社；《大学生心理健康教育》，北京理工大学出版社。

2. 网络平台教学资源建设

一是建立立体化、开放式的课程教学资源。进一步优化学银在线平台《大学生心理健康教育》精品在线开放课程建设，满足网络课程教学需要，加强线上实时指导。

二是广泛开展校际合作，实现高校教学资源共享。网络教学资源丰富，架构合理，硬件环境能够支撑网络课程的正常运行，并能有效共享。实现网上师生交流互动和教学资源共享，提高教学资源利用效率。

六、课程进程与安排

每学期根据实际情况，对教学内容、教学活动进行灵活安排，由教研室研讨决定。任课教师可根据实际情况，制订更详细的教学方案，以保证课程教学任务的顺利完成。

任课教师要深入挖掘本课程的思政元素，充分发挥各门课程的思想政治教育功能，切实把思想政治工作贯穿教育教学全过程。

七、“大学生情绪 、压力管理与人际交往”模块内容教学设计

（一）教学设计

教学目标是教学设计的逻辑起点。根据风电专业人才培养方案和《大学生心理健康教育》课程标准，结合风电系统维护专业未来岗位“特别能吃苦、特别能耐压、特别能合作”职业心理需求，提出“立德树人为本、健康心理为纲、职业素养为要” 的育人目标，确定素质、知识和能力三维教学目标。

（二）学情分析：呈现“兴趣浓、望合作、肯体验”多元智能态势

学情分析是厘清教学难点和拟定教学策略的依据。通过平台线上问卷、心理测试、个别访谈等调研，分析学生各方面学习特征。

1. 知识基础

教学对象为2020级风电系统运行与维护专业大一学生，通过课程前面3个模块的学习，对于心理健康相关知识点已有接触，具备一定的心理调适能力，但遇到心理困惑时不能很好地运用，需要进一步强化专业指导。

2. 认知能力

班级学生均为男生，动手能力强，熟悉网络学习，但理论学习兴趣不浓；较为自我，更关注个人感受；对于风电系统运行与维护岗位心理素质要求的认知尚浅，且心理健康量表测试显示存在较多的情绪、压力、人际、职业等心理困扰。

3. 学习特点

学生思维活跃，对心理健康课程学习有兴趣，尤其喜欢活动体验式教学。

（三）重构内容：强化“稳情绪、抗压力、能交往”理论体验融合

紧扣风电系统运行与维护专业职业面向，对接人才培养方案中面向风电系统的运行维护与检修岗位的“能吃苦、耐抗压、善合作”的职业素养要求，以

及学生实际心理需求，将国规教材10个章节整合为5个模块，将课程教学内容中的大学生情绪管理、压力挫折应对、人际交往转化为模块四“大学生情绪压力管理与人际交往”，共6个任务，12课时，开发活动体验式教学，有效提升学生管理情绪、耐压抗挫、沟通合作的能力，增强学生职业能力和职业素养。

其中情绪管理方法、压力挫折应对及人际沟通技巧为教学重点，能对自己的情绪、压力、人际进行分析，并运用情绪管理、压力应对、人际沟通方法解决学习生活及岗位工作中存在的实际问题为教学难点。

（四）教学策略：制订“多平台、新模式、导价值”集成解决方案

教学策略是实施高效教学课堂的向导，立足学情分析，课程团队从教学资源、教学环境、教学手段、教学模式、教学方法5个维度形成了问题导向、团体辅导、专业情境、多元评价等集成教学策略，以实现教学目标。

利用学银在线平台、学习通APP、心海心理测评系统、校园管理CRP平台等信息化教学手段，创设基于在线课程的“三导三合”（三导：心理疏导、学习指导、价值引导；三合：心理知识讲授与团体心理辅导相结合、课内与课外相结合，线上与线下教学相结合）混合式教学模式，用于解决学生心理困惑为导向的PBL教学法、团体辅导、案例教学、心理测试等，采用过程性考核加结果性考核，做到评价多元化、全程化、自动化和价值判断导向化。

八、“大学生情绪、压力管理与人际交往”模块内容教学实施

紧扣教学目标，坚持全过程育人，采用“三导三合”教学模式实施教学，分为课前自主学习、课中知识内化、课后拓展巩固3个阶段。

（一）推进“三导三合”教学模式，让立德树人落地

以学生为中心，问题为导向，推进“三导三合”教学模式。“三导”即教师在整个教学过程中对不同学生进行心理疏导、学习指导、价值引导，针对出现心理困扰的学生，提供心理疏导，针对少部分不积极参与课堂活动，线上学习没跟上进度的同学，发布预警信息进行督学，并通过单独沟通，给予学习引导；利用优秀事迹、先进典型、感人故事、工匠劳模案例等融入课前、课中、课后各个教学环节中，引领学生爱岗敬业，忠诚奉献，培养学生爱国情操，进行价值引导，从而满足不同学生的个性化学习需要；“三合”即心理知识讲授与心理活动体验相结合、课内与课外相结合，线上与线下教学相结合，从而实

现个性化、分层化、职业化教学。

（二）实施课堂“四步”教学，让学生以趣致疑、以趣导思

1. 课前开展在线学习和测试——“入脑”

课前是学生自主学习阶段。通过学习通平台发布学习任务单，然后学生带着引导问题，自主观看视频，完成在线测试，并提出问题。通过课前自主学习使学生对于知识点，形成一定的认知。教师则根据学习通平台展开调研和课前讨论，分析学生关心的热点问题、存在的心理困惑以及认知矛盾，根据学生反馈及时调整教学策略。

2. 课中采用“四步教学法”——“入心”

课中教学阶段是师生、生生互动交流、知识内化的阶段。

（1）第一步问题导入（导），以学生存在的心理困惑、认知矛盾为突破口，以问题引兴趣，启发、引导学生进行分析、思考，从而把教学内容转化为学生思考的内容，层层推进。

（2）第二步学习新知（探），开展以问题为导向的专题化教学。通过项目引领——任务驱动——专题教学开展探究式学习，解决学生的心理困惑。通过学习通发布抢答、投票、测验、问卷、主题讨论等活动检验学生分析问题的能力及对知识点的掌握程度，针对学生反馈的问题及重点难点进行精讲，答疑解惑。

（3）第三步心理实践（练），通过心理游戏、团体活动、角色扮演、头脑风暴、职场情境体验等引发学生体验感知，交流感悟，突破教学重点，发展心理品质。以“人际交往”为例，首先讲述一个宿舍人际交往的小故事，然后让学生通过角色扮演的方法再现出来，学生表演完后，同学们针对表演的情景进行讨论，从而找出优化人际关系的一些方法，引导学生形成合理的观念和健康的行为。特别强调在活动中体验悟化，同时要善于发现学生的闪光点，及时反馈、评价、鼓励等，让学生在学习过程中有不断的获得感。

（4）第四步评价总结（评），鼓励学生上台分享，对学生发言进行点评，进行小组任务评分，引导小组互评，学生自评。通过学生总结，教师总结，凝练重点，强化认识，促进学生对自身的领悟和领会团体力量的促进作用，以学习提素质。

3. 课后拓展应用增强行动体验——“入行”

课后阶段是巩固拓展阶段，通过发布课后讨论、心理自助与助人实践活动等，增强学生行动体验，培养学生运用能力，加强知识的应用与迁移，能进行自助与助人，实现课程学习的内化于心、外化于行。

（三）开展团体辅导式活动教学，让学生知、情、意、行有机融合

心理学认为，人的感受和体验产生于人的活动，因此，要改变学生的感受和体验，促使学生形成良好的心理品质，最好就是通过活动的方式。基于“团体动力学”理论，本着“理智启迪与情感培养相结合，课堂练习与情景体验相结合，教师引导与学生参与相结合”的教学思路，在课堂中融入团体心理活动，课外心理实践，通过团体人际交互作用，分享、交流、讨论、反馈，不仅活跃了课堂气氛，使师生、生生深度有效互动，还让学生在“玩（活动）”中学，让学生实实在在参与到课堂教学中，在行为、情感、认知上积极投入，内心体验深刻，获得情感支持，重建理性认知，发展适应行为，达到知、情、行有机结合，有效突破教学难点，提高了心理健康教学实效性。

（四）搭建虚实结合立体资源，让学生随时随地学习

课程团队依托学校智慧教室和心理健康教育中心开展理论教学及团体辅导实践教学；充分调用学银在线《大学生心理健康教育》省级精品在线开放课程、省级思政工作心理育人精品项目等优质资源，借助超星泛雅云教学平台和配套app，实现泛在、开放、个性化学习，实名化在线班级管理、过程化教学过程管理与评价等，落实移动教学，提高评价效率与效果。虚实结合的教学资源体系为有效教学提供了有力支持。

（五）过程与结果、系统与人工相结合，让学生体验成功

改变以往单一的评估形式，坚持过程性评价与结果性评价相结合，学习态度、方法与效果相结合，教师与学生相结合，系统与人工相结合的评价方式。以“问题解决有效、拓展助人到位”为标准评价学习效果，从“参与度、作业完成度”等角度测评学习态度，依托信息化平台开展学生学习行为分析和阶段性测评，全过程信息采集，多维展示学习结果，实现学习过程及学习结果的多元、科学、便捷、多指标综合的评价。同时将政治意识、劳动态度、职业素养纳入考评，激发学生主动学习的内驱力，增值赋能，促进了其全面发展。

九、“大学生情绪、压力管理与人际交往”模块内容学习效果

（一）学生参与度明显提高

通过丰富的立体化教学资源、多元教学方法和信息化手段进行教学，激发了学生的学习兴趣，加强了师生互动，提高了学生课堂参与度。

（二）教学目标达成度高效实现

将心理健康教育、价值观教育与职业素养培育无缝对接，丰富了教学内容；并通过线上线下混合式教学，创设具体情境，引发学生体验感知、交流感悟，发展心理品质，开发心理潜能，提高了课程教学实效性。从目标达成情况来看，突出培养了学生心理调适技能，提高了学生情绪管理、压力应对、人际交往沟通、自我管理的能力，有效提升了学生的心理素质。

（三）学生满意度提升获得感增强

突出课程教学的育人导向，切实将思政点与课堂内容相结合，引导学生在体验、分享中得到顿悟和启发，达到了润物无声的育人效果。本学期团队成员的教学满意度名列前茅，学生满意度从90%上升到99%。

学生对同伴学习通讨论发言点赞数、学习通生生互评分数、师生回帖互动交流次数均增加。说明课程教学发挥了很好的指导功能，育心润德，让学生的获得感提升明显。

十、“大学生情绪、压力管理与人际交往”模块内容特色创新

（一）教学内容“入职”，育心润德同频共振

课程围绕风电专业职业素养培养，落实课程思政要求，教学团队根据教学内容，挖掘思政元素，引导学生在心理知识的学习过程中，明确爱岗敬业、耐压抗挫、团结协作等职业素养的重要性，体会持之以恒、辛勤劳动带来的成就感和职业认同感，强化职业能力的培养，激发学生使命担当和忠诚奉献的精神，筑牢理想信念。

（二）教学模式“入心”，知行合一外化入行

秉承“学生为中心、发展为核心”的心理健康教育理念，构建学生学习共同体，创新基于在线课程的“三导三合”混合式“心”教学模式，对接学生岗位工作要求，开发“四步”课堂教学，突出教学重点，在心理知识学习的过程

中提升职业心理品质和素养，增强职业荣誉感，为快速适应职业岗位赋能。

（三）教学方法“入味”，知、情、意、行有机融合

教学过程中采用了心理健康课特有的多元化教学方法，如心理案例分析、心理游戏、心理测试等，创新融入团体辅导活动教学，活跃了课堂气氛，增加了师生互动，提高学生参与度，突破教学难点，如在“压力应对”中，通过学生参与体验心理辅导活动“成长三部曲”，让学生在简单有趣的心理活动中体会更深刻，引导学生“玩（活动）中学”“玩中悟”“玩中用”“玩中拓”，容易使整个教学过程达到知、情、行的有机结合，从而发展其心理品质，促进其形成合理观念和健康行为。

十一、“大学生情绪、压力管理与人际交往”模块内容反思与改进

在课程模块内容教学取得有效进展的同时，课程教学团队不断进行反思与改进，反思模块整体教学设计和教学实施过程及学习效果，进行诊断与改进。

第四节　高职院校心理健康教育课程教学质量管理与评价考核

加强高校心理健康教育既是高等教育发展的内在要求，也是学生健康发展的需要，更是社会进步、社会和谐的必然要求。“大学生心理健康”必修课程教学质量在一定程度上制约和决定着大学生心理健康教育的实效性。对课程教学质量进行有效管理，有效提高课程教学质量是“大学生心理健康”必修课程生存发展的生命线。然而课程教学质量管理是一个系统工程，它涉及课程教学的方方面面。课程教学质量管理的内容主要涉及课程教学开始以前到结束以后整个过程所有的人与事物，只要课程在准备时期，其质量管理也就开始了。“大学生心理健康”必修课程教学质量管理既需要领导者具有高屋建瓴的眼光，制定切实可行的制度措施加以引导，更需要心理健康教育教学工作者以教学团队建设为基础，潜心研究，不断创新，及时发现问题、解决问题，不断运

用先进的教学管理理念，加强教学质量的监控。

一、教学团队建设

教学团队就是以先进的教育理念为指导，以提高教学质量、培养高素质技术技能型人才为目标，以教学研究和教学改革为牵引，以专业建设和课程建设为平台而形成的密切配合、积极协作、优势互补的教学人员基本组织形式。学校是由教学团队组成的组织，教学效果的实现不仅依赖教师的个体行为，更依赖于教学团队的群体行为。目前，我国大多数高校“大学生心理健康”必修课程教学团队一般包括心理咨询中心专职人员、心理学教师、辅导员、兼职心理咨询员等，其中半路出家、非心理学专业的兼职人员占有很大比重。师资力量不足、专业化水平不高已然成为制约“大学生心理健康”课程教学质量的最大瓶颈。为此，可通过“四个一”制度：“两周一教研，一月一督导，一期一培训，一年一考评”加强教学团队建设，促进课程教学更加规范、科学，从而保证“大学生心理健康”课程教学的实效性。

（一）开展教研活动

每两周一次的教研活动是教学团队成员间合作、学习和沟通的最佳平台。在形式多样的教研活动中，成员之间的富有建设性、开放的经验交流，能使教师个人体验到被他人接纳与肯定的团队归属感、社会支持感以及沟通和交流的畅快感，从而为教师的教育专业发展提供情感动力，达到发展自我、提升素养、促进专业发展的目的。教学讨论、观摩、沙龙、说课、评课等，都是颇受欢迎的教研活动形式。

（二）开展专业督导

“大学生心理健康”是一门集知识、体验和操作为一体的综合性课程，它对教师的素养提出了更高的要求。而在现实工作中，大部分“大学生心理健康”必修课程的教师还兼任心理咨询师和校园心理文化活动的组织管理工作，这是导致心理健康教师的职业倦怠发生率高于其他专业教师的重要原因。督导的目的是确保道德操守，维持高水准的专业化行为，帮助教师更好地开展教学和服务。学校根据应实际情况，聘请一定数量工作经验丰富、专业能力强的专家学者，定期开展专业督导，及时给予教学团队成员有效帮助和指导。这是保障教学团队稳定持久的必经之路。一般情况下应该坚持每月都进行督导，个体督导一般维持在每月一个小时的水平上。

（三）开展专业培训

“大学生心理健康”课程教学是一项理论性、知识性和实践性都很强的工作，必须由一支受过系统培训，具有一定理论水平和实践经验的心理健康教育教师团队来承担。团队专业素养提升除了要严把准入关外，更要坚持定期的专业培训。为提升教学团队专业素养，学校除了要制定政策鼓励教师进一步提升学历、创造机会加强同行之间的交流和探讨外，更重要的是要保障每一位教师每学期参加60学时以上的专业培训或者教学交流活动。

（四）开展教学考评

建立全面、科学的考核评估体系，是促使心理健康课程教学向着预定的目标方向发展的有效保证。学校和教研室要制定和完善有利于教学团队发展和师资队伍成长的激励政策，对于有突出成绩的团队成员给予一定的奖励，在职称评聘、评优奖先、晋职晋级和在职进修等方面对他们进行优先支持与政策倾斜，做到物质激励与精神激励相结合，形成教学团队“奖励向付出者倾斜，荣誉向贡献者靠拢”的竞争氛围，以激发教学团队成员的工作热情。

二、课前教学质量管理

课前教学质量管理是指在上课前为整个课程质量所做的所有管理工作，这是非常重要的管理阶段。课前质量管理工作需要分两部分来进行：一是培养方案的制订。在制订培养方案的时候，课程教学质量管理就已经开始了。培养方案包括培养目标的制定、课程体系的建立以及课程设置、课程结构、课程教学大纲、课程质量标准体系等内容。这一方面主要由学校教务管理部门负责组织完成。二是对于广大心理健康教育教学团队而言，这主要是指在上课前的备课和进行系列的课程教学准备活动：选择教学内容、制订课程授课计划、思考教学方法和课程评分方法等。为保证本课程教学质量的提升，课前质量管理重点要落实以下两项制度：

（一）坚持集体备课制度

根据教学大纲和学校学生的实际情况，教研室集体制订学期整体和阶段性教学计划。明确授课任务后，教研室应根据教师的特点和兴趣确定具体专题的主备课教师。每个专题集体备课时先由主备课教师提出教学思路，再经集体讨论确定教学单元的教学重点、难点和教学要求，最后由主备课教师完成教学方案（含教学目的、要求、重点难点、形式、教学过程、课堂互动环节、时间安排等）和多媒体课件。

（二）落实课前试讲制度

在主备课教师制作好多媒体课件和教学方案后，由1~2位教师在教研室内进行原生态完整试讲。教研室成员从课件制作、教学方法、教学态度、教学组织等多方面进行当场点评并提出修改意见，主备课教师在此基础上形成完整的课程设计和多媒体课件制作。

三、课中教学质量管理

课中教学质量管理是指对上课过程中的教学质量所进行的管理，主要内容为教师对课程内容的熟悉与掌握程度，对授课进度、课堂纪律的控制情况，以及在学生学习积极性的调动、提高学生的自主管理意识等方面的表现。在这个环节中，任课教师占完全主导地位，如课程的讲授、安排、进度，甚至课堂上学生的学习兴趣、学习氛围、课堂纪律等基本由任课教师掌控。课程教学质量也主要体现在这一环节。因此，对课中教学质量管理是课程教学质量管理最为重要的部分。

（一）严格课堂教学管理制度

为抓好教学质量，向课堂要效率，进一步增强课堂的吸引力和教学实效，教研室应不断完善课堂教学管理制度、辅导答疑制度等，设立约束性听课制度，对教师的课堂情况进行评价，加强课堂监督。

（二）健全评课和听课制度

为提升课堂质量，除各级教学督导团和学校心理健康教育领导小组成员定期深入课堂听课外，每个学期可不定期组织学生代表和辅导员进行听课和评课。每位教师每学期至少应深入同行课堂听课20节，并定期进行听课总结汇报，让教师在互听互评中共同成长。

四、课后教学质量管理

课后教学质量管理是指课程结束之后的质量管理工作，包括学生完成的作业数量与质量、考核结果统计分析、教学效果评价、教学总结等。这一时段的质量管理工作由教研室与教师共同完成。当所有的教学工作结束后，及时开展教学质量的评价、总结与反馈是学校不断提高教学质量的一个重要环节，也是教学质量管理的一个重要环节。由于心理健康教育课程重在“育心、育人”。它的价值取向是一种以人为本的“文化课程”，力求体现对人的关怀，关注人的心理、精神的解放与生成，因此，只有动态的、积极的及面向未来的多元化教学评估才符合心理健康教育课程的理念与要求。相对于其他课程而言，“大学生心理健康”课后教学质量管理尤其要加强以下两方面的质量管理。

（一）建立多元化教学考核制度

作为一门计2个学分的素质教育课程，定期对教师和学生进行科学评价与考核是非常重要的。而对心理健康教育课程的教学效果进行评价，主要应看学生心理素质的发展状况及相应行为是否有所改进和提升。具体应从四个方面来考察，一看学生是否获得了相应的基础知识和有关信息，扩展了学生的视野，改变了学生思考问题的方式，让学生了解到自己某方面心理素质发展的现状；二看学生是否有情感投入，获得了有益的情感体验；三看是否使学生掌握了有用的心理调适技能；四看学生是否有决心完成某种有意义行为的“行动意向”。

在实际操作层面，本课程教学效果方面的评价既可以用书面考试、撰写论文、口试、活动报告等形式，也可以用课堂观察、课后访谈、作业分析、建立学生成长记录等方式。然而当前各高校都面临心理健康教育师资紧缺的问题，一个教师承担数十个教学班级的教学任务，加上咨询、管理等方面的工作任务重，全方位采用多元化的教学评价难度较大。实践证明，撰写包含个性特点、成长史、生命观和生涯规划等主要内容的《个人分析报告》是了解学生对心理健康基础知识掌握程度和学生心理健康状况的一种较好途径。

（二）完善教学反思制度

教学反思的真谛在于教师要敢于怀疑自己，敢于和善于突破、超越自我，不断地向高层次迈进，为了促进教师的专业发展，实现教师人生价值的增值，提升学校教育教学质量，教研室必须完善教学反思制度：建立不同层次的反思即“课后反思”“单元反思”“ 期中反思”“年度反思”制度，并将此作为评价老师的一种依据；通过开展各种活动来促进教师进行反思；建立完整的反思评价体系，对教师的反思成果给予一定程度的奖励，鼓励教师们在反思中不断提高自己。

总之，仅仅开设一门大学生心理健康必修课程远不能满足学生心理素质发展的实际需求。因此，还需要开设一系列心理素质教育选修课来弥补这一不足。心理健康教育选修课的课程内容，必须从大学生的生活实际出发，在具备理论性的同时兼顾针对性、趣味性。基本理论课程可开设人格心理学、团体心理辅导、心理咨询的理论与实践、社会心理学等课程。实际生活中困扰大学生的心理问题主要有人际关系问题、自我意识问题、挫折应对问题、情绪调节问题、恋爱问题、生涯规划问题等。针对这些问题，可开设相应的心理学课程：人际交往心理学、大学生恋爱心理、生涯规划等。也可以根据学生的兴趣开设相关兴趣课程：心理影视赏析、消费心理学等。

第五节　高职院校心理健康教育精品在线开放课程建设

一、相关背景与问题提出

随着“互联网+”时代的来临，我国的课程形式从精品课程发展到SPOC（小规模限制性在线课程），到现在的MOOC（大规模开放课程），大量优质课程在互联网中得以共享。2015年教育部印发了《关于加强高等学校在线开放课程建设应用与管理的意见》，2017年启动了首批国家精品在线开放课程认定工作，并正式推出了490门国家精品在线开放课程，这些课程质量高、共享范围广、应用效果好、示范引领性强，突出以学生为中心的教学设计。大规模在线开放课程的迅猛发展给职业院校的教育教学改革工作带来了全新的发展机遇与挑战，如何进行在线开放课程建设、促进线上线下混合式教学改革，引起了教育工作者极大的关注。

高职院校开设《大学生心理健康教育》必修课是实施大学生心理健康教育、提高学生心理素质和心理健康水平的主要手段。但通过调查发现，当前高职院校心理健康教育教学存在一些问题，一是教师方面：传统讲授式教学模式普遍，一般多采取3~4个班合班制，人数较多，师生互动沟通少，在课堂上基本是教师“一言堂”，学生课堂参与度比较低，教学实效性差。二是学生方面：高职院校学生学习基础相对薄弱，学习动机不足，在课堂教学中，参与互动较少，再加上“00 后”高职学生作为互联网原住民，他们习惯和善于用“互联网+”的方式学习知识、捕捉信息，因此学校网络心理健康教育薄弱与学生网络心理健康教育需求强存在矛盾。

如何克服以上问题，激发学生的学习积极性，增强课程教学的实效性，成为高职院校心理健康教育的难题之一。混合式教学是一种基于信息技术，把传统的教学优势和网络教学优势相结合的教学模式，利用网络教学资源平台，根据学生的认知特点开展“线上+ 线下”的混合式教学，让网络资源成为课堂教学不可缺少的补充和延展；另外，学生通过计算机、手机、平板、教学平台等获取多样的学习资源，进行个性化的学习、在线互动交流等，改变传统的学习方法，从而提高学习质量。基于信息技术的混合式教学将为学生增加更多的学习机会，也会使得教学方式多样化，对提高学生的学习兴趣、改善教师的授课方式以及建立新型的师生关系等方面都有很大的帮助。因此基于“大学生心理健康教育”在线开放课程平台开展混合式教学模式改革，以激发学生学习积极性，提高教学实效性，是教育大环境下高职院校心理健康教育教学所面临的新课题。

二、职业教育省级精品在线开放课程要求

省级精品在线开放课程要求思想导向正确、科学性强，大规模在线开放课程特征明显，突出以学生为中心的教学设计，课程建设团队充分开展在线教学活动与指导，课程质量高，共享范围广，应用效果好，示范引领性强。申报课程须已在学校连续开设3年以上，并且在有关在线开放课程平台实际运行一个周期及以上，有教学实施的相关数据，教学理念先进、方法科学、质量高、效果好，得到广大学生、同行教师和专家，以及社会学习者、行业企业专家的好评和认可，在同类课程中具有一定的影响力和较强的示范性。

（一）课程团队

课程负责人须为申报院校正式聘用的教师，具有丰富的教学经验和扎实专业功底。主讲教师师德好，教学能力强，积极投身信息技术与教育教学深度融

合的教学改革。课程团队结构合理、人员稳定，除课程负责人和主讲教师外，还应配备必要的助理教师，保障线上线下教学正常有序运行。课程团队主要成员须与课程平台显示人员一致。同一课程负责人只能申报一门课程。

（二）课程教学设计

遵循教育教学规律，体现现代教育思想，符合大规模在线开放课程教学特征。注重以学生为中心建立教与学新型关系，构建体现信息技术与教育教学深度融合的课程结构和教学组织模式，课程知识体系科学，资源配置全面合理，适合在线学习和混合式教学。

（三）课程内容

坚持立德树人，能够将思想政治教育内化为课程内容，弘扬社会主义核心价值观。反映专业最新发展成果和教改教研成果，具有较高的科学性水平。课程内容更新和完善及时。无危害国家安全、涉密及其他不适宜网络公开传播的内容，无侵犯他人知识产权内容。

（四）教学资源

每门课程应有包括课程介绍、负责人介绍、教案或演示文稿、考核方案、在线作业、试题库、课程教学录像等反映教学活动必需的资源。教学录像不能全程为课堂教学实录，课程视频应该采用颗粒化的方式组织，录制围绕知识点展开、清晰表达知识框架的系列微课程群。

（五）教学活动与教师指导

通过课程平台，教师按照学校的教学计划和要求为学习者提供测验、作业、考试、答疑、讨论等教学活动，及时开展在线指导与测评。各项教学活动完整、有效，按计划实施。学习者在线学习响应度高，师生互动充分，能有效促进师生之间、学生之间进行资源共享、互动交流和自主式与协作式学习。

（六）应用效果与影响

申报课程在本校教学过程中能较好地应用，将在线课程与课堂教学相结合，教学方法先进，教学质量高。在校内外学习者中共享范围广，应用模式多样，应用效果好，社会影响大。截至2019年7月1日，在全国性公开课程平台面向校内外广大学习者开放，在申报课程平台上完成一期及以上教学活动，且每一轮开课学习者规模应达到1000人以上。

（七）课程平台支持服务

课程平台须按照《中国互联网管理条例》等规定，完成有关的备案和审批手续，至少获得国家信息安全等级保护二级认证。平台运行安全稳定畅通，课程在线教学支持服务高效。同时，须制定相应的管理制度和工作流程，配有专业人员进行审查管理，确保上线课程的内容规范及技术水平。

三、高职《大学生心理健康教育》在线开放课程资源建设

为了贯彻落实教育部《关于加强高等学校在线开放课程建设应用与管理的意见》（教高〔2015〕3号）和湖南省教育厅《关于加强职业院校课程建设的意见》（湘教发〔2018〕41号）文件精神，把课程建设作为立德树人的基础、人才培养的关键、专业建设的核心工作来抓，持续推进课程教学改革，以不断提高课程教学质量。《大学生心理健康教育》课程教学团队根据教育部及湖南省高职教育精品在线开放课程建设标准的要求，紧紧围绕立德树人的根本任务，开展课程教学改革，对课程进行整体设计，制定课程建设方案，将《大学生心理健康教育》课程建设成为融思想性、知识性、趣味性、服务性于一体，宣传心理健康知识，倡导健康生活方式，提升心理调适能力的高职院校优质示范课程。

（一）一体化设计、结构化课程——以专题为主重构教学内容

本课程是面向大学生普及心理健康知识，传授心理调适技能，提升心理健康素质的一门公共必修课程。根据各专业人才培养方案，围绕课程标准与教学目标，重构教学内容，对当代大学生在学习生活中的成长发展性困惑，开展大学生活适应、自我意识培养、人格塑造、学习与创造、人际交往、压力与挫折应对、情绪管理、恋爱与性、生命教育及职业心理素质培养共10个专题的心理健康教育。同时遵循思想政治教育和大学生心理发展规律，基于积极心理学理念，引导大学生努力践行正确的人生观、世界观、价值观，培养学生理性平和、乐观开朗、健康向上的积极心理品质，从而提高社会适应能力、承受挫折能力和情绪调节能力。其中每个专题都包含知识点的教学视频、单元测试、心理活动体验、讨论、作业等，提供心理健康知识、心理调适方法，贴近学生实际，满足学生心理需求，并通过线下线上、案例教学、体验活动、行为训练、心理情景剧等多种形式，激发学生学习兴趣，提高课程教学效果，促进其心理和谐发展，引导其健康成长。

（二）“微课+超星学习通平台+教材”——立体化在线课程资源建设

课程框架以章节任务为骨架、以知识技能点为内容、学以致用导向的结构化课程内容体系，建成立体化的课程教学资源。课程团队结合MOOC特点制作了丰富的视频、音频、文档、动画、随堂讨论、测验、作业、心理活动体验项目等独特的教学资源，通过超星学习通平台开展线上线下相结合的混合式教学。2017年该课程入选校级精品在线课程，2019年立项为湖南省高等职业院校精品在线开放课程，正式在学银在线平台上线开课，课程注重资源共享应用，在线指导及时准确，适合大学生和社会学习者学习。

课程资源建设采用碎片化方式，由浅入深、循序渐进，包括课程级、章节级和知识技能点三级资源。课程级资源包括课程介绍、课程标准、教学团队、考核标准、课程设计等。章节级资源包括章节介绍、学习目标、重点难点、心理活动拓展、单元测验、作业等。知识技能点级资源包括微课视频、PPT、典型案例、图片、动画、图书等。为了满足不同类型学习者的需求，课程资源内容丰富、案例的选取贴近生活实际又典型，不仅能激发学生学习兴趣，更能强化能力培养。课程内容包括147个知识点，其中75个微课视频，共566分钟，每段基本保持在5~15分钟；62个文档，包括PPT、章节测试、心理活动拓展、案例分析、拓展资源；还有课间提问、课后测试、课堂讨论、章节作业等。

2019年开始，课程团队通过问卷调查、校外企业调研，针对高职学生日益增长的心理健康需要，合作开发自编讲义，主要目的就是帮助高职学生增进心理健康意识、学习心理自助与互助的方法，打造大学生的“软实力”——提升心理素质，提高心理健康水平，提升生命的质量。教材内容分为10章，涉及心理健康概述、大学生自我意识培养、大学生人格培养、学习与创造、情绪管理、人际交往、恋爱与性心理、压力与挫折应对、生命教育及职业心理素质培育10个主题，与我们在学银在线平台线上课程资源（大学生心理健康教育https://www.xueyinonline.com/detail/219993402）相对应，2019年由北京理工大学出版社出版教材《高职学生心理健康教育》，完成了“微课+平台+教材”立体化课程资源建设。

（三）多元化多维度考核评价机制

课程采用过程性考核与终结性考核、线上与线下考核相结合的方式，实现评价主体多元化、方式多样化、过程精细化与标准化。

成绩考核评定方法不再以单一的知识技能为标准，而更关注学生在学习过程中表现出来的情感、态度、价值观和心理的成长。过程性考核的重点是学生课堂表现、线上自主学习任务完成情况、小组合作和日常表现、出勤等反映学生学习过程的方面，成绩组成包括每周单元测验和单元作业、课堂讨论交流、小组展示等，主要评估学习者对主要知识点的理解和掌握程度及应用知识技能点提出、分析、解决问题的过程以及互动交流情况。我们依托超星课程平台，设置权重，对学生成绩进行考核评价，采用学生自评、小组互评、教师评价等多元化的评价方式。终结性考核即期末撰写一篇自我分析报告，通过分析自己的性格、人际关系或对生命的认识等，重点评价学生心理成长的过程，还包括课程线上期末考试成绩，考试内容依据课程知识点的结构分布，考试题库随机出卷，以客观性测试题为主，用于评价学生是否达到课程目标。

四、基于《大学生心理健康教育》在线开放课程平台开展混合式教学实践

如何利用在线开放课程的优势来提高教学实效呢？课程团队基于学银在线《大学生心理健康教育》在线开放课程，探索线上线下相结合的“双主体、多进程、正反馈”的混合式教学模式改革，即以学生为主体、教师为主导的“双主体”，采用线下+线上、课前课中课后的“多进程”，利用超星平台进行线上学习、讨论交流、答疑解惑，及时给予学生引导和积极反馈、让学生获得“正反馈”，并根据平台数据监测及学生自主学习情况进行课堂教学设计与实施，激发学生的学习兴趣，增强课堂教学的趣味性和实用性，同时不断完善混合式教学改革的评价考核体系，进行教学反思，提升教学实效性。

课程混合式教学模式的整体思路是——课前自主学习，课中知识内化，课后应用提升。在实施课程教学前，需先给学生介绍如何利用在线开放课程进行自主学习，并公布课程考核方式，根据班级规模进行分组，给学生示范自主学习、讨论交流、测试自评等。

下面以第五章“大学生情绪管理”为例，介绍混合式教学的详细过程。

1. 课前——学生自主学习阶段

教师通过超星网络教学平台发布第五章“大学生情绪管理”学习任务单，包括章节的学习目标、重点难点、视频观看、课前测试、讨论等，然后学生带

着引导问题，随时随地自主学习，观看视频，完成在线讨论及测试，并反馈问题。教师通过平台采集学生学习行为的数据及学生反馈的问题，设计更具有针对性的教学方案。通过课前自主学习使学生对于章节知识点形成一定的认知，帮助学生在课堂学习中目标更明确。

2. 课中——师生交流知识内化的阶段

这是以学生为主体、教师为主导的多种学习活动的互动过程，第一步问题导入（导），通过列举贴近学生生活的情绪管理失控导致极端事件的典型案例，激发学生的学习兴趣，启发、引导学生进行分析思考，从而导入新课内容；第二步辨析方法（辨），通过播放自制情绪管理动画视频，进行案例分析，学习通发布抢答、投票等活动，检验学生分析问题的能力及对知识点的掌握程度，针对学生反馈的问题及重点难点进行讲解，答疑解惑；第三步小组参与模拟实践（练），协助探究，引导学生在体验的过程中学会心理调适的方法，强调在活动中体验，提高心理调节能力，在这里，要特别强调学生的心理体验，挖掘学生的心理潜能，发现学生的闪光点，进行积极的正反馈，增强学生的成就感与获得感；第四步学以致用（用），播放职场工作场景，组内讨论，协作完成活动任务，拍照上传，成果展示点评，引导学生熟练掌握情绪调节的方法，并能将所学方法运用到日常生活和工作场景中，分析解决实际问题，进行价值引领；第五步是归纳总结（总），通过学生总结，教师总结，凝练重点，强化认识。通过导—辨—练—用—总，组内、组间生生、师生的探究与交流，协助学生内化知识，同时学生完成任务的积极性提高，课堂气氛活跃。

3. 课后——巩固拓展阶段

教师布置情绪管理章节作业，拓展资源的学习，课后心理书籍的阅读，学生在学习通平台讨论区进行分享交流、成果展示等，进一步巩固所学的内容，加强知识的应用与迁移。

在教学过程中，课程平台可以提供学生完整立体的学习行为数据，如学生对知识点的学习时长、任务进度、作业和测试完成情况等。教师依据平台数据可以跟踪和分析学生的学习行为，实现教学由经验驱动向数据驱动转型，也可以为学生安排适合他的任务，实现分层教学，同时针对进度慢的同学发放督学，进行个性化指导。在此过程中教师团队积极参与在线课程的运行，及时发放课程公告、主题讨论、作业、评价、线上答疑指导与线下讨论等，充分发挥线上线下混合式教学的优势，激发学生参与交互式学习的兴趣，同时鼓励有心理困惑不能自我调适的学生前往心理咨询室寻求老师的帮助，强调求助是一种智慧。

五、教学成效

课后通过学生访谈、问卷调查、督导听课及课程平台数据采集等方式，对该课程资源与教学过程进行调研，发现学生的参与度、满意度、分析解决问题能力都有提升。92.7%的同学对课程资源比较满意，喜欢网络和碎片化的学习，86.8%的同学认为课程内容丰富、有知识性、趣味性，90.5%的同学选择线上线下相结合的混合式教学模式，90.8%的同学认为该课程对自己有帮助，能对自己的心理困惑进行自我调适，94.2%的同学感觉自己心理健康状况为比较健康；同行及专家也对课程及应用进行了客观的评价与反馈，认为该课程教学理念先进，具有高职教育特色，教学团队结构合理，教学资源丰富，教学水平一流，总体上处于同类课程建设的前列，具有很好的借鉴和带动作用。

目前该课程（学银）资源丰富，建设日趋完善，已在学银在线平台使用5期次，共有30所高职院校近千人参与学习。课程团队积极参与在线课程的建设与运行，并在教学实践中将在线开放课程与课堂教学相结合，利用学习通一平三端，全面推行线上线下相结合的“双主体、多进程、正反馈”的混合式教学模式，将信息化技术贯穿教学设计全过程，从以往课堂上教、靠个人经验评、站在讲台讲，变为融入学生中“导学”、借助大数据“诊学”、隐于云端后“助”学，满足了学习的泛在化和移动化需求，使学生学习参与度较高。评价方式和教学环节活动的设计也激发了学生参与课堂的积极性，网络平台又提供了丰富的资源和便捷的沟通平台，学生可随时随地进行浏览和沟通，满足了学生网络学习交流的需求，让学生有获得感，师生、生生互动充分，实现了个性化、分层化、职业化教学最大优化，提高了教学实效性。

基于《大学生心理健康教育》在线开放课程平台，将信息化技术与心理健康教育教学深度融合，开展线上线下混合式教学实践是非常具有现实意义的，不断激发了学生的学习兴趣，培养了学生学习的自主性、合作及分析解决问题能力，提升了学生良好的心理素质，同时也提升了教师的信息专业素养及教学能力，积累了丰富的课程建设和混合式教学经验，对高职院校开展在线开放课程建设及混合式教学具有良好的借鉴和推广作用。

第六章 高职院校学生成长辅导与心理咨询

大学生正处于“青年期”，成长的痛楚和心灵的羁绊有时无法通过普及型教育得到缓解，也很难通过自我调节的方式来应对。此时，高职院校对学生开展成长辅导和专业的心理咨询便是促进个体成长的有效方法。成长辅导是运用各种思想政治教育手段和方法，辅以心理健康教育与咨询技术，及时疏导学生在成长过程中的遇到的各种生活困惑、学习困难、就业压力、心理困惑等思想问题，想方设法帮助学生解决实际困难，确保大学生健康成长和全面成才。心理咨询是指在良好的咨询关系基础上，由经过专业训练的心理咨询师运用咨询心理学的有关理论和技术，对有一般心理问题的学生进行帮助的过程，以消除或缓解学生的心理问题，促进其个体的良好适应和协调发展。成长辅导的主动性和超前性弥补了心理咨询的被动性和滞后性，成长辅导的发展和预防功能对心理咨询的矫治功能是有力补充，所以成长辅导和心理咨询相互支撑、相互补充，共同形成对学生的完整服务。

第一节　高职院校成长辅导

在大学生心理健康服务体系中，成长辅导针对的是学生发展性的问题。湖南省各高校从2013年开始，根据《湖南省普通高等学校特色成长辅导室建设标准（试行）》要求，建设成环境友好、师生互动的交流辅导空间，组建由院系领导、辅导员、专业教师和学生参与的、年龄结构合理的学生成长辅导队伍，运用各种思想政治教育手段和方法，辅以心理健康教育与咨询技术，以互动为主的交流方式，在学生熟悉的环境中，及时疏导他们在成长过程中遇到的各种生活困难、学习困难、就业压力、心理困惑等思想问题，想方设法帮助学生解决实际困难，防止问题积累到一定程度转化为心理障碍，构建工作前移、重心下移到院系的大学生心理健康教育工作新模式，确保大学生健康成长和全面成才。

一、成长辅导的概述

（一）成长辅导的概念

成长辅导是一种助人的历程和方法，它由辅导老师根据大学生成长成才的要求，协助被辅导者了解自己，帮助大学生发展成为一个健康、成熟而能自我实现的人。

（二）成长辅导的内容

成长辅导的内容有以下5个方面。

（1）思想提升辅导：对学生进行理想信念、爱国主义、公民道德、政治信仰的辅导。

（2）学业发展辅导：包括学业适应、学业救助、学业规划、学业创新辅导，主要是对新生、学困生等。

（3）生活适应辅导：对学生开展自我意识、情绪情感、人际交往、婚恋观、闲暇生活的辅导，主要是人际关系、恋爱、网络迷恋等。

（4）职业规划辅导：包括职业认知、职业素养、职业适应辅导，主要是对就业困难生、职业迷茫生等。

（5）危机应对辅导：包括重大生活事件、心理疾病康复期、精神疾病康复期的辅导，主要是一级心理危机预警库的学生。

（三）成长辅导的形式

有学期辅导工作计划与总结，为学生提供个体辅导、小团体辅导、电话辅导、信函辅导、QQ和微信等新媒体辅导，辅导档案记录翔实。

（四）成长辅导的理论与技术

大学生成长辅导工作不是辅导老师一次或多次与被辅导学生之间的简单谈

话、讲大道理，而是需要运用最新的教育学、心理学的理论知识支撑整个辅导过程，让被辅导学生在科学的辅导理念和技巧下快速成长。常见的运用于学生成长辅导的理论包括：教育学中教育的基本规律，普通心理学中心理发生发展的普遍规律，发展心理学和教育中学中学生不同心理年龄的教育发展规律，心理辅导中常见的合理情绪疗法和人本主义疗法等技术。

辅导老师要想做到每次辅导都能深入学生内心，了解学生的真实情况，把握学生的成长问题的实质，进行有效的成长辅导，需要具备基本的谈心谈话技巧。

1. 学会倾听

倾听是辅导老师在接纳的基础上的听，是设身处地的听，不做价值评判的听，是认真、有兴趣的听，有自然的表情、专注的眼神，身体前倾和点头回应。倾听时特别要注意不急于下结论，不轻易下道德判断，不轻视学生的问题和不干扰、不转移话题。辅导老师只有具备以上倾听技巧，才能让学生敞开心扉，诉说自己内心的成长困惑，愿意在辅导老师的帮助下得到成长。

2. 学会共情

共情是辅导老师通情达理、设身处地去体验或分享被辅导学生的情绪情感。共情有开放自己当下的内心感受和开放自己既往的个人经验两种方式。

3. 积极关注

积极关注是辅导老师对被辅导学生的言语和行为的闪光点、光明面或长处和潜力予以有选择性的关注，从而使被辅导学生拥有更客观的自我形象、正向的价值观和积极的人生态度，从而促进自我成长。辅导老师要积极关注学生的长处、辅导过程中的学生进步、学生以往好的表现，特别要注意的是积极关注要实事求是，态度要真诚。

（五）成长辅导工作能力的提升途径

在成长辅导中常见的问题有辅导员队伍的稳定性、辅导员队伍的专业化水平、辅导的伦理边界问题等，辅导员成长辅导工作能力的提升途径有：

1. 学习系统的专业知识途径

目前高职院校辅导员具备教育学或者心理学专业背景的很少，学生成长辅导工作需要辅导员老师具备教育学或者心理学相关理论知识和技能，因此辅导员老师需要通过学习系统的专业知识提升辅导能力。可以通过高校教师岗前培训、辅导员岗前培训和校内外辅导员专项培训等方式，学习教育学或心理学基本理论知识。

2. 同行交流学习途径

同行交流是学生成长辅导工作最快、最高效的学习方式。同行交流学习包括邀请专家督导、校内外同行业务交流。邀请专家督导可以是专家现场指导辅导员学生成长辅导个案的实际操作，有针对性解决实际操作的问题，同时专家可就疑难个案深入分析和给出指导性的意见。校内外同行交流可以就典型的优秀成长案例做案例分享，也可以就辅导工作中的某个特殊学生问题的成长工作深入讨论，通过与同行交流，将学习到的成功经验更好地运用到自己的工作中。

3. 深入学生调研途径

当前高校辅导员的主力是“90后”，学生则主要以“00后”为主体，年龄的差距必然会导致代沟。为了做好学生成长工作，辅导员需深入学生群体，做到进课堂、进寝室和进入学生内心，通过“三进”方式，辅导员及时了解学生的学习生活等各方面情况，贴近学生生活实际，及时发现学生的成长困惑，为学生解决实际困难。另外可通过访谈、个案研究和问卷调查等方式深入了解学生，根据调研数据，进一步完善知识体系，因为每位辅导员所带学生的院系和专业班级各不相同，具备一定的成长辅导的基本理论知识和技能固然重要，但在实际运用时还需针对辅导对象开展具体调研。学生成长辅导工作是能让辅导员有职业认同感，体现专业化，具有挑战性的育人工作，因此需要辅导员老师不断加强学习，增强人格的影响力，提升成长辅导能力。

二、成长辅导室建设

（一）定位

成长辅导室是大学生心理健康教育工作与思想政治教育工作的重要平台，应坚持育心与育德相结合、辅导内容与《高等学校辅导员职业能力标准》相结合；心理危机干预工作端口前移，心理健康教育工作下移至二级院系，与教学线协同育人。通过创建空间，以学生互动交流的形式来解决学生成长发展中存在的问题。

（二）队伍建设

（1）建立以辅导员为骨干，专业教师等为补充的辅导队伍；成长辅导队伍有专职辅导老师，一般为专职辅导员（副书记、一线辅导员）；兼职辅导老师，包括专任教师、党政干部、退休专家、教授、课外辅导员；学生互助队伍，包括朋辈互助员、心理委员等。

（2）辅导队伍每学期案例讨论会不少于4次。

（3）辅导队伍每学期开展专业培训不少于1次。

（4）配备一名心理辅导员，必须具有心理学或教育学背景和国家二级心理咨询师资格。

（三）制度建设

（1）成长辅导室建设纳入院系大学生思想政治教育工作内容。

（2）成长辅导室的建设由院系大学生思想政治教育工作负责人负责，指定一名专职辅导员负责日常运行。

（3）有完善的辅导室管理制度，包括辅导室管理细则、辅导老师工作职责等。对机构设置、经费来源、人力资源、设施提出具体规划要求，制定运行管理办法、制定考核办法，对辅导工作进行过程管理和质量监控。

（四）场地建设

选址利于辅导员开展辅导工作和学生来访，符合安全、方便原则；总面积不少于10平方米；室内环境色调温和、舒适、自然、和谐。场地一般离学院（系）学工办公室较近，布置有亲切感和安全感，自然舒适，“宁静和谐，心物交融”，有利于放松心情，吐露心声。

接待区，配有接待座椅、电话等；辅导区有必备的、质地柔软舒适辅导椅；有成长辅导范围、成长辅导老师介绍以及其他宣传资料；配有电脑等其他所需设备。

第二节　高职院校心理咨询

心理咨询工作是高校心理健康教育途径中最具专业特色的途径，是不可替代的途径。随着时代的发展，学生的需要不断提升，高校心理咨询工作在咨询方式、咨询队伍、咨询制度、咨询场地等建设方面日趋完善。同时，高校心理健康教育的目标以及发展性原则，尤其是高校的教育功能使高校心理咨询工作呈现出与社会心理咨询不一样的特点。心理咨询是一颗心与另一颗心的交流，是一种思想与另一种思想的沟通，是一种经验与另一种经验的相遇，是一种人格与另一种人格的碰撞，它能在有限的时空中激发无限的成长力量。高校心理健康教育工作中的心理咨询是专业化程度很高的一项工作，同时也是大学生心理危机求助的重要方式。因此，了解、掌握高校心理咨询的目标和原则、方法与过程是心理健康教育工作者帮助大学生高效求助的基础。另外，高校心理咨询在按照心理咨询的专业要求进行的同时，必须符合高等教育的育人要求和高校心理健康教育的基本原理。因此，高校心理咨询工作便有了其独有的特点。

一、高校心理咨询的目标和原则

高校心理咨询是指高校心理咨询老师运用心理咨询专业知识和技能来帮助、鼓励和陪伴来访学生恢复心理平衡并掌握调整心态、解决问题的方法的一个过程。如果说心理健康教育课程旨在促进发展，心理咨询则着重于发现问题和补救问题，咨询师借助与来访学生的积极互动，鼓励来访学生自我探索，能够让学生学会自己去解决问题、应付危机、调适自我、寻求发展。当然在实际工作中，两者所涉及内容是有所交叉、相辅相成、相互促进的，终极目标都是促进大学生心理健康发展。

（一）高校心理咨询的目标

（1）认知方面，帮助来访学生认识自己的内外世界，了解和改变自己不合理的观念。

（2）情绪行为方面，帮助来访学生学会面对、接纳、应对现实，协助来访学生构建合理的行为模式并掌握有效的情绪调节方法。

（二）高校心理咨询的原则

1. 保密原则

心理咨询老师在没有获得来访学生同意之前，不得将来访学生的言行随意透露给任何人，在公开的案例研究或发表有关文章必须使用来访学生资料时也必须隐去身份信息，避免对号入座。但在遇到有明显自杀或伤害他人意图的来访学生时，心理咨询老师需向有经验的上级督导或者主管领导反映情况，争取更多资源来避免危及生命的情况发生，但是来访学生的具体信息也应被控制在最小的知情范围内。

2. 限定性原则

一是时间限制。必要的时间长度和频率的限制是对来访学生和心理咨询老师的一种保护。心理咨询老师应提前告知来访学生关于咨询时间的限制，并在咨询过程中主动控制谈话进程，避免让来访学生因突然结束谈话而感到不安和不快。二是关系限制。为达到咨询效果，心理咨询老师和来访学生之间会建立一种更深入的情感交流模式，但过度的情感介入会令老师丧失中立客观的立场，进而可能给来访学生和咨询老师本人带来巨大伤害。因此，在咨询过程中，应避免与来访学生建立双重关系，超越咨询关系的交往，咨询老师都应予以拒绝。

3. 教育性原则

一是要加强对心理咨询工作的宣传，唤起需要帮助的学生主动求助的意识；二是对于因心理困扰明显影响了成长发展的学生，学校应主动提供心理咨询服务；三是在面对非自愿前来的来访学生时，心理咨询老师则需要更多的耐心和技巧来唤醒对方的求助意识，从而保证咨询的顺利开展。另外，在咨询进行过程中，来访学生可以选择自愿终止咨询。但高校心理咨询与社会心理咨询不同的是，心理咨询老师应本着对来访学生负责的态度，向来访学生解释咨询所需的进程并与之探讨终止咨询的原因，必要时需要在保密例外原则的指导下与来访学生的辅导员、班主任或家长联系，避免来访学生因草率放弃而失去成长的机会。

二、高校心理咨询的对象

高校心理咨询的对象通常应具备以下4个特点。

（一）人格基本健全

无严重的人格障碍，具备基本的社会责任感、道德感、恐惧感、自控能力以及对人对事的真实稳定的感情等。

（二）问题与心理因素有关

并非学生的所有问题都能够通过心理咨询来解决。心理咨询要解决的问题主要是由心理因素所引发的心因性问题、社会适应不良问题、情绪调节问题、心理发展问题等。

（三）求助动机合理

经反复做工作仍无求询动机的学生或动机不正确的学生不适合做心理咨询；迫于他人压力前来求询的学生，易产生抵触情绪，增加咨询的难度。

（四）对咨询有一定信任度

信任咨询、信任心理咨询老师，期待通过咨询消除痛苦获得帮助，这样的心态有助于开展咨询。

需要强调的是，心理咨询的对象是精神正常的人或者精神疾病康复期或潜伏期的人，而确诊的发病期精神疾病患者不是心理咨询的对象。因此，心理咨询老师必须做好诊断与鉴别诊断，遇到疑似精神疾病的来访学生要及时转介到专业精神科由医师进行诊断和治疗。对于已治愈的精神疾病学生在进行心理咨询时必须认真评估其症状，必要时与精神科医生协同工作。

三、高校心理咨询的设置

高校心理咨询的主要对象是在校的大学生，因此空间和时间的设置方面要结合心理咨询的专业要求与大学生的需求。

（一）咨询室的建设

一个令来访学生感到温馨、亲切、安全的环境有助于鼓励他（她）倾诉心事，而借助专业设备作为咨询方式的补充与辅助，能有效帮助那些一般谈话法不能很好处理的个案。因此，高校应根据心理咨询工作的需求建设多功能的心理咨询室。

1. 选址

地点设置应方便学生求询，不宜在特别偏僻、特别热闹或者特别难以到达的地方，并且要有独立的出入口，避免其他人和事的干扰。

2. 功能

各个功能室位置不宜分离太远。必备功能室有：预约等候室，供学生了解本校心理咨询相关信息并完成预约；个体咨询室，进行一对一个体咨询面谈；团体心理辅导室，进行多人参与的团体心理辅导。可供选择的功能设备有：音乐放松设备、沙盘设备、宣泄设备等。这些功能设备可单室设置，也可根据其使用特点与个体咨询室或团体辅导室进行整合设计。

3. 内饰风格

一是色彩。个体咨询室大多采用让人平静、稳定的色彩。不过从有利于来访学生的情绪调节方面考虑，可以设置冷、暖色调的两间咨询室。团体心理辅导室要便于团体交流，色彩风格可以更活泼。

二是采光。所有功能室都需要光线充足，空气流通。同时，温馨的窗帘、窗纱以及能调节强弱的照明设备都是必备之物。

三是物品摆放。以谈话为主的功能室的必备主要有：舒适的沙发，以及茶几、纸巾、植物、钟表等。以活动为主的功能室，如宣泄室主要应注意物品及场所的安全性，避免造成人身伤害。团体心理辅导室需有可移动桌椅或者坐垫、抱枕和活动所需其他用品等。除此之外，其他必要的办公设备都需一应俱全。

（二）开放频率与时间

高校心理咨询室开放的时间应本着方便学生求询的原则而设置，在非上课时间应增加开放时间。一般应该做到每周一至周日均有开放时间，晚间、周末应适当增加开放时间，每周个体面询时间不少于30个小时，其中保证晚上开放2~3小时。每次咨询以50~60分钟为宜，首次咨询时间根据情况可酌情延长至90分钟，两次咨询之间一般间隔一周，有严重情绪困扰或危机干预的情况可增加咨询的频率和次数。

高校心理咨询室应设置比开放时间更长的接受预约的时间段。同时，提供电话预约、QQ预约、来人预约等多种预约方式。除学校专职心理咨询老师之外，应系统培训一批朋辈心理互助员，保障咨询室预约工作的顺利进行。

四、高校心理咨询的过程

（一）预约

学生选择求助心理咨询需要一个心理酝酿的思考过程。咨询关系的建立在学生走进咨询室之前便已经开始了。所以学校需用有亲和力的方式让广大学生知晓心理咨询的相关常识以及学校心理咨询服务的信息，包括咨询室地点、电话、咨询老师简介和预约流程等。

预约制度保障了来访学生单独的会谈时间，并促使其对自身困惑提前做好整理与反思，有利于学生的个人成长。同时，这也有利于心理咨询老师做好心态上的准备，对于建立良好的咨访关系具有重要作用。预约时留下来访学生的联系方式，也便于咨询室进一步与之约定会谈时间以及对咨询效果进行回访和跟踪。为了能更好地服务学生，预约接待员需要经过系统培训，懂得向来访学生解释心理咨询的基本知识以及学校心理咨询室的工作流程，并能够及时准确识别危机信息，预防危机事件的发展。

（二）面询

面询是学校心理咨询的主要形式，是来访者于约定的时间到指定咨询室，与咨询师进行面对面的交谈，一般不允许第三者在场，除非涉及家庭咨询，或者咨询师需要通过其他相关成员来了解或帮助来访者。心理咨询不是随意的聊天，而是一项按一定程序实施的、深入的和有针对性的专业工作。高校心理咨询一般程序如下：

第一步，引导来访学生了解心理咨询的服务范围和工作方式，明确咨访双方的权利和义务。

第二步，搜集与分析资料。搜集来访学生的人口学资料、个人成长史、疾病史、家庭关系情况、社会交往情况、学习生活工作状况、自我心理评估、近期生活遭遇、问题影响程度、情绪表达思维等各种表现心理冲突性质和强烈程度、心理测验结果等资料，并按照资料的时间顺序，与症状之间的因果关系，分析造成问题的主因和诱因。

第三步，综合评估与诊断。确定心理问题的由来、性质、严重程度，给出一个初步诊断，并做好鉴别诊断。来访学生若属精神疾病范畴，则必须到精神科专业医师那里确诊并进行治疗。

第四步，制订咨询方案。在排除精神疾病后，就需要与来访学生讨论并制定咨询方案。

第五步，实施咨询方案。在实施咨询方案的过程中常常会出现咨询效果的反复，心理咨询老师应根据来访学生的情况及时交流并调整方案，以力求良好咨询效果的获得。

（三）结束

心理咨询通常需要进行多次才能见到效果。当咨询效果基本达成并相对稳固时，或在来访学生同意结束的情况下，经由咨访双方商议，可以结束咨询过程。在心理咨询结束阶段，心理咨询老师需要处理来访学生的分离情绪，巩固之前的咨询疗效，给来访学生以鼓励以及提醒必要时可以再次预约咨询。结束咨询时，可以请来访学生表达对于咨询过程的体验与感受，帮助来访学生整理咨询过程的收获，也能让心理咨询老师了解自己工作的实际效果和不足，以期改进。

（四）跟踪回访

咨询结束之后，心理咨询老师需要做跟踪回访工作，尤其对于一些特殊的、复杂的、长程的个案，了解咨询疗效的保持情况对今后工作的改善大有裨益。跟踪与回访主要采用以下方式进行：一是电话联系来访学生本人，了解咨询之后的情况；二是联系学生的信任人（对于学生情况已经知情的人，如辅导员），从侧面了解学生的近况。与社会心理咨询“来者不拒，去者不追”的态度有着本质不同的是，高校心理咨询工作特别重视个案的跟踪与回访。对于重点关注的学生，在心理咨询结束之后，心理咨询老师都必须持续跟踪其动态发展情况。

（五）转介

1. 何种情况需进行转介

心理咨询本身和心理咨询老师个人能力都具有局限性，所以转介是必要的一项工作。

（1）来访学生不属于心理咨询工作范畴内。精神疾病发作期的学生，或者求询内容不属于心理因素方面的来访学生，咨询老师应把他们转介到相关医院或者能帮助他们的单位和部门。

（2）心理咨询老师自身能力的欠缺。由于个人学习经历的有限或研究方向的不一致，心理咨询老师对某类问题的咨询可能不擅长，此时心理咨询老师应将来访学生转介给有相关经验和擅长该问题的心理咨询老师。

（3）心理咨询老师观念的忌讳。当心理咨询老师与来访学生之间存在不可调和的观念矛盾的时候，要做到真诚的尊重与接纳是十分困难的事情。尽管心理咨询老师需要提高自身的修养境界，尽力做到“笑纳人间百态”，但在实在无法调和的情况下，心理咨询老师需要将个案转介给其他咨询老师。

2. 转介需注意的情况

原则上第一个接待来访学生的心理咨询老师对该生负有责任，在必须转介的情况下，心理咨询老师须持慎重的态度，防止对来访学生造成伤害和负面影响，因此转介要注意以下4个方面。

（1）应本着尊重的精神，事先向来访学生说明理由并征求来访学生的意见。

（2）应向来访学生介绍新老师的基本情况与专业特长，增加来访学生的安全感与信任感。

（3）应向转介咨询老师介绍来访学生的基本情况，但不宜泄露来访学生出于对自己的信任而提供的隐私。

（4）对于一些反复预约咨询的个案，首询咨询老师可以与新咨询老师进行交流，这样对于咨询进程的顺利进行会有很大帮助。

五、高校心理咨询老师的专业素养

高校心理咨询老师除了要有相关的专业背景和从业资格之外，还须坚持学习理论知识，提升技能水平，并在工作与生活中不断实现自我的成长与完善。此外，在工作中除了需要具备心理咨询的专业素养，还需要有符合高校育人宗旨的教育理念与人文修养，这是与社会从业者不同的地方。

（一）人格品质

良好的人格品质是成为一名优秀心理咨询老师的基础。

1. 个性品质

一是感情真挚。情感的投入是共情的基础，能做到真诚地关注来访学生，对来访学生的成长有发自内心的关怀意愿，就更易于建立良好深入的咨访关系。二是头脑冷静、思维灵活、观察敏锐。这样才能更好地做到共情，设身处地地体会来访学生的感受并能回到现实客观的角度看待问题。三是意志坚强。咨询的过程往往会遇到阻碍，也经常会感染到痛苦的情绪，这就需要咨询老师以坚强的意志推动咨询进程，同时也为来访学生树立一个自信的榜样。四是有宽容的人生态度和积极的人生观、世界观与价值观，真正接纳来访学生，并给予正向的引导。

2. 人际能力

在高校，基本的咨询手段就是利用各种形式的语言交流来达成咨访关系或者实现来访学生的自我反省。因此咨询老师的人际沟通能力就显得十分重要。首先，需要有一种温暖的亲和力，让人感到放松和安全，以便袒露真实的情感和想法。其次，需要有较好的自我觉察能力，在觉察来访学生的同时也能觉知自我的变化，并能对自我的不良状态进行及时调整以期更有利于咨访关系的形成。再次，需要有良好的表达和交流能力。语言流畅、声音清晰也是咨询老师的基本能力之一。最后，需要有非批判的态度以及倾听的能力，这样才能让来访学生感受到被重视和关怀，放松防御，坦陈自我并思考自我。

（二）专业知识

心理咨询工作不是仅靠热情就可以做好的工作，从业者必须经过系统的专业培训才能真正掌握该工作的理论与技能技巧。高校心理咨询老师在专业知识方面应做到以下两个方面。

1. 扎实的专业理论

从专业的角度来看，心理咨询老师必须掌握基础心理学、社会心理学、发展心理学、变态心理学 、心理测量学、咨询心理学、心理诊断技能、心理咨询理论流派等方面的知识。在心理咨询理论方面，应掌握经典的四大理论：精神分析疗法、行为疗法、认知行为疗法和人本主义疗法。在学习好心理咨询的基础理论以及四大经典心理咨询方法的理论和操作之后，再有针对性地研习其他的新疗法，比如焦点短期解决疗法、系统式家庭治疗法、叙事疗法、意象对话疗法等。

2. 过硬的专业能力

除了书本上的理论学习外，心理咨询老师需要经历相当长时间的实习和督导并积累一定的个案才能胜任工作。由于心理咨询专业发展的滞后，目前我国对心理咨询师的专业能力方面的培养要求还达不到西方发达国家的标准，比如，在美国一般的机构对于心理咨询师的实习和督导的最低要求是实习时间至少要达到700小时，每周至少接4~6个来访者，实习期间所做咨询必须录音，然后和督导一起听。接受督导时间至少每周一小时。尽管目前国内很难普遍满足这样的实习与督导要求，但高校心理咨询老师可以参考这样的要求，主动在工作中积累与总结，练就过硬的心理咨询技术能力。

（三）伦理规范

高校心理咨询老师的伦理规范直接制约着心理咨询的效果，同时关系着心理咨询学科的科学性和严肃性，并影响着心理咨询行业的规范性和社会声望。高校心理咨询老师除了要遵守中国心理学会颁布的《临床与咨询心理学工作伦理守则》（第二版）的规定外，还需要特别重视将咨询师的伦理守则与高校教师的职责相结合，处理好这两者之间的矛盾。由此可见，对高校心理咨询老师的伦理规范要求要远高于对社会心理咨询师的要求。

六、高校心理咨询老师的自我成长

在心理咨询老师的职业生涯中，继续学习和接受督导是必不可少的环节，这些也是对于来访学生负责的表现。由于每一个个案的差异以及社会进步给人的内心带来的新冲击和新挑战，心理咨询老师必须持续学习心理咨询理论和技巧的新发展，并注重个人心理素质的提升。

（一）坚持业务学习

心理咨询老师应定期参加专业技能的进修与培训，以提升自己的专业能力，缩小自己的工作局限。心理咨询老师应根据自身的特点选择相应的心理咨询技术进行系统学习，并对其他技术有基本了解，从而在实践中逐渐形成自己的咨询风格，提升咨询质量。

（二）提升人文素养

高校心理咨询老师应积极了解哲学、社会学、政治学和经济学这些与人类精神世界密切相关的领域的发展，扩展自己的知识面，提升自我的修养。同时，对于生活中的常识性知识和学生群体普遍感兴趣的话题也需要有一定了解，比如，健康常识、安全常识、网络用语等。这些对于开展谈话和建立良好咨访关系颇有裨益。

（三）积累咨询个案

在个案中实现自我成长是心理咨询助人自助的一种体现。咨询技能水平的提高离不开理论与实践的结合，因此，积累一定数量的咨询个案是心理咨询老师职业技能提升的必要手段。通过对每个个案尤其是对长程个案和脱落个案进行总结与分析，了解自我工作的缺陷与盲点，才能有的放矢地实现技能的完善，最终实现技术的日益精深。

（四）保持自身心理健康水平

在咨询过程中，心理咨询老师经常会遇到情感卷入的情况，太多的咨询个案也会耗竭咨询老师的情感，同时，心理咨询老师还要面对各种生活事件，也会产生各种烦恼，咨询老师积累的不良情绪在不被觉察的情况下很容易影响到来访学生，因此，心理咨询老师需要及时觉察自我的心理健康水平，在状态不佳时需主动进行自我觉察与反思，并进行有效调整。

七、高校心理咨询老师的自我保护

在高校，心理咨询老师承受的压力一方面来自双重职业角色的冲突，另一方面来自社会、学校对心理咨询老师工作的期待和要求，同时也来自咨询过程中来访学生的阻抗、脱落等挫折体验，因此心理咨询老师需要特别重视自我保护，做到在咨询过程中实现与来访学生的共同成长。

心理咨询老师的自我保护可以从以下方面入手。

（一）团队作战

心理咨询老师应投入工作团队之中，建立自己的社会支持系统，避免仅靠自己的力量来帮助来访学生。这点是与社会心理咨询工作者不相同的地方之一。心理咨询老师要熟知学校学生管理队伍以及心理危机预防与干预机制，做到面对特殊个案可以获得更多机构和人员的支持以及做到及时转介。

（二）案例交流

案例研讨作为高校心理咨询老师重要的业务活动必须成为一项常规工作，定期对代表性案例、疑难案例、失败案例、成功案例进行分享，互相给予分析与建议。这样做，有助于自我厘清咨询过程的阻碍，在理论和技术的应用过程中实现个人成长。因此，高校心理咨询老师不应敝帚自珍或妄自菲薄，而应本着开放的心态主动参与到案例交流活动中，尽快扫清工作过程中的障碍和误区。

（三）接受督导

心理咨询的督导工作，是指心理咨询人员在有经验的督导者的指导帮助下，完善咨询方法与技术，提高专业水平，同时认识自我、完善自我的过程。在美国，取得社会工作与辅导的硕士学位后，仍需要在督导者的专业督导下学习实践3000小时，方可申请咨询师的执业资格证书。我国心理咨询事业发展的现状和需求很难满足这样的条件，但是高校心理咨询老师需要意识到个人督导的重要性，主动找寻符合条件的督导者进行督导或积极参加有督导性质的同行成长小组，这是自我保护和自我提升的重要手段和必要措施。

（四）熟悉法律

高校心理咨询老师应熟知与咨询工作密切相关的法律和行业守则，懂得设立工作边界，及时判别个案是否属于自己的工作范围，同时需要知晓与高校教育和学生发展相关的法律法规、校纪校规。这些都可能是心理咨询老师工作时的素材和保护自我权益的有效武器。

（五）丰富生活

心理咨询老师也是普通人，应脱下“救世主”的面具，坦诚面对自己的真实生活，照顾好自己，及时察觉自我情结，反思并调整心理状态。对自我心理健康保健的重视，也是对心理咨询工作和来访学生认真负责的体现，同时也是避免职业枯竭的有效调节方式。当心理咨询老师内心和谐愉悦时，对于来访学生自然容易做到尊重、接纳与共情。

第三节　高职院校心理咨询的常见问题与应对

高校心理咨询与社会心理咨询相比较，在工作理念、工作方式以及工作要求等各方面皆存在一些差异。这些差异表现在心理咨询老师在处理以下问题时，有别于社会心理咨询。

一、教师与心理咨询师的角色冲突

对于心理咨询师而言，避免双重身份是职业道德要求的一部分。而在高校，心理咨询老师的双重身份不可避免。首先，他是一名教师，其职业角色权限体现在规范、教育、指导、监督、组织领导等方面；同时，他又是一名心理咨询师，其角色权限则体现在尊重、接纳、倾听、澄清、陪伴、以来访者为中心等方面。教师角色和咨询师角色在工作态度和工作方式上会产生矛盾和冲突，如何化解这必然产生的角色冲突是每一位高校心理咨询老师在工作中必须慎重对待和仔细考量的问题。以下提供一些思路供参考。

（一）澄清“道德导向”与“价值中立”的关系

在高校，心理咨询老师的教师角色需要保持社会所赋予的道德导向，这要求心理咨询老师须对来访学生的人生观、世界观和价值观进行正向的引导，这一引导仿佛与咨询师“价值中立”的取向相矛盾。其实不然，在面对来访者时，道德导向是宏观的指导方针，是咨询长远目标的一部分，而“价值中立”的取向则是具体的，是促成良好咨访关系的交往态度和谈话技术。因此，对于每一个具体的来访学生而言，咨询老师在面对他和他的问题之时需要更多地采取“价值中立”的取向，给予尊重、接纳、共情与陪伴，而在设立咨询的目标和方向时则需要体现“道德导向”的作用，这样便可以实现两者的融合。

（二）澄清“讲授灌输”与“尊重陪伴”的关系

心理咨询老师需要在咨询过程中一直保持“尊重陪伴”的态度，采用倾听、共情等技术手段开展咨询。在确定来访学生属于知识贫乏或观念错误的情况下，也应本着“尊重陪伴”的态度进行知识的讲授。需强调的是，对人本主义“非指导”的咨询思想，心理咨询老师应把它作为贯彻咨询过程的态度和观念，而不宜全然作为一种技术机械性地执行，因为来访者是在校学生，对于他们而言必要的知识讲解以及观念灌输对于个人的成长是有帮助并且十分必要的。

（三）澄清“权威指导”与“治疗同盟”的关系

高校教师在他所擅长的学科领域里所掌握的学术知识一般高于学生，所以高校教师在课堂上讲授知识时表现出了权威意识，而在咨询的过程中，心理咨询老师的态度是“只有来访者本人才是自己的问题的专家”，两者之间要建立一个“治疗同盟”的关系。这就要求心理咨询老师放下权威的架子，开展陪伴与倾听，给来访学生足够的空间实现自我成长。来访学生懂得的“道理”只有在与自己的体验相结合之后，才能够成为指引他们人生的明灯。

二、来访学生出现的危机情况及应对

在咨询过程中，来访学生可能会出现一些突发的危机情况。对于这些情况，心理咨询老师需要提前做好应对准备。

（一）来访学生突然情绪爆发

在咨询过程中，有时会出现来访学生情绪爆发的状况，例如哭泣、音调提高、音量增大等。对于这种情绪表达，咨询老师需要共情、陪伴，并允许宣泄，待来访学生平静一些后再继续会谈。如果来访学生的情绪剧烈爆发，如长时间哭泣、无法控制地激动等，那么咨询老师应判断来访学生的状态是否适宜继续咨询。若不适宜继续咨询或疑似精神疾病发作，咨询老师应马上联系咨询室负责人，进而启动心理危机应急干预预案。所有工作应按照保密例外的原则处理。

（二）来访学生中途离开咨询室

咨访关系出现问题或者来访学生的情绪爆发都可能导致在咨询尚未结束的情况下，来访学生中途离开咨询室的情况。此时，心理咨询老师应根据所获得的信息及时进行危机程度的判别，若来访学生表达了明显的自杀意念或者离开时情绪十分激动，咨询老师必须马上向咨询室负责人汇报情况，在保密例外原则下开展找寻、陪伴的工作，确保来访学生的人身安全。另外，咨询老师还需尽快与督导联系，研讨案例，反思咨询过程中存在的问题及其原因，以便做好今后的咨询工作。

（三）来访学生表现出强烈的自杀意念

在咨询过程中，若来访学生的自杀意念十分强烈，咨询老师则必须在第一时间启动心理危机干预机制。在尽力获得来访学生理解的情况下，在保密例外原则的范围内组织社会支持系统，首先确保来访者的人身安全，做好诊断工作，然后才能继续开展咨询工作。

（四）来访学生在咨询室里的自伤或伤人的行为

来访学生在咨询室里也可能会因情绪激动或其他原因出现自伤或者伤人的行为，此时心理咨询老师需要本着安全第一的原则全力阻止。在自己的能力有限的情况下，则尽早找寻帮助力量。因此，在心理咨询进行的同时，预约接待室里要有工作人员值班，如可以安排朋辈心理互助员从事此项工作，以防止当出现这种不可预料情况时的紧急应对。

三、心理咨询过程中的问题及应对

（一）敌对、阻抗及应对

心理咨询老师常会遇到由辅导员老师要求或带来求助的来访学生。这样的学生自己并无太多求助意愿，容易表现出明显的敌对与阻抗。主动求询的学生在咨询过程的某阶段也可能会出现敌对或阻抗的情况。产生阻抗的原因主要有两种，一种是来访学生内心并无求助动机，感到心理咨询并无必要；另一种是来访学生内心有求助的意愿，但由于咨访关系的生疏、对面对自我的恐惧、对未知改变的抗拒、负移情的出现等因素而产生阻抗。机智应对阻抗问题，是咨询能顺利深入的重要手段。

1. 接纳阻抗的出现

阻抗常常会使咨询老师产生挫败感，进而对咨询过程也产生抗拒。此时，咨询老师应看到阻抗产生的积极作用。阻抗在一定程度上反映了来访学生的自我保护意识，同时也为咨询老师了解来访学生提供了不同类型的信息。高校咨询老师应将阻抗视为一种客观现象，避免情绪上的恐惧和回避，这样才能从阻抗本身入手，突破咨访关系的瓶颈。

2. 讨论阻抗产生的原因

咨询老师可以引导来访学生看到自己的阻抗，并从阻抗产生的原因入手深入咨询过程。在技巧上需要注意的是，在谈论阻抗的时候，需要根据实际情况来掌握表达态度的尺度，避免厌恶、气愤等情绪的出现以及指责、奚落等言语的出现。

3. 不同原因阻抗的应对

对于内心并无求助动机的来访学生，咨询老师的工作重点是唤醒其求助意愿。一般而言，他们在现实生活中已经出现了各种行为偏差并导致了一些后果，自我对现状的盲目是导致他们暂无求助动机的原因，咨询老师则需本着教育的目标运用心理学的手段激发他们改善自我的意愿，这不容易，但必须得做。对于内心想改善却又表现出阻抗的来访学生，咨询老师更要在创建良好咨访关系上下功夫，引导来访学生看到阻抗的积极意义，在化解阻抗的同时深入开展咨询。

（二）移情、依赖及应对

在一些长程个案中常常会遇到移情与依赖的情况（此处移情指的是正移情）。这类来访学生非常配合咨询工作，对咨询老师充满了佩服、喜欢，愿意接近老师，甚至会产生爱恋的感情，常常会表现出不愿意结束咨询，希望跟咨询老师做朋友，希望以后能不断来找咨询老师倾诉的意愿。

若来访学生正移情，咨询老师应及早发觉，向来访学生说明其感情的实质，分析移情产生的原因，帮助其回到正常的现实生活中。若感到自己难以处理，则需要转介给其他咨询老师进行后续工作。

若来访学生有依赖的情况，咨询老师应反思造成其依赖的主要原因。其中，源自咨询老师的原因可能是“救世主”情结所导致的咨询方式上的过多指导，源自来访学生的原因则可能是人格特点或成长过程中的必然。面对依赖的不同情况，咨询老师一方面要给来访学生创造更多自我成长的机会，另一方面要循序渐进地引导来访学生看到自己的力量和进步，增加其独立面对现实的勇气。

（三）对迷信思想的处理

面对来访学生的迷信思想时，心理咨询老师需要以辩证唯物主义思想为指导，同时协调好教师与咨询师的角色冲突，做好以下4方面工作。

（1）了解迷信思想的文化背景与表现形式，理解迷信思想存在的原因与价值，做到心中有数，不无知、不惊讶。

（2）客观应对咨询过程中的迷信思想，探求来访学生迷信思想背后的深层次因素，从其心理问题本质出发分析问题，解开心结，从根本上解除来访学生对于迷信思想的病态依赖。

（3）合理利用迷信思想，使其成为有帮助的手段。来访学生所迷信的对象往往能给其带来力量和支持。在自身力量不足以独立面对问题的时候，咨询老师可以适当利用这一点使来访学生实现情绪宣泄和力量积累。这些工作应在咨询老师的指导下在咨询室进行，以避免给来访学生造成误解或不良导向。

（4）巧妙转移对于迷信思想的执着。迷信者通常希望借助于神灵的保佑和赐福来实现自我的内在和谐，进而获得幸福，而咨询老师会使其认识到并体验到原来靠自己的努力也可以改变现状，这样，来访学生对于迷信思想的执着便会自然松动直至消失了。

总之，针对具有迷信思想的来访学生，咨询老师不能简单给予否定，而应帮助其从现实角度消除障碍，获得心灵的成长。

四、个案脱落的问题及应对

个案脱落是指在咨询过程中，咨询效果还未实现，来访学生就以各种形式单方面终止咨询。在高校心理咨询中，个案脱落的情况时常发生。个案脱落造成了咨访关系的断裂，不但影响了咨询效果的获得，也可能使来访学生失去对心理咨询的信任，因此需要得到心理咨询老师的重视，尽量减少个案脱落的发生。

个案脱落的客观原因与高校心理咨询的设置特点有一定关系。在高校，心理咨询服务是免费的，这容易让来访学生在遇到困难时轻易放弃咨询。同时，高校心理咨询室除心理咨询的职责之外也负有教育以及心理危机干预的职责，这也使来访学生被动求助的情况比社会经营性质的心理咨询工作室要多。被动求询的来访学生若无法被唤起自我改变的意愿，个案脱落的情况也就会发生。

个案脱落的主观原因则主要是咨询老师处置不当，破坏了咨访关系，导致咨询效果无法获得。

（一）重视来访学生的问题多于重视其本人

心理咨询是陪着来访学生一同寻找前进道路的过程。所以，心理咨询老师一定要时刻关注来访学生本人的心理需求、内心体验以及点滴成长，而不要成为来访学生的“点子公司”。有些咨询老师沉醉于对来访学生的某些具体问题的判断、分析与指导，执着于某个具体事件本身的对与错判断，以及具体应对的方法。这种做法在一时间可能获得来访学生的钦佩，但很快这种对来访学生问题的核心实质的无视，会给来访学生造成被忽视、被遗弃的感觉，从而导致个案脱落情况的发生。

（二）在时机未成熟之时触犯来访学生隐私

许多关乎伦理、道德、法律层面的隐私问题，一定要在具备相当好的咨访关系并且确实做好相应的思想准备的前提下，来访学生才会向咨询老师透露。这就要求咨询老师必须敏锐觉知咨访关系建立的程度，若时机不对，触及隐私的时间过早就会引起来访学生的阻抗，甚至会造成个案脱落的情况发生。因此，当察觉到来访学生对于敏感问题存在抗拒的时候，咨询老师应先暂时回避，从易于交谈的话题着手深入咨访关系，等到时机成熟的时候再来谈论。若来访学生自始至终都不愿谈及，那么咨询老师需要尊重其意愿。

（三）按照非本人期望给来访学生设立目标

在高校，这是心理咨询老师常常会不由自主地犯的错误，尤其对那些因为各类行为问题而被迫前来的来访学生。这类来访学生在设置改变目标时常常会遵从一般的道德标准或者他人（家人、老师、朋友等）的期望，而咨询老师由于其教师身份会更容易认同这样的目标，而忽视了这样的目标是否是来访学生自己真心想达成的目标。如果咨询老师有了这样的疑问，往往会发现来访学生自己的改变目标与他人的期望会有一些区别，甚至有很大的不同。假如咨询老师没有发觉这个不同，那么个案脱落便会发生。

（四）对于阻抗的反应迟钝

阻抗也可能以顺从的方式显现。在一些涉及人格改善的个案中往往会出现效果反复的情况，这很正常，因为大学生群体人格发展趋于稳定，任何改变都需要一个过程。若来访者过分赞扬咨询老师的作用以及谈话效果的良好，咨询老师则需要辨别是否有阻抗的产生并及时应对。如若不然，咨询便会在一种和谐的气氛中结束，而咨询效果则几乎为零。这也是个案脱落的一种情况。因此，过于顺利的咨询过程也是值得咨询老师重视和仔细辨别的。

［知识窗］心理咨询与心理治疗的区别

心理咨询与心理治疗的工作对象都是人，它们共同的终极目标是促进人们的心理健康，提升人们的生活品质。而从实际应用的角度来看，它们之间又有着本质的区别，这种区别表现在以下方面：

1. 两者的对象性质不同

心理咨询的对象是正常人或者精神疾病康复期的群体，心理治疗的对象是精神疾病患病期的群体。

2. 两者的关系性质不同

心理咨询基本上是平等的咨询关系，咨询效果的显现需要咨询师和来访者共同的努力；而心理治疗则基本上是医患关系，一方是有处方权的精神科医生，另一方是精神疾病患者。

3. 两者的具体目标和重心不同

心理咨询以帮助来访者独立思考和决策为首要目标，唤起来访者自身的力量来应对问题是心理咨询师的主要工作；心理治疗以治愈病人的心理障碍或病态行为表现为首要目标，药物的使用是心理治疗常用的方法。

4. 两者的工作方式侧重点不同

心理咨询主要以交谈的方式进行，辅以一些专用的设备，如沙盘、宣泄设备、音乐设备、催眠设备等；心理治疗主要以药物以及其他医疗方法为主，如电击设备等。

由此我们可以看到，心理咨询强调咨询者对来访者的尊重和理解，而心理治疗则强调患者对心理医师的顺从与配合。

第七章 高职院校团体心理辅导

团体对一个人的成长与发展有重要的影响，团体心理辅导是一项专业的助人技能，有其专业的理论基础、特定的实施过程和常用的技术，在帮助个体成长及发展中具有显著的效果。针对当代高职学生具有共同的发展困惑和相似心理困扰的特点，高职院校应准确把握心理健康教育的目标和原则，贴近大学生的心理发展需求，遵循团体心理辅导的理论，运用团体心理辅导技术，研究制订相应的团体辅导计划和实施方案，广泛提供团体心理辅导服务，努力帮助高职学生解决各类成长中的问题，促进其健康发展。

第一节　团体心理辅导的基本原理

学校在心理健康教育中开展成长辅导与心理咨询的主要形式有个别辅导与团体辅导。两者相辅相成，根本目的都是帮助学生自我发现、自我指导，适应社会生活，增进心理健康。与个体辅导相比，团体辅导有其独特的长处与魅力。团体辅导是通过团体来帮助个人，通过团体活动协助参加者发展个人潜能，学习解决问题及克服情绪和行为上的困难。心理学研究证明，人类的许多问题和冲突可以在团体活动中被确认，因此团体辅导过程中不仅可以反映出人际的冲突和不适应，而且提供矫正的机会。目前，团体辅导作为一种有效的教育手段已在学校、家庭、医院、企业、军队等众多社会领域中得到广泛应用，成为心理健康教育的一种新趋势。

一、团体辅导及其特点

（一）团体及其功能

团体是指由两个或两个以上的人组成，为了达到共同的目标，经由彼此间互动而产生相互影响的个人的集合。所以，构成团体的要素有：有规模；有共识（团体成员有着共同的目标、理想、兴趣、价值，志同道合，荣辱与共）；有互动（即成员互相依存、互相影响，彼此了解、关怀、支持、鼓励、欣赏、协助等，属于正向互动；彼此挑剔、责备、讽刺、欺骗、打击等，则是负向互动。团体内缺乏互动，则冷漠而缺乏生机；正向互动越多，则团体越健康而有活力）；有规范（通过共识和互动，形成明文规定和潜在的规范，如团体契约、默契等，规范越清楚明白，且为大家所遵守，团体就越健全、稳定）。

检验一个团体是否健康就看它是否上下同心（具有共识）、彼此关爱（互动良好）、互相尊重（遵守规范）。团体的功能不仅体现在有助于目标的实现，而且团体还可以满足人们多种心理需要，例如获得安全感、踏实感、归属感，得到支持和力量。

（二）团体的不同类型

在学校教育中根据团体的目标不同，可将常见的团体分为6种类型。

1. 教育团体

团体领导者为成员提供不同主题的信息，然后从成员那里得到反应和评论。领导者担当教育和引导讨论的角色。如“怎样更有效率地学习”，引导学生分享各自经验，教授学生掌握学习的方法和技巧。

2. 任务团体

为完成特定任务的团体，目标非常明确，通常只会面一次或少数几次。任务完成时，团体就解散了。领导者的角色在于使团体成员注意力集中在任务上，并促进讨论和相互作用，如班会，临时组成的院系足球队等。

3. 讨论团体

目的是为参与者提供交流想法和交换信息的机会，焦点通常是某一课题或话题而不是任何成员的个人问题。领导者主要充当促进谈话的角色。如“金融危机对我国经济发展带来的影响”等，常见的有学校读书俱乐部和时事团体。

4. 支持团体

具有某些共同特征的人组成，成员们通过交流感受，帮助彼此检验某些问题和忧虑。领导者的作用是鼓励参与者交流体验，相互鼓励、彼此支持，共同面对生活中的课题，如贫困生、灾害中丧亲者、病人团体等。

5. 成长团体

由那些希望体验置身于集体中的感觉或者希望对自己了解更多的人组成。在团体中，成员有机会探索和发展个人目标，并更好地认识自己和他人，改善人际沟通，以及对价值观的评估。领导者需要广博的知识和心理咨询的专业技能。如人际关系训练团体、自我探索团体等。

6. 心理咨询和治疗团体

成员由于生活中的某些问题而来，如情绪障碍、曾遭性虐待，领导者将团体的注意力集中于不同的个体和问题，成员们在领导者的协助和彼此的帮助下探讨解决困扰的方法。目标是增进心理健康，改善适应能力。

（三）团体辅导的定义

团体辅导是在团体情境中提供心理帮助与指导的一种心理咨询与治疗的形式。它是通过团体内人际交互作用，促使个体在交往中通过观察、学习、体验，认识自我、探讨自我、接纳自我，调整和改善与他人的关系，学习新的态度与行为方式，以发展良好的生活适应的助人过程。一般而言，团体辅导是由1~2名领导者主持，根据成员问题的相似性，组成团体，通过共同商讨、训练、引导，解决成员共有的发展课题或心理障碍。团体的规模因参加者的问题性质不同而不等，少则3~5人，多则十几人到几十人。通过一次或多次团体活动，参加者就共同关心的问题进行讨论，相互交流，共同探讨，彼此启发，分享经验，支持鼓励，使成员观察、分析和了解自己的心理行为反应和他人的心理行为反应，从而深化自我认识，改善人际关系，增强社会适应能力，促进人格成长。团体辅导为参加者提供了一种良好的社会活动场所，创造了一种信任的、温暖的、支持的团体气氛，使成员可以他人为镜，反省自己，深化认识，同时也成为他人的社会支持力量。

（四）团体辅导的特点

1. 团体辅导的长处

第一，团体辅导影响广泛。个别辅导的过程是辅导者与工作对象之间单向或双向沟通的过程，而团体辅导是多向沟通过程。团体由两个人以上组成，因此，对每一个成员来说，都存在多个影响源。每个成员不仅自己接受他人的帮助，也可以帮助其他成员。此外，在团体情境下，可以同时学习模仿多个团体成员的适应行为，从多个角度洞察自己。团体过程中，成员之间互相支持、集思广益，共同探寻解决问题的办法，减少了对领导者的依赖。

第二，团体辅导效率高。个别辅导是一对一进行帮助指导，每次面谈需要花50分钟到1小时的时间；团体辅导是1~2个领导者对多个团体成员，即同时指导多人，节省时间与人力，符合经济的原则。团体辅导可以缓解学校心理健康教育人手不足的矛盾。

第三，团体辅导效果容易巩固。团体辅导创造了一个类似真实的社会生活情境，为参加者提供了社交的机会。成员在团体中的言行往往是他们日常生活行为的再现。在充满信任的良好团体气氛中，通过示范、模仿、训练等方法，参加者可以尝试与他人建立良好的人际关系。如果在团体中能有所改变，这种改变会延伸到团体之外的现实生活中。也就是说，实践的结果容易迁移到日常生活中去。

第四，团体辅导适用于学生人际交往训练。学生在学校或社会里常发生人际关系方面的冲突或躲避与人接触，可以通过团体辅导改善。那些长年与同学、同事不能友好相处的人，也可经由团体辅导来改善人际关系的适应。有些人因为缺乏客观的自我评价、缺乏对他人的信任，过分依赖或过分武断，难以与他人建立和保持良好的、协调的人际关系，也可以通过团体辅导来矫正。

2. 团体辅导的局限

团体辅导有优越于个别辅导的地方，在心理健康教育中有非常重要的作用。特别对于人际关系适应不佳的人有特殊用途。但任何事物都有其长处及局限性、团体辅导也不例外。团体辅导的局限性表现在以下几点：在团体情境中，个人深层次的问题不易暴露；在团体情境中，个体差异难以照顾周全；在团体情境中，有的成员可能会受到伤害；在团体过程中获得的一些关于某个人的隐私事后可能无意中泄露，会给当事人带来不便；团体辅导对领导者要求高，不称职的领导者带领团体会给成员带来负面影响。要使团体辅导的优点充分发挥，局限性降至最低，可以采取相应的措施。例如，参加者要有充分的心理准备；领导者要掌握团体辅导的理论与技巧，充分尊重每一位成员；团体开始前要有明确的纪律等。

（五）团体辅导的目标

团体辅导作为一种有计划的教育和咨询活动，为了取得预期的结果必须有明确的目标，同时也必须遵循一定的原则。团体目标犹如“地图”和“灯塔”，领导者须清楚地了解团体目标，以此来带领成员。尽管针对不同的人群具体目标会有差异，但无论是什么团体，都有一些共同的目标可以达成。

第一，通过自我探索的过程帮助成员认识自己、了解自己、接纳自己，使他们能够对自我有更适当的看法。

第二，通过与其他成员沟通交流，学习社交技巧和发展人际关系的能力，学会信任他人。

第三，帮助成员培养责任感，关心而敏锐地觉察他人的感受和需要，更善于理解他人。

第四，培养成员的归属感与被接纳感，从而更有安全感，更有信心面对生活中的挑战。

第五，增强成员独立自主、自己解决问题和抉择的能力，探索和发现行之有效的途径来处理生活中的一般发展性问题，解决冲突矛盾。

第六，帮助成员澄清个人的价值观，协助他们做出评估，并修正与改进。

团体辅导的目的是通过团体来陪伴成员在人生路上克服种种难题和障碍，积极快乐地踏上成长路，充分发挥潜能，迈向丰盛人生。团体辅导实践充分证明：团体辅导对帮助人们改变和成长有很大效能，在团体中所得到的帮助是在个别辅导中不能获得的。

二、团体辅导发展过程

任何一个团体辅导都会经历启动、过渡、成熟、结束的发展过程。在整个团体过程中（见图7-1），每个阶段都是连续的、相互影响的。团体领导者必须对团体的发展阶段及特征有清晰的了解，才能把握团体发展的方向，有效地带领团体朝健康的方向发展。

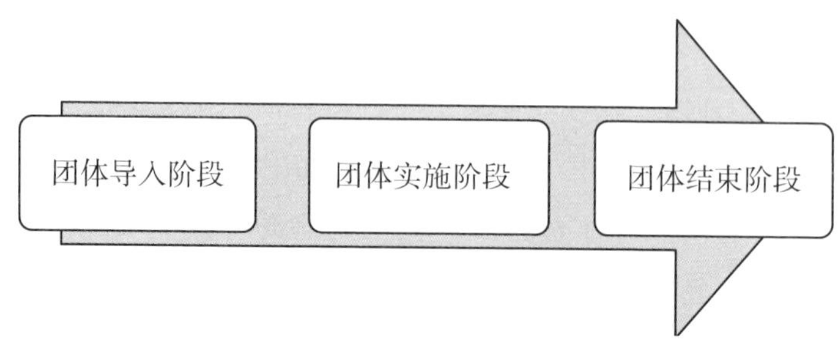

图7-1　团体过程与阶段

（一）团体的导入阶段

1. 导入阶段的任务

导入阶段的任务是为了让团体成员之间通过交流而相识，逐渐形成团体合作互助的气氛。开始，互不相识的人为了参加团体辅导而走到一起，一方面很想知道团体其他成员的背景、问题等，同时会有点恐惧感和焦虑感，怕不被人接纳，又怕在他人面前出丑。这一阶段的活动最好选取比较简单容易的互相认识的练习或活动。领导者最好选自己比较熟悉，对运作及可能发生的情况有所掌握的活动，这样才能顺利地带领成员投入活动。活动期间要让成员有轻松的感觉。

2. 导入阶段的方式

可以分为静态讨论问题为主与动态活动为主两类。前者适用一些解决问题的团体，后者适用于多种类别的团体，尤其适用于青少年。活动的性质有些是利用场地使成员表达出他们的基本行为，以便做评估，也为了提高成员参与兴趣。特别要强调的是，导入阶段的活动应以加强成员之间的认识和沟通为主，使成员通过互动，建立信任的关系。

3. 导入阶段常用的活动

这一阶段常采用的活动有非语言式的交流形式，也有语言交流形式。随着活动的逐渐深入，成员的关系也由表及里，由浅入深，相互认同，相互信任，慢慢形成相互合作的团体气氛。例如“滚雪球”“寻找我的那一半”“信任之旅”等。

即便是在成员互相认识的班级或者社团组织团体辅导，仍然需要通过一些热身的练习，把大家的注意力吸引到团体中，温暖团体的氛围，以便为深入交流创造信任的环境。

（二）团体的实施阶段

团体辅导的过程是连贯的，由一个阶段到另一个阶段是渐进的过程，界限不明显，难以严格区别。把某一阶段分出来是为了分析讨论方便。实施阶段成员开始融入团体内而不失自我，并企图找出自己在团体内的位置。他们通过互相探索、解决矛盾、互相适应来建立团体内互相间的信赖关系。由不认识到知交而学习到处事、待人的技巧，成员们可从参与团体当中发展潜能而有所成长。

这一阶段采取的团体活动形式和方法因辅导目的、问题类型、对象不同而不同。有的团体主要采取讲座、讨论、写体会、写日记等形式；有的团体采用自由讨论；有的团体主要采用行为训练、角色扮演等方法；有的团体用则采取一系列练习。比如，焦虑者组成的团体，通常先由领导者系统讲授有关焦虑的知识，然后通过深入讨论，认识困扰，分析原因，寻找对策。成员主要通过讨论交流，彼此沟通，达成共识，从他人身上领悟自身的问题，从他人的意见中得到启发。教育性和发展性的团体辅导大多通过一些有趣的练习，比如自我探索、价值观探索、相互支持、脑力激荡等，以及练习后的交流分享来帮助团体成员成长。

这一阶段是团体辅导的关键阶段。尽管各类团体辅导依据的理论不同、活动方式不同、实施方法各异，但成员之间相互影响的过程是相同的。即，成员彼此谈论自己或别人的心理困扰和成长体验，获得别人的理解、支持、指导；利用团体内人际互动反应，发现自己的缺点与弱点，存在的不足，努力加以纠正；把团体作为实验场所，尝试改变自己的心理与行为，以期能扩展到现实社会生活中。

（三）团体的结束阶段

团体结束阶段往往容易被忽视。但有经验的团体辅导带领者都会充分而有效地利用各种形式把握结束的时机，使团体辅导画上一个圆满的句号。过于仓促或过于拖拉的结束都会影响团体辅导的最终效果。

在这一阶段，常常采取的练习有总结会、联谊会、反省会、大团圆等形式。通过前两阶段的互动，原来互不相识的人已成为朋友，团体气氛和谐亲密，情绪高涨，身心放松，心情畅快，相互信任。在这种气氛下离别多少都会有些伤感和不舍。因此，需要安排好团体的结束。结束后可以在必要时召集成员重新聚会，了解团体辅导的实际效果。

三、团体辅导的助人机制

与个别辅导相比，采用团体的形式助人时，团体的互动会出现一些独特的影响因素，产生积极的助人功能，团体辅导的助人机制有4个方面。

（一）在团体中获得情感的支持

1. 情绪抒泄

每一个人在生活中都会有不如意的时候，常会有许多苦闷的心情没有机会向别人倾诉，或者不能向别人透露，这些痛苦的情绪只能压抑在心中，久而久之会影响身心健康。团体辅导创造了一种被保护的环境、被理解的场所，团体成员可以将内心隐抑的消极情绪表达出来，不但不会受批评被嘲笑，反而会得到关心与安慰。一次彻底的情绪抒泄很可能使自己得到释放，更清楚地认识自己，不再无意义地被过去的痛苦所束缚。情绪抒泄不仅包括消极情绪，也包括正面的情绪，比如与他人分享生活中的好消息。

2. 发现共同性

心理适应困难的人常常会有一个特点，就是当自己遭到不幸、遇到困难、犯了错误时，常常自责自怨，误以为天底下就自己最倒霉、最不幸。尤其是有些内容羞于启口的时候，自己无法接受，加重了心理的负担与痛苦，只好在自羞自惭中折磨自己，结果严重地影响了学习和生活。在团体辅导过程中，通过相互交流，有机会从其他成员身上发现与自己类似的经历和遭遇。有了这样共同的困难和体验，他们顿时会获得一种释然感，从而改变他们认为自己的问题是世界上唯一存在的且独特的认识，不再自怜自责。一种同病相怜、风雨同舟的感受使得个体放松自己，减少防卫心理，互相帮助，共同面对问题。

3. 被人接纳

一个人生活在社会上，如果不被家人、朋友或他人接受与容纳，就会感到孤苦伶仃，无所依托。若被人拒绝或排斥，更令人孤独、寂寞、压抑，而导致身心疾病。在团体辅导过程中，团体对成员表现出一种支持，传递着“不管你是谁，都接纳你”的信息，从而使参与者感到自己是团体一分子而感到安心、踏实、温暖、归属。这将使成员敢于表现真实的自己，也满足归属感的需要。

4. 满怀希望

充满希望是有效地从事任何活动的重要因素。当团体成员抱有改善的期望参加团体辅导，本身就有积极的价值。在团体内，被他人接受、关心，可以进一步增强信心。当看到其他成员有进步时，会得到启迪；当知道团体帮助其他成员解决了与自己相类似的问题，从中会受到鼓舞。当看到自己有了一点进步时，就更有信心，更充满希望。

（二）在团体中体验积极的关系

1. 享受亲密感

有些人从小没有经历过温暖的家庭生活或体会亲近的人际关系，所以对人际关系持有消极或否定的看法和态度。在团体辅导中，成员之间会形成很亲密的关系，可以体会到互相关心、互相爱护、互相帮助的友好情谊，从而形成进一步的信任。在这种关系中，成员也能觉察到日常生活中的许多人际隔阂是如何通过团体发展而消除、化解的，更增强了与他人建立良好人际关系的愿望与信心。

2. 增强归属感与认同感

在团体辅导过程中，当团体凝聚力形成并增强时，会让团体成员产生强烈的归属感和认同感。成员会明确地意识到自己是团体中的一员，要保持和团体一致的认识和评价，以团体为荣，爱护和保护团体的形象及荣誉，并且以同舟共济的精神去应付外界。这种团体的认同感和归属感也是社会生活中非常重要的经验。

3. 观察团体行为与领导关系

有些人不习惯复杂的人际关系，不善于与领导相处，常常出现不适应行为。在团体中，通过团体成员间的一系列互动，观察、体会人际关系如何形成，人际沟通如何进行以及各种微妙的人际反应，观察团员的心理和行为表现；同时，从领导者的言行中体验与他们建立良好关系的作用及愉悦感。从而学习在自己的实际生活中如何参与、如何把握。

4. 体验互助互利

有些人在社会生活中因为不能肯定自己的价值而感到惶惑不安，缺乏自信，使自己失去很多发展的机会。团体辅导中，领导者鼓励支持成员之间互相帮助。成员在帮助他人的过程中，会发觉自己对别人很重要，使人感到自己存在的价值，从而获得欣喜感、满足感和自信心。助人是快乐之本，受助是成长之源。在团体中的互助互利是一种积极的人生体验，这种体验不仅在团体中可以充分感受，而且还会扩展到成员今后的生活中，使其责任的承担和助人的行为继续下去。

（三）在团体中发展适应的行为

1. 提供安全的实验环境

团体就像是一个社会生活的实验室，成员在其中可以自由地进行实验，去观察和分析，经由这个实验场所所表现的行为，去体会自己平常在社会环境中与人相处容易出现的问题。当团体成员尝试改变行为时，可以从团体中得到反馈，就地练习改变，而不会付出很大的代价。

2. 相互学习交换经验

对一些人而言，心理不适应的原因在于他们缺少有关生活的各种知识与资料，缺乏社会生活经验。在团体辅导中，通过讨论、交流等机会，成员彼此之间会传递有关资料，交换各自成功的经验，提出直接的忠告与劝谕。例如，交流如何与异性交往，保持身心健康的方法，就业资料的获得方式，有价值的参考书籍等，从他人的经验中可以获得许多有意义的启示。同时，团体领导者也可以用直接教导的方式，传授正式的知识，如沟通原则，沟通技巧等，并鼓励成员就获得的知识结合个人体验谈感受，使他们对人生有更深刻的思考，并拓展他们的视野。

3. 尝试模仿适应行为

有效的辅导通常包括示范和仿效。团体辅导为成员提供了一个多元的社会及角色模范，使他们可以通过团体经验进行仿效性学习。在个别辅导中，来访者可仿效的只是辅导员一个人，在团体辅导中除了领导者外，还可以有其他成员的行为可模仿、可参考。个人可以根据自己的需要和特征，有选择地找寻仿效对象。比如，通过直接观察他人如何表达自己的情绪，如何帮助别人，如何坦诚待人，而模仿那些适应行为。团体中的领导者常常被作为仿效的对象，因为领导者被认为是有经验的、有能力的。因此领导者必须言行一致，以身作则，不断成长完善并超越自己。可见，团体是成员学习良好行为的有效途径。

4. 学习社会交往技巧

对每一个人来说，在成长过程中，社会性学习都是重要的历程。人类的问题在本质上通常都是社会性的，是发生在人与人的交往和共同生活当中的。如何了解他人的用意，如何使人喜欢接近，如何避免别人的误会，如何向人解释说明，如何拒绝别人不合理的要求等都是现实社会里必须学习的生活技巧。但有不少人缺乏这些基本而又重要的生活技巧。团体辅导为成员提供了机会，让他们试验和发现自己与别人交往的能力，评价个人的人际关系情况。通过团体的交互经验，成员不但能看清楚自己的社交情况，还可以具体学习基于对别人的信任和别人的关爱所发展出来的基本技巧，有效沟通和融洽共处的方法。而这些技巧对成员将来的社会性互动关系有很大的帮助。对于那些缺乏亲密人际关系的成员而言，团体辅导可能为他们提供了人生第一次机会，经历人与人之间的坦诚和关怀的机会，而这种温暖而真实的关系，会使他们改变对人与人相互作用的看法，以致在真实的社会交往中有积极的态度和健康的行为。

（四）在团体中重建理性的认知

1. 非理性信念及其特征

一个人的社会适应程度及心理健康水平很大程度上与他们的认知有关。片面的、错误的认知和非理性的信念往往是个体产生抑郁、自卑、焦虑、恐惧、痛苦等不良情绪的原因。美国临床心理学家埃利斯（Albert Ellis）将非理性信念概括为十条。例如，每个人都应该得到在自己生活环境中对自己重要的人的喜爱和赞许；假如发生的事情不是自己所喜欢或期待的，那么它是很糟糕的，很可怕的；人的不快乐是外在因素引起的；一个人很少有或根本没有能力控制自己的忧伤和烦闷等。

非理性信念具有的共同特征表现在：

第一，绝对化。绝对化是指认知者以自己的意愿为出发点，对人、对事都怀有认为其必定怎样或必定不怎么样的信念，极易走极端。这种信念经常与“必须”“应该”这些词联系在一起。

第二，概括化。概括化是指一种以偏概全的不合理思维方式。过分概括化的表现有，他人稍有过失就全盘否定，个人偶遇不幸就前途无望等，结果很容易陷入消极情绪之中。

第三，糟糕至极。糟糕至极是指对事、对人进行极端消极的、悲观的评价，夸大事情的后果。若按这种思路想，百分之百糟糕就是没有一线希望或转机，人容易因绝望而陷入严重的负面情绪中。

2. 团体中非理性信念的改变

非理性信念在日常生活中是很普遍的，它影响人的行为，常常会给人带来情绪困扰，引发心理障碍。特别是对自我的非理性信念，对人际交往的非理性信念使人难以适应社会生活。

团体辅导为参加者提供了一个彼此深入了解的机会，提供了客观了解他人和自己的对比参照，可以使参加者更清楚地认识自己和他人。建立新的自我认同模式和对他人的接纳态度，纠正过去不良的认知，建立合理的信念。例如："我并不是生活中唯一承担痛苦的人，其实生活中每个人都会有这样或那样的痛苦和忧虑。""我并不像我以前想象的那么无助，我和别人一样拥有许多可利用的社会资源。""我并不一定要每个人都喜欢我，夸奖我，这实际上是任何人都做不到的。""我并不是一无是处，我也有很多被他人欣赏的地方，我比自己以前认为的可爱得多。""要改变自己的行为必须付出努力。即使前途坎坷，但我仍抱有希望。"这些通过团体辅导获得的想法使人身心放松，视野开阔，信心增强，使人的生活发生了改变。

四、成为有效能的团体领导者

团体辅导中的带领者常常称为组长、领导者、负责人等。尽管不同形式、不同目标的团体辅导对领导者的要求有所不同，但从总体看，领导者在团体辅导中始终起着组织与引导的作用。领导者在团体中具有多种角色，他既是领导，也是成员，还是协调者、仲裁者、促进者。团体领导者的素质、知识、技术、能力、经验等直接成为团体辅导成败的影响因素。

（一）有效团体领导者的条件

1. 健康的自我形象

一个有效能的领导者最基本的条件是认识自我，了解自己，接纳自己，肯定自己，欣赏自己和完善自己。当领导者自爱自信时，他才能信任成员和爱护他们；当领导者接纳自己的限制和不完善时，他才能宽容成员的各种行为和不足。

2. 敏锐的自我意识

在团体辅导过程中，领导者的自觉能力非常重要，领导者只有对自己的身体、心理、感受和精神等层面有清晰敏感的知觉，才能对成员的状态有准确的判断和把握，才能给予恰当的回应和适时的分享。

3. 建立良好关系的能力

团体成员有不同的个性、能力和特征，领导者能和多个成员协调人际关系，做到尊重、接纳每个成员，是团体辅导的基础。这要求领导者有建立人际关系的能力，在团体中营造出理解、温暖、支持、鼓励和信任的心理氛围，促进成员的积极参与和投入。

4. 不断成长的意愿

团体辅导是一个用心的、需要全身心投入的工作，它需要领导者有良好的心理素质和健康水平。而领导者在现实中也会有种种压力和矛盾，面对人生困惑，领导者自己须积极面对，不断完善自己，保持良好的状态，努力学习新的知识和方法，充实自己。一个身心健康、言行一致、表里如一、开放自我的领导者在团体中会起到积极的示范作用，成为成员改善自己行为的模范。

（二）团体领导者应具备的经验

1. 与人交往的经验

有效的领导者曾经花费大量的时间与各种类型的人进行交谈，而不仅是和自己相似的人交谈。领导者的生活经历越广阔，他理解团体中各种人的机会就越大，因为在团体中的成员有不同文化背景，领导者应做好这种准备。领导者仅有与人交往的经验还不够，还须具备个别辅导的经验。

2. 和团体一起工作的经验

初学者应以团体成员的身份参加一些团体，体验团体发展过程中成员的感受和经验，观察其他领导者带领团体的技巧。新手领导者可以先带领一些人数较少的教育性的团体，随着经验增加而逐步增加成员人数。当感到能自如地带领成长性的团体之后，他可以和其他领导者协同带领咨询团体，然后独立带领团体。

3. 计划和组织才能

有效领导者都有很好的制订计划的能力，他们会以一种团体感兴趣并有所收益的方式来计划团体。领导者应投入大量时间思考团体的主题和主题有关的活动与练习。同时，领导者应能自然地转换各种主题内容。

（三）领导者的基本职责

1. 调动团体成员参与积极性

领导者应积极关注团体内每一个成员，认真观察他们的心态变化，激发成员大胆表达自己的意见、看法，鼓励成员相互交流，开放自我，积极讨论，引起大家对团体辅导活动的兴趣。

2. 适度参与并引导

领导者应根据团体的实际情况，把握自己的角色，发挥领导者的作用。在团体形成初期，成员相互尚不了解，团体气氛尚未形成，领导者要以一个成员的身份参与活动，为其他成员做出榜样。当引导团体成员开始讨论共同关心的问题时，领导者应注意谈话的中心及方向，随时适当引导。对不善于表达的成员给予适当的鼓励，对过分活跃的成员适当制止，始终把握引导团体活动朝向团体辅导目标方向发展。

3. 提供恰当的解释

团体辅导过程中，当团体成员对某些现象难以把握或对某个问题分歧过大而影响活动顺利进行时，领导者需要提供意见、解释。解释的时机和方式因团体活动形式不同而不同。比如，在以演讲、讨论、总结形式活动的团体内，领导者可以在开始时就成员的共同问题进行系统讲授。在提供解释时应注意表达简洁、通俗易懂、联系实际、深入浅出，避免长篇大论，避免专业性过强。同时，在整个辅导活动中应避免解释过多，而影响成员的独立思考和判断。

4. 创造融洽的气氛

团体辅导过程中，领导者最主要的职责之一是创造团体的气氛，使成员之间相互尊重、互相关心，使团体充满温暖、理解、安全的气氛，在这种气氛中，团体成员可以真实地、毫无顾忌地、坦率地开放自己，在成员彼此互相接纳的气氛中获得成长。

（四）领导者应避免的问题

1. 事无巨细、包办代替

有些领导者对团体成员和团体进行过程总放不下心，事事都要亲自过问，忙于应付，而忽略了冷静观察、细心体会、适当参与。事事包办代替不利于发挥团体其他成员的积极性，包办得太多，会影响他们的发展。

2. 权威自居、说教过多

团体领导者是团体辅导的领导、专家，但不能以专家自居，处处按自己的意愿干预团体活动。不需要解释、评价的地方尽量不解释、不评价。多听团体成员的看法、意见，发扬民主作风，引导团体成员自我教育、自我启发。说教过多会影响团体成员参与的积极性。

3. 过度自我开放、角色混淆

团体辅导中，为了表现领导者的真诚、坦率，为团体成员做示范，领导者有时需要适当自我暴露。但有的领导者没有经验，过分投入，角色混淆，本末倒置，过多自我暴露，结果使团体成员成了听众，占用了团体活动的时间，降低了自身的形象。

第二节　团体心理辅导主要技术与方法

团体辅导是一种助人的过程。为了使团体辅导发挥其应有的效用，作为一个团体的领导者为了达成团体目标，除了必须要有团体动力的知识和团体辅导的理论外，还必须了解和掌握团体工作的各种技术和方法，才能有效地引导团体达成目标，促进团体成员个人的成长与改变。团体领导技术运用的目的是促进团体成员间的互动，让团体依其特性与需要运作，发挥团体最大的效能。

一、团体辅导基本技术

团体领导者为发展团体动力，促进团体成员互动，提升学习效率，适时采用的某些方法、态度、策略或手段，都可以视为“技术”。团体领导的基本技术可以分为初级领导技术和高级领导技术。初级领导技术如同理心、积极倾听、澄清、支持、解释、摘要、反映、提问、反馈、非语言、促进等；高级领导技术如保护、目标设定、建议、面质、立即性、沉默、自我表露、阻止、连接、折中、评估、设限、整合等。团体经验的关键也在于团体成员彼此间的互动，促进团体成员互动的技术较注重从整个团体层面与人际层面入手。表7–1列出了团体基本技术。

表7–1　团体领导基本技术归纳表

技术名称	定义说明	作用或预期结果
主动倾听	专注于沟通过程中有关语言或非语言行为，且不做判断及评价	增强团体成员的信任、自我开放及自我探索
重复	以稍稍不同的措辞，重述团体成员的话，以澄清其意思	确定团体领导者是正确了解成员的意思，提供支持及澄清

续表

技术名称	定义说明	作用或预期结果
澄清	确定成员所想表达的信息、感受与想法的具体含义	帮助成员弄清楚内心冲突及混淆不清的感受及想法，导向更有意义的沟通
摘要	将互动过程中的重要信息，简要地进行综合归纳	澄清并避免误解成员的意思，并引导其继续表达
提问	通过提出问题，以此引发成员自我探索问题的内容以及解决的方法	引导更深层的讨论；收集资料；刺激思考；增加澄清及汇聚焦点；提供成员更深度的自我探索
解释	对团体中某些行为、想法、感受提供适当的解释	鼓励深度的自我探索；对于团体中的现象提供新的观点
面质	对成员在团体中的言语、行动中表现出的困惑或矛盾加以挑战	鼓励成员真诚地自我思考；提升潜能发挥；引发对自我矛盾的反省
情感反映	反映成员的感受	让团体成员了解团体领导者真正的倾听了并且了解了他的真实感受
支持	提供鼓励及增强	建立团体良好气氛；鼓励成员；促进信任感；催化成员向困难挑战
同理心	能站在成员的立场，将心比心体谅其感受及想法	培养信任的辅导关系；促进沟通及了解；鼓励成员进行深层的自我探索
催化	在团体中以开放或引导性的方法，清楚地协助成员朝向有助于团体的目标方向去探讨	增进团体有效的沟通；促进团体达成团体目标
引发	在团体中引发行动，促使团体参与或介绍团体转入新的方向	防止团体不必要的探索；增进团体过程的发展
设定目标	团体过程中引发团体参与，并具体确定团体特定且有意义的目标	引导团体活动的方向；帮助成员选择及澄清团体目标
评估	评估团体进行过程及团体中成员及其相互间的动力	提升深层的自我觉察及帮助成员对于团体方向更加了解

续表

技术名称	定义说明	作用或预期结果
给予反馈	对于成员专注观察后给予真诚且具体的反馈	对于成员在团体中的具体行为提出反馈，以帮助团体成员自我觉察
建议	提出团体目标有关行为的信息、方向、意见及报告	帮助成员发展取代性的思考及行动
保护	保护成员在团体中不必进行过早的心理冒险	提醒成员在团体中进行适度的心理探索，避免受到伤害
开放自我	对于团体发生的事件，个人开放此时此刻的感受和想法	催化团体更深层的互动，建立信任，示范使他人了解自己的方法
示范	通过行动，示范对团体适合的行为	对有利于团体的行为提供示范，激发团体成员发挥其潜能
处理沉默	通过对语言与非语言沟通的观察，对于团体沉默现象进行干预，促进团体的发展	允许团体成员反映其感受；凸显其焦点；整合与情绪有关的事件；帮助团体运用其有利资源
阻断	对于团体中无建设性的行为，以适当的方法加以阻止	保护成员；推动团体进行过程
结束	以适当的方法，准备团体结束	让成员整理其团体心得；引导成员将团体所得应用于现实生活中

二、团体讨论的技术

团体讨论是运用最普遍的团体辅导方法之一。团体讨论是指团体成员对一个共同问题，根据资料与经验，互相进行深入的探讨。在团体讨论过程中，成员可以充分发表自己的意见，听取他人的意见，修订自己的看法。团体讨论主要目的在于沟通意见、集思广益、解决问题。

（一）团体讨论的功能

团体讨论之所以被广泛应用在团体辅导过程中是因为团体讨论具有重要的功能。具体表现在，团体讨论可以鼓励成员参与团体事务从而提升参与团体的动机；团体讨论可以引发成员对团体过程产生兴趣；团体讨论可以帮助成员明确了解自己和他人立场不同的地方而养成尊重别人的态度；团体讨论可以帮助成员不感情用事，从多个角度理性地思考和做判断；通过团体讨论促进成员充分沟通，使他们更进一步统整合作，增进团体凝聚力。因此，如果团体成员以坦诚开放的态度积极参与团体讨论，又能接纳和接受不同的意见，与他人切磋商榷，团体肯定能产生助人的效能。

（二）团体讨论的形式

1. 圆桌式讨论

这是一种比较民主的方式，成员按圆桌而坐，自由发言，彼此容易熟悉，容易形成和谐的气氛，引出讨论。

2. 小组式讨论

这种形式被普遍使用。当团体规模过大时，将团体成员分成若干小组，分别讨论同一主题，每组有一个主席主持讨论，并选一名秘书记录讨论结果。然后综合小组讨论结果，在大团体内各组代表做交流，其他成员可补充。由于小组人少，每位成员可以有充分发言、交流的机会。

3. 陪席式讨论

这种讨论方式一般先由一位专家发表意见，做引导发言，然后团体成员针对专家的意见发表自己的见解。

4. 论坛式讨论

这种讨论方式先由几位专家或领导者分别阐述各自不同的观点，然后团体成员互相讨论，寻求一个适当的结果。

5. 辩论式讨论

团体成员分成两组，就一个讨论话题分成正反方，意见对立，然后根据自己所在方的立场，与对方辩论。

（三）团体讨论的具体方法

1. 脑力激荡法

脑力激荡法（Brainstorming）是由美国人Osborn在20世纪60年代提出的一种讨论技术，已经广泛被应用。这种不受任何拘束的讨论形式可以让成员自由地发表意见，可以集思广益、群策群力。通常参加人数为6~12人，在很短的时间里为成员提供许多独特的、创新的思想和方法。同时团体成员在讨论的过程中，可以增强信心，开阔思路，找到解决问题的方法。一般先有一个开放性的问题，然后自由发表意见。该法可以使参加者了解别人的意见，扩展自己的思考空间，培养团体合作精神，找到多种解决问题的方法。

讨论时必须遵循的原则有：不批评不指责（不对团体成员的意见提出判断、批评、分析，而是全部接纳，因为批评可能会抑制自由表达）；鼓励自由和创意（鼓励成员自由表达，想法越独特、意见越新奇越好）；人人参与（鼓励团体成员积极参与，原则上每人都应发表至少一次意见）；强调数量（这种讨论方法非常强调数量，意见想法越多越好，量多的情景下，出现好的解决方法的可能性会变大）；优化整合（讨论结束时将各组意见公开公布交流，并加以整合改进，排列意见的优先次序。）

脑力激荡法必须有明确的主题，且最好是单一问题。所以开始前必须界定清楚要讨论的题目，以及限定讨论的时间，然后有10~15分钟的暖场活动，让成员之间能够熟悉起来，并了解进行的程序和必须遵守的规则。活动进行过程中，领导者可以旁敲侧击来促进和提升成员的参与热情和想象力，尽量营造轻松的、合作的、接纳的团体气氛，鼓励积极参与。当时间将近，领导者要提醒成员。为公平起见，到点所有成员必须停止，每组统计数量，先后发表。可以设立一些奖项，如最有创意的、最实用的、最经济的、最可行的、最大众的、最幽默的点子，良性的竞争可以激发成员参与的主动性和热情。

2. 问题揭示法

问题揭示法是在团体讨论过程中，领导者将成员要讨论的问题或可能一一列出，展示在黑板上，一目了然，方便讨论。通过揭示问题，能够引起参与者的热情；能够澄清问题消除误解；能够使成员主动选择重要的问题先讨论；能够将问题分门别类；有助于促进团体沟通和增强团体凝聚力。

操作过程同脑力激荡法，领导者需要营造良好的团体气氛，接纳每一位成员，鼓励积极参与。注意接受每一个团体成员的意见，而且还要能明确掌握成员发言的内涵。必要时，可以请成员共同来澄清，以增进团体成员之间的互动。

3. 菲利普六六讨论法

由Donald Phillips首倡的讨论方法，基本原则是将大团体分成小团体进行讨论及分享，目的在于互相能听得更清楚，且能更有效地互动和执行工作。六人一组，每人一分钟，人人参与，体现平等和尊重，交流充分。时间可以视具体情况有所调整，并不是绝对只能一分钟。与六六讨论法相似的还有耳语讨论法，唯一不同的是小团体原则上是两人一组进行讨论。两人组窃窃私语更容易交流。

三、结构式练习的选择与应用

在团体辅导中，无论带领的是哪一类团体，为了吸引成员积极投入和参与，引发和促进成员互动与成长，常常需要刻意地设计或安排一些团体练习。一个好的练习常常可以起到促进团体达到成效的作用。但是练习只是一种手段，不是目的，提供练习可以帮助成员带出想要讨论的一些主题或想法。

（一）结构式练习应用的目的

结构式练习是针对团体成员的需要、个人行为、建设性反馈、过程作用和心理的整合而设计的演练性活动，是一种经历性的感受体验。结构式的团体练习是许多团体领导者的重要资源。约伯斯等人（Jacobs，Harvill，& Masson，1988）认为，团体中运用练习形式至少可以达到七个目标：第一，促进团体讨论和成员参与；第二，使团体聚焦，注意力集中；第三，使团体的焦点改变、转移；第四，提供一个经验性学习的机会；第五，为团体成员提供有用的资料；第六，增加团体的舒适度；第七，为团体成员提供乐趣和松弛。

（二）结构式练习的类型

结构式练习类型方法很多，包括语言、非语言、纸笔作业、画图、肢体动作、媒体应用、座位安排等。以下列举几种常用的类型。

1. 纸笔练习

纸笔练习是团体辅导过程中使用最广泛、最便捷、最有效的团体练习之一，指通过纸和笔用书写的方式来表达成员的观念和想法。通过特别设计的练习用纸，成员对练习所要求的主题深入思考，用书写的方式表达自己的看法，然后分成4~8人一组，与其他成员分享讨论交流各自的观点。纸笔练习不仅可以深化对自己、对主题的认识和思考，也可以通过分享进一步自我认识和了解他人，从而充实和改善自己。同时，此类练习有助于成员将注意力及讨论重点聚焦，也有助于引发成员的兴趣。纸笔练习种类很多，如：我是谁、生命线、真我角色、走出圈外、价值观探索等。

2. 身体运动

身体运动在各类团体中都被经常使用，此类练习是通过肢体活动的方式来表达某些主题或思想。可以用来作为暖场，激活团体气氛，也可以作为增进团体成员的互动达到提升团体信任度的作用，更可以通过身体练习，改善成员不适感觉与行为，达到治疗的目的。如轻柔体操、叩击穴位、肌肉放松法、呼吸放松法、冥想放松法、瑜伽放松法等多种方法。例如轻柔体操的目的是使参加者放松，减轻焦虑，活跃气氛。体操与运动也是心理生理治疗的一部分。体操可以协助成员对自己身体更加敏感，对自己的存在更有实质的把握。操作时全体成员围成圆圈，面对圆心，指导者也在队伍里，要求有足够的练习空间。指导者先带头做一个动作，要求成员不评价、不思考，模仿做三遍。然后每个人依次做一个自己想出来的动作，大家一起模仿。无论什么动作都可以达到放松、减轻紧张气氛的效果。有时，一些极富创造性的动作会引起大家由衷的、发自内心的笑声。

3. 接触练习

接触练习指团体的训练需要提供成员肢体上的接触来强化彼此的感受。例如，有些练习要求成员互相接触对方的手、脸、肩膀，通过肢体接触会给成员带来感觉上的刺激，也会增进彼此的沟通和信任，提升团体凝聚力。例如，常用的身体接触性练习有：信任跌倒、盲人走路、突围闯关、同舟共济等。但是这类练习的运用要注意成员的感受，如果成员觉得不自在、不习惯或不愿意时，应尊重成员的反应。

4. 美术与工艺

绘画是一种表达内心世界和表达自我的好方法。尤其是创造性的绘画最能表达人的真实的自我。通过作品能投射出成员独特的人格特质或想法。团体成员通过绘画或工艺练习，自由自在的线条、图案、颜色或象征，反映出自己的个性，有时可以比语言更有意义地反映绘画者的情感和想法。在运用绘画练习时，主题要选好，配合团体目标。绘画完成后，邀请团体成员分享自己作品的意义，其他成员可以从旁通过询问等方式，促进画者思考和探索自己的作品，从而进一步了解自己，了解他人。例如，自画像、家庭树、T恤衫设计、绘画接力、突破困境等。

5. 媒体应用

媒体的含义很广，可以指一些练习的道具，也包括录音带、录像带、电影等。媒体的应用可以吸引成员参与学习，协助成员表达自我，通过练习产生顿悟。有时在团体中成员难以用语言充分表达自己时，可以利用各种媒体，如出气棒、玩具、橡皮圈、色布、跳绳、棋子、彩笔等。尤其对于青少年团体，媒体应用更加有效，可以引发成员的兴趣、参与和投入。媒体的选择最好简单、容易获得、便于使用、有吸引力、新奇，从而引发全体成员参与。

在团体中也常常使用音乐、录像、电影等作为引发和激励成员思考问题的媒介。为配合团体目标、单元主题，合适的媒介最好具备以下条件：第一，内容以故事性的方式呈现并有可观赏性，能引起观看的兴趣；第二，最好在内容中呈现出一个冲突的情景，以便作为讨论的焦点；第三，内容贴近成员的现实生活经验；第四，时间以15~20分钟为宜，方便一次聚会中讨论完，如果太长没有讨论交流的时间，难以达到目的。

6. 角色扮演

角色扮演是指用表演方式来使团体成员对人际关系及自我情况有所认识的一种方法。团体过程中运用角色扮演的技术，目的是协助成员获得积极的角色；找到成员学习认定的角色；扩大成员角色学习的范围；提供可以模仿或认同的示范。角色扮演技术特别适用于青少年，不仅可以帮助他们对自己和他人的行为有更明确的了解，有助于增加对人、对社会的适用性，而且角色扮演也可以促进他们将个人的想法转换成实际的行为，扩展其实际生活的认知和情感领域。角色扮演可以提供成员宣泄情感的机会；角色扮演使成员在容忍、安全的气氛下通过演出来了解自己内心的感受，及对他人的行为做出反应；角色扮演可以使表演者通过活动，深入地了解真实情况和他人的感受，增加人际关系敏感程度；角色扮演提供了在假设不用负责的情况下尝试应对问题，甚至犯错的机会，以及发现问题所在，学习及练习应对问题的技术。

（三）结构式练习选择的原则

练习不是团体娱乐练习，故不应只为有趣、好玩，使人兴奋或产生高昂的情绪。换言之，练习只是达成团体目标的一种手段或方法。因此选择的练习必须遵循以下原则，配合团体的目的和预期的结果。

（1）练习必须符合成员身心发展特点、成熟度及发展任务与需要。

（2）应考虑团体发展过程、团体动力、过程目标与任务目标。

（3）练习的安排注意逻辑性、层次性与衔接性，考虑场地条件。

（4）浅层自我表露安排在初期，深层自我表露安排在后期。

（5）学习性练习在初期，个人问题的解决安排在团体后期。

（6）正向反馈放在初期，负向反馈放在后期。

（7）以多样活泼有趣富创意的练习引发成员参与兴趣，加深学习效果。

（8）保持练习的弹性，注意安全性，尊重成员开放程度与身心安全。

（9）练习应该是领导者能力范围内，亲自体验或带领过，且熟悉的。

（10）选择的练习最好是领导者能力的范围所及，且能提供稳定与持续性。

（11）所有成员都能参与，每个人都有机会表达自己的观点和爱好。

（12）非必要尽量少用身体接触的活动，非语言练习需配合语言的分享和讨论。

（13）选择的练习应该让所有成员都有参与的机会。

（14）适当安排家庭作业鼓励成员练习。

（15）选择的练习要考虑到团体的时间是否足够，以免成员带着遗憾或困惑结束练习。

此外，选择练习还要考虑到对象的年龄、人数、场地等条件。

（四）团体辅导的组织与实施

从组织和实施的角度看，所有的团体辅导首先必须确定目标和时间，而后设计团体活动的计划，确定规模，甄选成员，组成团体。在实施团体计划的过程中，团体的领导者必须把握好自己的角色，带领团体不断发展，使之产生预期的效果。团体结束后，需要对团体效果进行评价、追踪，以巩固团体的疗效，使团体成员在社会生活中更加适应，保持身心健康。团体评估的方法可以采用行为观察法、心理测验法、问卷调查法、自我报告法等。

第三节　团体心理辅导的方案设计

方案设计是指对活动或练习做有系统的安排。团体辅导方案设计是指运用团体动力学及团体辅导专业知识，有系统地将一连串的团体练习根据目标加以设计、组织、规划，以有计划的学习主题贯穿整个团体过程，使成员循序渐进地学习，以便领导者带领成员在团体内练习，达成团体辅导的目标。团体辅导方案设计是团体领导者必备能力，通过事先设计的团体辅导计划，团体才能发展，效果才有保证。掌握团体辅导方案设计可以适用各种类型的团体。好的团体辅导方案设计应具有的特点：目标的明确性，计划的合理性，过程的发展性，方案的可行性，效果的可评价性。

一、团体辅导方案设计的内容

要设计一个完备的团体辅导方案，应考虑的因素有很多，比如：团体的性质、团体的目标、团体的对象、团体的规模、聚会的时间次数、领导者的因素、团体的发展阶段、团体互动的场地、团体效果的评估等。

（一）方案设计的具体内容

方案设计的具体内容应该包括以下几点。

（1）团体名称（符合团体性质、目标，避免标签作用，有助成长、发挥创意）。

（2）团体目标（考虑团体整体目标与每次聚会的具体目标）。

（3）团体性质（是否属于成长性团体、结构化程度、是否同质）。

（4）领导者及训练背景（谁来带领、受过何种训练，专业性、人数）。

（5）团体对象（谁来参加、特征、招募与甄选方式）。

（6）时间次数（何时进行、所需时间、每周几次、每次多长）。

（7）进行地点（布置、陈设、座位安排、舒适程度、温度等）。

（8）理论依据（团体设计必须有理论支持，是方案形成的关键）。

（9）参考资料（须详细列出引用文献、参考方案等）。

（10）单元设计及次单元设计（团体整个流程以及每次具体活动）。

（二）每次团体聚会的设计框架

每次团体聚会可以根据过程特点设计相应活动。

1. 热身活动

在团体开始时成员需要做一些热身准备工作，为团体开场打破僵局。通常每次聚会用15~20分钟时间来做热身活动，如微笑握手、刮大风、无家可归、解开千千结等，以促使成员尽快进入团体，增进成员互动，为团体主要活动做准备。当成员在开始有明显的犹豫或担心时，领导者就直接进入团体主题，效果会很受影响，采取适当的热身活动，可以促使团体启动。不过，热身是准备步骤，并不是团体聚会的主要内容，所以，不要花费太多的时间。热身过度就本末倒置，影响团体发展了。

2. 主要活动

团体的核心活动，是实现团体目标的关键部分。应按照团体内容和目标来设计，此时的活动是成员进行自我探索的钥匙，以活动来促使成员进行深入的讨论，如每个成员画完自画像之后，对自画像的描述和分享是团体聚会的重要部分，而不是活动本身。一般常用的活动有绘画、角色扮演、深入讨论等。

3. 结束活动

每次团体结束前5~10分钟，领导者对本次聚会做总结，让成员分享心得或评估聚会成效，预告下次团体的主题，或布置作业巩固成员在团体中的所学所得。

二、团体辅导方案设计的步骤

团体辅导方案设计的步骤并无统一的规定和程序。笔者根据多年教授团体心理辅导课程以及带领团体学习者设计方案的经验，参考樊富珉等老师（2015）的研究成果将团体方案设计步骤整理如下（见图7-2）：

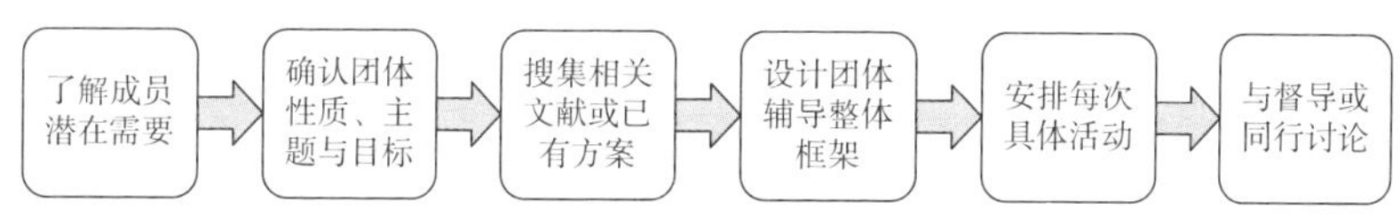

图7-2　团体方案设计步骤

（一）了解成员潜在需要

要带领团体辅导，必须先了解服务对象（如中小学生、大学生、企业员工、教师、公务员等）对团体的需求有哪些。最有效的需求调查方式是直接对相关人群进行观察或评估。例如学生新生环境适应有哪些课题，企业员工工作压力过度会带来哪些身心症状等，通过观察、问卷调查、心理测验等方法，可以有效辨识出辅导的需求。还有一种需要了解的方法是通过服务对象相关人员间接的调查，例如，对教师和家长通过访谈或问卷调查的手段，询问他们认为学生需要什么样的辅导和帮助，存在哪些适应问题。然后再决定所要设计的团体是针对什么人；他们的年龄、职业、性别以及存在哪些问题；要解决什么问题。

（二）确定团体的性质、主题与目标

针对服务对象的需要，团体辅导的主题是什么，希望达到什么目标，哪种类型的团体辅导适合你要帮助的对象；团体属于发展性的、训练性的，还是治疗性的；同质团体有利还是异质团体有利。

（三）搜集相关文献或已有方案

当团体的性质和目标确定后，就要通过查找相关资料、阅读书籍和杂志，为团体设计提供理论支持。同时，也要了解和搜集同类团体是否有人带过；有哪些可以借鉴的经验；有哪些需要注意避免的问题。

（四）设计团体整体框架

资料准备充分后，设计者要根据团体目标和成员需求，开始设计团体整体框架，编制出每阶段团体辅导的目标和过程计划，围绕目标整理出每次会面的单元目标、逻辑联系和主要活动流程。完成团体辅导计划表（见表7-2）。

表7-2　团体辅导计划表

单元	单元名称	单元目标	活动内容及流程	时间	所需材料
一					
二					
三					
四					
五					
六					
七					
八					

（五）安排每次聚会活动

在规划了团体辅导的整体框架后，团体领导者要认真安排每次聚会活动，即进行方式及活动的设计，完成团体活动单元计划表（见表7-3）。活动的设计是为了引发成员在团体中经历学习的四个阶段，即个人的经验→经由与他人分享自己经验的过程，个人回顾与整理自己的感受、看法→个人归纳、分析出一些概念、原则或新的自我了解→尝试将新的自我发现或前面所习得的概念、原则，应用到团体之外的情境中，以达到预定的目标。

表7-3　团体辅导分单元设计表

<table>
<tr><td rowspan="2">单元名称</td><td rowspan="2" colspan="2"></td><td>次数</td><td></td><td>人数</td><td></td></tr>
<tr><td>时间</td><td></td><td>地点</td><td></td></tr>
<tr><td>单元目标</td><td colspan="6"></td></tr>
<tr><td>所需器材</td><td colspan="6"></td></tr>
<tr><td>活动名称</td><td colspan="2">活动流程</td><td colspan="2">时间</td><td>器材</td><td>目标</td></tr>
<tr><td></td><td colspan="2"></td><td colspan="2"></td><td></td><td></td></tr>
<tr><td>实施情况与注意事项</td><td colspan="2"></td><td colspan="2"></td><td></td><td></td></tr>
</table>

在团体辅导方案正式实施前，应该先向有经验的领导者或督导请教，认真思考究竟此团体辅导方案应带给成员何种感受、何种经验、何种认知收获，对个人及团体有哪些益处，针对上述问题仔细思考，或者能通过与同行探讨交流，激发思考。可以使设计的方案与活动得到确认和支持，为有效实施奠定基础。

三、团体辅导方案设计举例

（一）贫困学生自强训练团体

1. 团体名称

根据本团体的性质和目标，该团体的学术名称是“贫困学生成长小组”，为了避免“贫困”这一敏感字眼带来的标签作用，在实际活动过程中，要特别注意团体的名称。例如：“发现伟大的你——贫困学生自我提高训练营”。

2. 团体目标

（1）整体目标：提高贫困学生的心理健康水平，促进其自我成长。

（2）具体目标：培养组员积极的情感能力和积极的认知能力，帮助其树立自尊自信，提高人际交往能力，缓解压力和焦虑情绪，培养积极合理的认知方式。帮助成员在躯体感受、自我发展、未来理想、人际交往等方面减少冲突，获得积极发展。

（3）阶段目标：团体初始阶段（第一次会面）：使成员相识，澄清成员期望，介绍小组目标和契约，建立团体；团体过渡阶段（第二次会面）：培养团队信任和凝聚力，促进成员放开自己，同时增强其人际交往的信心和技巧；团体工作阶段（第三到五次会面）：完成团体的具体目标，促进成员自我探索和接纳，训练其自我管理的能力，继续锻炼其人际交往的能力；团体结束阶段（第六次会面）：处理分离焦虑，提高成员自信，展望未来。

3. 团体性质

本团体属于教育成长型团体，以成员的发展为主要目标；本团体的结构化程度很高；从团体成员社会身份层面划分属于同质群体。

4. 团体领导者

团体领导者一名，要求有心理咨询学理论与实践的专业背景，及个体、团体咨询的丰富经验。团体副组长（ 助手）兼观察员1~2名（视团体成员人数而定），性别最好与团体领导者形成互补，有心理学专业背景及心理辅导实践经验（最好与团体成员在社会身份与生活经验层面同质），参加过团体并经受过团体观察训练，在团体活动前需统一接受团体领导者的培训。

5. 团体对象

专科贫困生约20名，共同特点是家庭经济贫困，最好在性别、年级和文理科比例上平衡，都具有主动参加团体的意愿。可以通过广告招募，也可以通过辅导员推荐，自愿参加全程，愿意改变自己。

6. 团体时间和次数

团体辅导共分为6个单元，每个单元为一次会面，可以每周一次，持续6周，也可以采取马拉松团体，连续3天完成。每次团体活动时间为3小时。

7. 团体进行场所

封闭、安静的活动教室，有可以移动的椅子。

8. 团体设计理论基础

积极心理学理论是设计本团体辅导的重要理论基础。积极心理团体辅导关注团体成员的各种能力，认为领导者的任务是激发和巩固成员获得和保持健康的能力；它从人的发展可能性和能力出发，同时强调影响个体心理的社会因素的重要性，它是一种在跨文化研究的基础上以解决冲突为核心的辅导模式。此外，个人中心疗法的理念会贯穿团体始终，形成领导者的基本态度和根本目标。

9. 团体辅导计划表（见表7-4）

表7-4　团体辅导计划表

单元	目标	活动流程
相逢是首歌	团体成员之间初步认识；建立团体凝聚力和信任感；阐明团体契约；练习人际交往技巧	1. 暖场活动：相识接龙、无家可归、松鼠大树 2. 滚雪球 3. 盲行 4. 介绍和商定团体契约
感恩的心	引导成员认识和接纳自我；用感恩的态度去认识和接纳身边的人和环境	1. 暖场活动；信任圈、同舟共济 2. “我是一个独特的人”“我的素描” 3. “感恩人世间” 4. 手语操：“感恩的心”

续表

单元	目标	活动流程
贫穷贵公子	引导成员怀着感恩之心认识和接纳贫困；了解优势，提高信心	1. 暖场活动：行为放大镜、解开千千结 2. 分享作业：自强不息的优秀贫困生榜样 3. 分享作业："感恩贫困" 4. 练习："我的百宝箱"
美丽心情	学习和实践理性情绪疗法，改变不合理认知，培养积极理性的认知方式	1. 暖场活动：午睡起来做午操 2. 练习：理性情绪训练
潇洒走一回	提高成员应对压力的能力和时间管理的能力	1. 暖场活动：成长三部曲、互相按摩 2. 压力管理训练 3. 时间馅饼
花样年华	引导成员思考和规划未来，乐观地面对分离	1. 分享作业："十年后的我" 2. 练习："花样年华" 3. 红色轰炸：爱心小天使送祝福 4. 合唱《阳光总在风雨后》

10. 团体效果评估方法

团体成员心理健康状况前后测，问卷测量，成员自陈报告，追踪评估。

（二）单次工作坊——《发现一个独特的我》

（1）名称：《发现一个独特的我》。

（2）形式：自我探索主题工作坊。

（3）目标：协助成员了解自己的个性，引导成员看到自己的独特之处，学习接纳自己和接纳不同的人，增强自信心，为发展出自己独特的人生规划奠定基础。

（4）对象：愿意探索自己，提升自信的学生。

（5）时间：一次2.5小时。

（6）方案计划表（见表7–5）：

表7-5　方案计划表

阶段与名称	目标	活动	时间与材料
热身	活跃团体气氛 增加熟悉程度 形成工作小团体	手动操 哈哈镜	20分钟
与众不同	学习接纳自己和他人的独特性	小小动物植物园 我的核桃	40分钟 练习用纸 每人一个核桃
我知自己	澄清自我特质、希望、爱好、能力、价值观	人格盾牌练习	60分钟 人格盾牌练习用纸
天生我才	找到自己欣赏的具体特征	天生我才	40分钟 天生我才练习用纸
结束	强化自我信心	手语： 我真的很不错	20分钟 音乐

第八章 高职院校心理健康教育课外实践活动

高职院校心理健康教育课外实践活动是校园文化的重要组成部分，对高职学生有着潜移默化的影响。它以其自身的实践性、教育性、竞赛性、协同性、交往性等特点培养了大学生的参与意识、竞争意识、协作精神、自控能力等，促进了大学生的个性发展，也是学校育人功能的延伸。心理健康课外实践活动，在充分发挥上述课外教育活动功能的同时，遵循心理健康教育的全体性、发展性、主动性和差异性原则，以“活动”为载体，渗透、应用、实施、推广心理健康教育，这不仅是心理健康取得实效的前提，更是心理健康教育区别于其他学科教育的主要特征。

第一节 高职院校心理健康教育课外实践活动的特点与作用

心理健康课外实践活动是心理健康教育课堂教学的补充、扩大和延伸，是教育者根据大学生心理发展的规律和特点，有目的、有计划、有组织地开展的活动项目，目的是使学生的心理品质得到实际锻炼，进而提高和培养他们的心理素质。一般而言，课外教育活动都是针对高职学生常见的心理问题展开的，如生涯发展、情绪调节、恋爱与性、自我意识等。它是以大学生的直接经验为中心，以活动为组织形式，为大学生创造一个放松心情的缓冲地带，通过各种具体活动方式，让全体学生充分参与其中。课外教育活动弥补了课堂教学途径的不足，打破了课堂教学在时间、空间、形式上的局限性。

一、课外实践活动的特点

（一）强调学生的自我探索

心理健康课外教育活动的目标是让学生在活动中自我探索，以便认识自我、调节自我、完善自我，并解决自己成长中的各种问题，诸如学习、交往、情绪调适、理想抱负等问题。这种自我探索主要不是靠教育者的灌输和说教，而是在帮助学生发现自己的问题、找到解决问题的办法的过程中实现的。学生只有经过自我探索，才会获得经验，才会得到真正意义上的成长。

（二）强调学生的主体性

心理健康课外教育活动需要充分发挥学生的主体性，把大学生看成积极主动的健康心理的建构者。无视学生的主体性就完全丧失了心理健康教育的根本，学生只有发挥主体能动性才能更好地完成心理成长。一方面，如果活动缺少了学生的自主性就很难开展，至少很难激发他们在活动中的学习动机。只有教师的讲授和心理学知识灌输，再好的心理健康理念也无法被学生接受和运用。另一方面，从师生关系上来讲，课外教育活动是师生双方在民主、理解、尊重的心理环境中实施的，它要求教师给予所有学生无条件的尊重、关注、理解和信任。

（三）强调学生的体验和感悟

心理健康课外教育活动需要以个体的体验为载体，包括情感体验、价值体验和行动体验。这些自我体验可以通过在活动中创设一定的情境，营造一定的氛围来实现。学生从体验中获得有意义的东西，这就是感悟。可见，课外教育活动是一种自我教育活动，它没有说教和灌输等显性教育的痕迹，它可以通过学生自己的体验和感悟，潜移默化地影响他们的成长。

（四）强调学生的自助与互助

心理健康课外教育活动的主题和目标是依据学生一定的心理需求制定的，容易形成共识，为学生所接受。学生作为集体的一员，在活动中既是受助者，又是助人者。这种互助可以增进学生对自信、自尊的体验，从而达到自助的目标。教师作为辅导者、团体的带领者，应该创设良好的情境、和谐的人际关系、民主自由的气氛，来充分开发集体的教育资源，以利这种良性机制的形成。

二、课外实践活动的目标和类型

（一）课外实践活动的目标

心理健康课外教育活动目标可为三个层面。一是宏观层面，提高心理健康水平、增强心理素质、促进学生全面发展、充分开发大学生潜能，帮助大学生具备良好生活所需要的知识、技能和态度。二是中观层面，帮助大学生将所学习到的心理健康知识（间接经验）内化为自身的经验，或是在活动实践中获得直接的心理体验，从而达到培养、发展良好心理品质的目标。三是微观层面，从教育对象来看，课外教育活动要协助学生建立良好的自我形象、形成正确的适应行为、学会调节和控制情绪、提高承受挫折的能力、确立有价值的生活目标、发展建设性的人际关系、发挥具有主动性及创造性的良好社会功能、过积极而有效率的生活。

（二）课外实践活动的类型

心理健康课外教育活动的内容主要包括三个方面。一是知识普及型活动。充分利用学校媒体大力宣传心理保健知识以及心理健康的重要性，不断提高学生的心理健康意识，知识性活动有心理书籍课外阅读、心理健康知识竞赛等。二是心理体验型活动。通过心理沙龙、主题班会、心理剧表演、趣味心理运动会、心理拓展训练等形式，帮助学生将课堂中学到的理论知识、间接经验与自我体验、直接经验相结合，转化为实用的、实在的，从而也是真实的知识，提高心理健康教育的有效性。三是氛围营造型活动。利用“5 ·25大学生心理健康日”“世界精神卫生日”等节日开展丰富多彩、形式多样的课外教育活动，形成健康向上的心理文化氛围，使学生在潜移默化中接受心理健康教育。

三、课外实践活动的作用

（一）为传输丰富的心理健康教育内涵开辟了专门的渠道

课外教育活动是高校心理健康教育的重要渠道之一，它强调学生在活动中实现自我探索，在活动中体验和感悟成长。同时，学生在活动中既是受助者又是助人者，与课堂教学的知识传授方式的区别，是其有力的补充，为传输丰富的心理健康教育内涵开辟了专门的渠道。

（二）为发展性心理健康教育的操作过程提供了广阔的舞台

从高校心理健康教育发展性、预防性功能的操作过程来看，无论是认知的转化、情感的升华，还是情绪的调控、行为的训练，都是一个发生、发展、提升的渐进过程，都需要有一段比较集中的辅导时间，并需要围绕一个比较专一的辅导主题来展开，心理健康课外教育活动恰恰可以提供这样一个广阔的心灵舞台。

（三）为学生个性的发展创设了团体互动的融洽氛围

心理健康教育课外活动不是一种严肃呆板的说教或居高临下的训导，而是一种心灵与心灵的沟通，是一种相互信任、相互帮助的友爱人际关系，是一种人性化教育的融洽氛围。同时，它还是一种互动的“团体的过程”，这个过程会产生影响团体成员及整个团体的力量，此即所谓的“团体动力”。大量的实践经验表明，当大学生身处课外教育活动中时，他的情感体验和心灵上受到的震撼力是他在个别辅导、课堂教学及心理健康理论讲座等其他场合下所无法想象的。

第二节　高职院校心理健康教育课外实践活动的设计

课程设计是教学的重要环节。尽管我们反对将心理健康教育学科化，而且课外实践活动也不是正式的教学活动，但作为心理健康教育课程教学的补充、扩大和延伸，设计好课外实践活动是十分必要的。

一、课外实践活动设计原则

课外实践活动要以大学生心理特点和年龄特征为总的指导原则，这是心理健康课外教育活动生存和发展的出发点与落脚点，也是每个活动组织者必须遵循和重视的原则。此外，还需遵循以下三个原则。

（一）层次性与逻辑性

心理健康课外实践活动的设计可以参照团体心理辅导活动设计的原理，各环节要有层次性，由浅入深，层层递进，富有逻辑性，符合大学生认知的特点与规律，从而使他们对整个主题活动有宏观的把握。同理，心理健康课外教育活动的设计也要遵循层次性与逻辑性原则，活动与活动之间要有梯度，不管是形式还是内容，都是如此，这样学生才能更好地理解主题。如果所有课外教育活动的类型都相似，学生们就会失去兴趣，达不到心理健康教育所期望达到的效果。

（二）启发性与启智性

要想学生在心理健康课外实践活动中碰撞出智慧的火花，产生头脑风暴，主题活动的设计一定要具有启发性，能够启发大学生积极地进行深入的思考，并能够想得深远。这种启发不只限于对活动主题的思考，还可以扩大到对生活中类似问题的思考，并让学生有所感悟。好的课外教育活动还能让学生的智慧有所生长，可以顿悟到什么，或者找到一些解决心理困扰的灵感。因此，遵循启发性与启智性原则是一种高境界，也是心理健康课外教育活动保持长效的一个重要的因素。

（三）活动性与互动性

心理健康课外教育活动应以活动为中心，让学生在各种模拟情境中去讨论、体验和训练，使他们可以通过直接的实践活动来提高心理素质和心理健康水平，促进个性发展。活动性是心理健康教育课外实践活动的突出特征。在活动中，要发挥积极的双向互动的团体动力效应，要通过讨论、分享等方式促进师生互动、生生互动、学生与环境互动，让学生在互动中获得心理体验和认知，进而影响其行为。

二、课外教育活动的设计步骤

设计心理健康课外教育活动，应有坚实的理论基础和对实施流程的清晰考察。总的来说，要重点考虑以下几个步骤。

（一）确定活动主题

活动主题是整个活动的灵魂。主题的选择途径有很多，可根据心理健康教育的主要内容进行选择、开展调查，根据学生的心理需求获得，根据不同学生心理发展阶段所需的知识确定。需要注意的是，主题的选择要结合高职学生心理发展实际，具有可操作性。

（二）阐释活动理念

实现心理健康课外实践活动的目标并不是活动，而是活动背后的教育理念。脱离了教育理念的活动是很难发挥真正效果的。如何缩短学生心理现状与心理发展目标之间的差距？人本主义者认为要创造良好的人际环境来激发学生的心理潜能，促进学生的自我实现；行为主义者认为应该进行行为塑造，通过行为的改变来促成心理的改变；精神分析学派认为应透过深入的心理分析来解除学生心理压抑的情结，让学生的心灵获得成长。当持有不同的心理发展理念时，所采取的教育活动方式就会不同，有的侧重环境氛围的营造，有的侧重行为技巧的训练，有的侧重自我表露和情感分享。所以在这一阶段，重要的是形成一种理念，在教育现实和教育目标之间建立有效的联系，从而在这种教育理念之下设计和组织活动，使活动最终为理念服务。

（三）确立活动目标

确立目标就是确立活动所要达成的最后结果，只有目标清晰明确了，才能制订计划并付诸实施。清晰化、具体化、可操作是活动目标设计的基本要素。如：以“学习心理”为主题的课外教育活动的总目标是帮助学生发现自己的学习潜能，提高学习能力。在设计时，我们还要对这一总目标进行具体化：引导学生认识自己的学习潜能，引导学生培养浓厚的学习兴趣，引导学生建立正确的学习观念与态度，引导学生发展学习能力，引导学生养成良好的学习习惯与有效的学习方法，引导学生养成适应与改善学习环境的能力。

（四）确定活动内容

活动目标需通过一系列的活动内容来体现，内容是目标的载体。活动内容就是指活动项目的集合，它们表现为一个个活动单元，关系到活动目标的实现程度。如根据“学习心理”主题教育活动的总目标，可将活动内容定为：良好学习习惯和方法的培养，掌握记忆技巧，创新能力的培养，克服考试焦虑。活动的基本任务是：提高学生的学习技能；掌握有效学习策略；发展创造力；培养学习兴趣和良好的学习态度；激发学习动机；正确对待学业成功与失败，树立自信心；养成良好学习习惯；帮助学生解决与学习有关的各种困惑。

（五）设计活动项目

明确活动目标、活动内容后，接下来就是设计活动项目。活动项目设计是针对某具体的活动内容制订的实施计划，具体内容为：活动项目要与总的活动内容相对应，分析每个项目涉及的理论，制定每个项目的活动目标，设计每个项目的活动内容，选择活动方式。

（六）评价活动效果

活动设计之初，就要考虑到可能产生的教育效果。在设计者的头脑里，要有关于结果的明晰的效果图景。设计者还要善于把这种图景与所有参与活动的学生分享，使其成为大家共同为之努力的意愿。同时，设计者要为评价活动效果准备配套测评方式，使其具有可操作性。活动效果测评为这次活动提供了反馈，以准确评价活动的效果，改进以后的工作。但最重要的是，当活动的效果评价作为活动设计的一部分被充分考虑时，它就成了活动目标的一部分，为集体和个人提供了压力，让成员对活动有更多的投入。当然，这种评价不是对成员表现的评价，而是对群体收获和活动效果本身的评价，是一种形成性评价，所以不会像传统考试那样对学生个体造成压力。

三、课外教育活动的实施要领

在实施心理健康课外教育活动的过程中，有以下几点需要引起高度重视。

（一）重感受

心理健康课外教育活动是心灵的碰撞，是人际的交流，是情感的体验，是帮助一个人学会自助的过程。活动的过程是大学生的认知结构、情感体验、行为方式在活动组织者的干预下进行调整、重组、统合的过程。这个过程是一个主动的过程，而不是单纯依靠外力实现的“塑造”“教育”的过程。开展心理健康课外教育活动的根本取向，是要促使学生在团体的助力下，审视自己的内心，反思自我的成长，思考学习，思考人生，思考自我与外界的关系，以推动自我的完美发展。

（二）重指导

心理健康课外教育活动是一项专业性很强的工作，没有心理老师的精心指导就很难达到设定的目标。教师的指导作用具体体现在：设计活动的目标，拟定活动的主题，选择恰当的活动形式和方法，设计活动方案，控制活动的进程，评价活动的结果；在活动过程中要积极营造团体活动的氛围、控制活动时间、把握主题方向，要以欣赏的态度去听学生的讨论，看学生的表演，并给予鼓励和引导；同时注意观察学生的行为表现，发现问题，实施个别辅导。心理健康课外教育活动应该是“非指导性的”，活动的组织者不能对学生作强制的说理和武断的解释，必须采用的暗示、忠告、说服等手段也只能最低限度地使用，力求“随风潜入夜，润物细无声”。

（三）重目标

在实施心理健康课外教育活动中最重要的是把握好教育理念和教育目标，如果只考虑形式和手段的新鲜花哨，就很可能会导致舍本求末。团体心理游戏可以为课外教育活动增添不少生机和便利，但这些游戏的使用一定要服从于教育目标的需要。如果不考虑场地、环境、主题的针对性等客观因素，不加分析地把一些游戏引入课外教育活动，则是不妥的。课外教育活动不能片面追求“轻松”“愉快”“活泼”，更应注重引导高职学生去直面生活，有鲜明的针对性，要有深度、内涵和哲理。

（四）重真话

信任使人感到安全，信任才能敞开心扉。说真话难免会有错话，但对学生在成长过程中出现的错话持一种宽容而理解的态度，可强化学生自我向善的意向与努力。罗杰斯曾经提出，指导者必须具备三种基本态度，那就是共情、真诚、无条件关注。心理健康课外教育活动的组织者的基本任务是营造良好的气氛，一种对活动参与者接纳与信任的气氛。这样可以使每个成员不必过度防卫和隐藏自己，能自由自在地表达自己，才能使活动产生效果，并促使活动参与者改变和成长。所以，在心理健康课外教育活动中，组织者要努力培植一种讲真话、讲实话的风气。

（五）重氛围

心理健康课外教育活动是建立在活动参与者之间相互信任、关心、了解、接纳的氛围中的一种互动的人际交往过程，每个成员的心扉就是在这种人际氛围中打开的。活动的有效性主要依赖于通过组织者的行为所建立起来的团体社会氛围，这氛围可以引发学生积极的回应，并导致学生认知和行为的变化。所以，营造坦诚、信任的团体氛围，消除学生对自由沟通和交流的防卫心理，是组织者最主要的任务、最高超的技能，也是心理健康课外教育活动最基本的环节。

（六）重应变

心理健康课外教育活动面对的是充满动感的大学生个体和交互影响的群体，活动现场的社会心态是千变万化的，组织者必须灵活把握活动的发展势头，不可刻板依照原定设计行事。因为活动的实施过程是充满动感的，它的发展和推进往往是随机的、高度动态的。在师生双边多向和多种形式的交互作用下，学生的潜在能力会随时随地被激发出来，各种奇思妙想、各种生动的生活经历，会在瞬间奔涌而出，学生往往会妙语连珠、才思横溢，整个活动现场会变得充满智慧的挑战、充满童稚与青春的生命活力，每个学生都会真切地感受到自己生命的意义和价值。这样的活动过程是任何周密的设计都难以事先预料的。因此，必须随机应变，随机引导，不要死守原定的活动设计方案。特别是当有的学生提及多数同学关心的共性问题时，组织者一定要及时抓住，充分展开。

（七）重自我升华

领悟是学生克服心理不适应、促进自身发展的关键，它往往伴有深刻的认识飞跃。即使学生的自我升华还比较幼稚，组织者也不可越俎代庖。心理健康课外教育活动的结束部分，应该是学生借助自己的内省、同学的回馈和心理教师的建议等，对自己的认知体系进行整理和重建的重要环节，这个环节也应该让学生通过主动参与来完成。

第三节　校园心理情景剧的组织实施

校园心理情景剧是一种新型的心理健康教育宣传方式和心理辅导活动形式，受到学生的普遍欢迎。校园心理情景剧是从社会剧发展而来的，具有戏剧小品的特点，比一般的心理剧具有更强的表演性。通常是学生在老师的指导下，运用心理剧的基本原理和方法，借助舞台再现校园生活中类似的情景和经历，并探索解决问题的方法。在校园心理情景剧的编排过程中，参与者不断地再现情景和体验各种角色的感受，尝试不同的解决办法，同时与同伴交流、分享，形成解决方案。校园心理情景剧最后形成一个相对稳定的表演形式，通过舞台表演，让更多的观众、同学从中获得感受和体会，从而给更多的人以启发和教育。

一、校园心理情景剧的特征与意义

（一）校园心理情景剧的特征

校园心理情景剧在高职学生心理健康教育中的重要作用，与其所具备的特征密不可分。

1. 主体性

校园心理情景剧，由学生根据指导老师下达的主题任务，或自行拟定主题，实现全程自编自导自演。这种以学生为主体的模式既能够积极发挥大学生自身的创造力、想象力，又能充分调动大学生的主观性、能动性、自觉性，打破了在第一课堂中由“教师思维”主宰的“课堂思维”，使大学生的主体作用真正得以发挥。

2. 体验性

体验性是校园心理情景剧的灵魂。心理情景剧的剧情，来源于大学生真实生活在这个相对完整、真实的情境中，参演者和观演者在剧情体验中对知识与技能、过程与方法、情感态度与价值观等产生领悟获得启迪和升华，心理潜能得到最大限度挖掘，行为得到强化，心理上获得调整、改造和发展，促成心灵的成长，并逐步内化为心理素质。

3. 情境性

校园心理情景剧提供的模拟情景，可激发大学生的能动性，使其积极地、自主地投入活动中，实现心理的自主建构，生成价值理念。校园心理情景剧的剧情和内容取材于大学生真实的学习与生活，是一种“再现的真实情境”。在这种特定的、真实的情境刺激下，大学生通过“移情”进入“有我之境”中，在有“我”参与的真实活动中，去发现问题、解决问题，构建自己的知识体系，培养自主分析和解决问题的能力。

（二）校园心理情景剧的意义

1. 教育对象的广泛性

作为团体心理辅导的一种形式，校园心理情景剧的辅导对象不仅包括参与表演的学生，也包括现场观看的学生。因而就辅导对象而言，校园心理情景剧的辅导范围更广泛，有更多的学生可以从中获得替代性经验，联系自身经历获得感受领悟，掌握问题解决的办法与策略，透过分享成长体验得到启发和教育。

2. 教育内容的生活化

心理情景剧的素材通常来源于校园现实生活，内容贴近学生的生活实际、直接反映学生生活中常见的问题，如缺乏自信、人际交往困难、情感困惑、学习障碍等，因此它们更容易引起学生的共鸣，也更易于被学生接受。

3. 教育过程的互动性

与传统的心理健康教育方式相比，校园心理情景剧的一个重要亮点在于其教育作用发生过程的互动性。它不是直接采用填鸭式、灌输式的方法给学生传授心理健康教育的理论，而是在心理剧的创作、编排、表演和分享过程中，让每个参与者主动地将自己的内心与心理剧建立起某种联系，引发其行为或情绪上的反应，促进其行为朝积极的方面发生转变。在整个过程中，心理辅导老师只是起指导作用，学生才是真正的主体，他们主动参与剧本的编写、舞台效果的设计和角色的演出。可以说校园心理情景剧编排演出的过程也是学生自我教育的过程。

4. 教育功能的预防性

在校园心理情景剧中，一个心理问题的产生、发展和解决的全过程被完整地展示给观众。它不仅可以帮助那些正在经历这种心理困惑的人找到问题解决的方法，更重要的是，以剧为镜可以让那些还没有产生心理障碍的表演者和观众发现自己生活中应该注意的问题和细节，预防同样的心理问题在自己身上发生。也就是说，它更侧重于心理问题的积极预防，重视学生心理自我调适能力的培养，而不是等到心理问题已经形成后再来干预。

二、校园心理情景剧的构成要素与技术

（一）了解校园心理情景剧

（1）校园心理情景剧根据戏剧架构，可以由一个人或多个人共同创作，编排和再现真实的生活场景，获得新的生活体验。

（2）校园心理情景剧的当事人可以是一个真实的个体，也可以是典型的一类人的代表，用以解决团体存在的比较普遍的问题。

（3）校园心理情景剧的心理辅导老师往往是在编排的时候发挥作用，表演时已经退居幕后。

（4）校园心理情景剧一般有发生、发展、高潮、结局这样比较固定的戏剧性形式。

（5）宣泄并不是校园心理情景剧中必要的因素，可以有，也可以没有。如果有，主要表现在戏剧的高潮阶段。

（二）校园心理情景剧构成要素

第一要素是剧本。剧本是校园心理情景剧活动的根本出发点，是剧情演出的文本依据。剧本主要由剧中人物的对话、独白、旁白和舞台指示组成。剧本的结构一般可分为开端、发展、转折、高潮、再高潮、结局。

第二要素是人物。人物是校园心理情景剧的灵魂。校园心理情景剧的人物包括导演、演员、观众。导演由学校的心理老师担任，是校园心理情景剧的策划者、组织者、指导者。其任务在于指导和支持学生编剧创作和进行表演，帮助建立一种宽松的氛围，及时引导剧情向目标方向发展，并邀请观众进行评论，以加强教育的效果。演员分为主角和配角。主角是剧中的主要演员，可以由与剧情中主人公有类似问题的学生或是一般同学扮演；配角是剧中的其他演员，配合主角演出。观众是除演员外的所有学生参与者。

第三要素是表演。表演是校园心理情景剧的重点和主体。表演包括暖场、演出、分享与审视三个部分。暖场用来催化演员创造性的潜能，熟悉剧情、参演成员和舞台等，是表演的准备阶段；演出是演员将剧本进行具体展示的过程；分享与审视是演出后演员与观众一起交流剧情，分享经验，反省自己的过程。

第四要素是技术。技术是校园心理情景剧中的重要元素。心理情景剧的常用技术有角色扮演、角色互换、替身、旁白、独白、镜观、空椅子等。

第五要素是舞台。舞台是校园心理情景剧表演的场所。校园心理情景剧的舞台设置可以灵活多样，如教室或室外的空地。根据剧情需要，有时舞台需要配备相关背景、灯光、音响和道具。

（三）校园心理情景剧的基本技术

校园心理情景剧主要是通过角色扮演的方式，将当事人的心理展示在舞台上。心理辅导老师应根据当事人的心理类型，选择恰当的角色扮演技术，促进情感体验。以下列举几种常见的角色扮演技术：

1. 角色转换

角色转换技术是心理剧里最常用和最有效的一种技术，即让当事人或者说主角与另一个角色相互交换，来体验对方的经历和感受。角色互换可以帮助个体从自己的角色中抽离而进入另一个人的世界中，经过角色的互换，把主角同理的或投射的情感演绎出来。比如让主角与演出其室友的配角进行角色转换，而该配角演出主角本身，根据剧情需要可以多次交换。在这样的互动中，主角对室友以及自身的状态和立场都会有新的领悟。这对于解决高校中普遍存在的寝室关系等人际问题，无疑是一个有益的探索。

2. 未来投射技术

未来投射技术被用来协助成员表达和澄清他们对未来的想法。如让团体成员想象5年以后、10年以后或者更久以后的自己，并表演出来。这样可以让他们明确自己的理想和价值观，这种明确将推动成员去争取自己想要的结果。如处在类似考专升本与就业冲突之中的人，可以用多种方案对将来进行预演，通过别人的反馈和自己的权衡从中选择出最富建设性的方法。

3. 魔幻商店

魔幻商店技术通常用于暖场阶段，也可用来表演。其基本思想在于主角和扮演店主的配角进行讨价还价的表演，店主卖的东西都是无形的，在生活中无法用金钱交换的，如快乐、成功、健康等。主角扮演买主，他们要拿出自己所拥有的品质去交换。比如用自己追求完美的品质去换取轻松的生活；用自己的敏感去换取同学之间的亲密。在整个过程里，主角可以考虑再三，是否值得交换。这样的活动可以让旁观者明白主角的困惑和想要改变的现状；同时主角也会明确自己有些怎样的品质，哪些是值得发扬的，哪些是需要改进的。这种明确对于处于自我同一性的发展阶段、自我意识明显增强而人格尚不成熟的高职学生有着尤为重要的意义。

4. 空椅子技术

空椅子经常运用于一个人表演的短剧中。当主角对某人或自己的某部分产生阻抗，不敢面对时，就可以利用一张椅子来象征其内心的期望或恐惧。一般会让主角想象在一张空椅子上坐着一个人，放着一件东西，或者是自己的某一个部分，鼓励主角与之对话。

5. 替身技术

替身技术即由一位成员扮演主角，进入主角的经验世界中，体会主角的感受、想法和内在语言，以协助主角把没有体会到的感受表达出来，扩大主角的觉察范围，催化主角的心理经验，表露出主角的深层次情绪。在校园心理情景剧中，经常会使用的一种替身技术是：给主角安排两个替身，一个代表本我和欲望，另一个代表超我和道德，通过两个替身的冲突矛盾来形象地表现主角的内心冲突。

三、校园心理情景剧的实施

（一）校园心理情景剧剧本的创作要点

校园心理情景剧的创作、编排及演出过程，就是一个心理健康教育的过程。在这个过程中，演员和观众会遭遇生活中的各种问题。此时，导演或者舞台上的表演者会引导大家随时将日常生活中的问题转变为成长和发展的机遇，指导人们用自己与生俱来的表演才能创造出新的生活形式，创造性地表演自己的生活，从而帮助大家成为环境的建设者和创造者。

校园心理情景剧的创作是建立在对大学生心理健康状况的调查与研究基础之上的艺术加工和艺术概括。创作过程包括搜集素材、确立主题、设置时空框架、编写剧情、选择人物以及创作剧本6个环节。

1. 搜集素材

剧本的创作者可以通过多种方式多角度、多层次搜集学生中普遍存在的心理问题。例如，整理和分析心理咨询的典型个案；观察和分析学生网络论坛、博客中出现频率最高或跟帖率最高的心理话题；设计调查问卷，了解学生普遍感到困惑和亟须解决的心理问题；访谈或观察学生，记录在某个学生群体范围内各种心理问题出现的频率；深入校园中的特殊群体，如贫困生、学习困难生、单亲家庭学生等，了解他们所经历的特殊心理困惑。

2. 确立主题

校园心理情景剧是针对某一突出心理问题的艺术加工和创作，因此力求把握一剧一主题的原则，否则会加大表演者的难度，达不到教育和治疗的效果。主题确立是在素材搜集的基础上，进行高度概括的结果。大学生校园心理情景剧的常见题材内容有：人际交往问题，如寝室关系紧张、异性交往恐惧、亲子矛盾冲突、孤僻自闭等；学习心理问题，如考试焦虑、学习动机缺乏，网络成瘾、厌学等；自我意识问题，如理想自我与现实自我之间的落差、自卑、缺乏自我控制力等；环境适应问题，如新生适应不良、毕业焦虑、创伤后应激障碍等；情绪问题，如抑郁、焦虑、易怒、情绪自控力差等；人格障碍问题，如依赖、自恋、攻击、偏执等。

3. 设置时空框架

校园心理情景剧时空框架的设置，需符合表现主题的客观条件，以期达到情景再现的治疗效果，最好是大学生们非常熟悉和有特定意义的时空环境。比如空间设定可选择大学生寝室、教室、考场、食堂、运动场等特定环境；时间假定在重大节庆日、周末双休日、报到或离校之日、上课、考试、休息娱乐时间等。

4. 编写剧情

剧情是校园心理情景剧的灵魂，内容安排要围绕主题展开，要有矛盾冲突。校园心理情景剧主要是通过冲突来推动剧情发展的，概括起来主要可以分为三类。

（1）个体之间的性格冲突。

（2）个体内部的心理冲突。

（3）人物与环境的冲突。

5. 选择人物

校园心理情景剧的表演受舞台的限制，人物选择要尽量遵循宜少不宜多的原则。因为人物越多，焦点越多，情节越容易拖沓。只有人物精简，焦点突出，才能用更多的剧情集中刻画主角的内心世界。

6. 创作剧本

为校园心理情景剧创作的剧本是开放式剧本，允许在排演的过程中随着剧情发展修改、丰富、完善和创新。校园心理情景剧的剧本应更多地依靠广大同学自己创作完成，这样将使大学生得到双重治疗和锻炼，培养和吸引更多有文学才华、创作冲动的大学生加盟校园心理情景剧。剧本的创作是开展素质教育的一个重要载体。

（二）校园心理情景剧的导演

校园心理情景剧的导演工作是把大学生心理健康教育活动具体到每一个心

理健康问题的过程。导演者就是心理辅导老师本人。导演工作包括挑选演员、分配主角和配角、选择角色扮演技术、指导和排练表演的艺术效果等。

1. 挑选演员

演员的气质类型要符合角色，要指导演员认识、体会和了解角色的心理问题，这些问题或许就是他本人的或是他周围身边人的心理问题。符合角色类型的演员更易于从表演中体会和表现是与非、对与错、正常与不正常等，从而达到解除危机和烦恼的疗效。最符合条件的演员就是提供素材的原型人物。

在挑选时应注意演员的异质性程度。由一个异质性较高的群体来演绎一出校园心理剧可能收效会更大，尽管他们在编排的最初阶段可能也更容易发生矛盾冲突。例如一个对任何人都不信任的主角，遇到一些善良、友好、真诚、坦荡的配角或观众，他很容易就会动摇自己原来的信念；一个特别害怕在众人面前讲话的人，如果与健谈的人一起表演心理剧，和能理直气壮地大胆表达自己感情的配角同台，更能反衬出他们自身存在的不敢大声说话、表情羞愧、动辄向人道歉等行为，并为他们的自我改变树立了良好的范本。而一个抑郁倾向严重的患者，如果遇到同样抑郁的个体，他们之间的负性情绪会因互相传染而形成恶性循环。因此，在选择校园心理情景剧的演员群体时最好考虑到异质性的问题。

2. 分配主角和配角

主角是校园心理情景剧的主要人物，但是通常心理剧中不会只有主角，还需要配角来帮助主角完成整个表演。但是在校园心理情景剧的排演中，经常发生的现象是，学生们争着演主角，而不愿演配角，这本身就是一种缺乏团队协作精神的不良心理表现，也恰好可作为进行人际心理辅导的一个契机。

（三）校园心理情景剧的表演和演出

校园心理情景剧的演出是学生在角色上进行的艺术创作和灵感发挥，既融入了他们对角色的领悟把握，又赋予了角色自身的个性特色；不仅是大学生课余生活中心血与汗水的劳动结晶，更是大学生进行心理健康教育的自我实践活动。通过校园心理情景剧的演出可以在观众中普及心理健康知识，引起观众的共鸣，也能令表演者得到最大的支持鼓励和精神安慰。

1. 演出时间

校园心理情景剧的演出时间可以安排在大学生的节庆假日文艺晚会、各种艺术节活动上，或者安排在每年5月25日的大学生心理健康活动日。

2. 观众

校园心理情景剧的演出可以有特定的观众，例如在针对具有类似心理问题的小群体进行团体心理辅导时开展表演。也可以无特定观众，如在全校、全院（系）或全班的集体活动中进行演出。

3. 分享

演出之后，是分享的过程，即演员之间、观众之间、演员与观众之间的一种互动与情感交流，这是一个让情绪宣泄和经验整合的时间。情绪宣泄是一种释放的经验，它使长期内在流动的状态找到其情感表达的途径。分享的方式是，采取自愿报名或从调查问卷中抽取问题比较典型的观众，与演员和导演一起分享个人成长中与剧中主角类似的经历或故事，在此过程中，不强调对事件或问题的分析或者评价，而是侧重于个人情感的自然流露或表达。参与者的意见在这个时候会被全体成员听到，同时每个成员都能发现自己跟主角的相似性。分享的时候就是要抓住这个学习的过程，让学生宣泄自己的情绪，得到一些反省和情感的支持。

4. 审视

审视是指在分享之后，演员和导演之间就演出的感受、收获进行的一种交流，对演出中技巧运用的一种反思与回馈，以便下次演出时有所提高。

总而言之，校园心理情景剧的实施过程，正是心理辅导教师以此类大学生为对象进行一系列心理咨询与辅导的实践过程。通过导演过程的辅导和排练，既能让学生了解在他们当中或身边存在的这些不容忽视的心理问题，又能教育帮助他们及时克服、战胜这些心理问题。在具体表演进入角色的过程中，学生还能学到戏剧表演等舞台艺术方面的知识，有效地扩大学生的第二课堂，丰富活跃校园文化生活。

（四）校园心理情景剧举例

校园心理情景剧的实施包括准备、暖场、演出、分享、讨论五个过程。下面以以大学生宿舍人际矛盾为题材的心理情景剧《宿舍你我他》为例，向大家展示校园心理情景剧如何应用于大学生心理健康教育。

校园心理情景剧《宿舍你我他》采用“情绪红绿灯技术”形式，讲述发生在某女生宿舍的一个真实故事。主角小丽谈恋爱了，晚上打电话到12点，影响了宿舍其他同学的休息。同学提意见，她也不听，与同学吵起来了。最后她又在宿舍外打，最终引起别的宿舍同学怨声载道。

在准备及暖场过程中，成员被分成三队：红队、黄队和绿队（红队代表矛盾冲突，黄队代表理性思考，绿队代表问题的解决）。主题任务发布后，各队成员自行分配角色，指导老师引导学生们去表演不同的角色。成员间通过对小丽事件的讨论和交流，建立团队的信任感和凝聚力，激发成员的能动性和创造性。

在演出过程中，首先由红队通过表演进行问题呈现，展示宿舍矛盾和人物内心冲突。指导老师协助表演者在表演中表达他们的感受和心情，并根据剧情进展对观众进行"暗示""诱导"，引导学生进入学习。然后由黄队分析矛盾和冲突。指导老师需要对学生进行"情感驱动"，让学生较好地完成角色的转化，融入情境中，用语言形式提出解决问题的可行性方案。最后，由绿队成员听取黄队的意见后，结合自己的经验和思考，具体演出最有效的解决方法（可以是不同于黄队的其他多种方式）。

接下来的分享阶段，由演出成员分享自己观看或演出后的感受和体会。在最后的讨论阶段，各小组成员讨论自己对这类情况的应对、处理方法。指导老师可以提供一些讨论的画面，例如说" 假如我是剧中的某个角色，我会怎么……我想怎么做，应该怎么做？"等加以引导和总结，促进学生反思。

然后，再循环更换红、黄、绿队的角色，通过不同角色的扮演，使每个成员都体验到矛盾冲突、冷静思考及解决问题的三个阶段。通过对心理情景剧《宿舍你我他》的演出体验，可以使学生的认知与情绪调控有机协调，行为适度，懂得如何面对生活中的矛盾，自我调节情绪，理智解决问题。

校园心理情景剧以舞台为背景，舞台就是一个小社会，同学们在学习生活中发生的一切问题都可以通过心理情景剧表演的方式呈现在舞台上。通过夸张的表演、心灵的独白，让演员和观众在笑声和泪水中受到无形的启迪，这对于每一个人来说都是一次认知观念和行为模式的整合，同学们可以在较短的时间里更多地学习他人在现实生活中的经验，掌握更多应对困难的方法和对策，这些都是在个别咨询时所难以达到的。这使得心理剧比其他的心理教育形式更加形象化、生活化和深入化。

第四节　心理健康主题班会的组织实施

心理健康主题班会是围绕大学生中普遍存在的某一心理发展主题，运用团体心理辅导技术设计的结构化或半结构化的班会方案，重点是帮助同学们解决普遍存在的共性问题，加强引导与分享，促进思考和交流。心理健康主题班会是教师向大学生进行心理健康教育的一种有效形式和重要阵地。

一、心理健康主题班会的特点

（一）互动性

心理健康主题班会以学生之间的互动为主要特征。通过互动，可以使更多的同学摆脱日常小群体的束缚，使大学生们有更多的机会加入大群体之中并触及其他人的内心世界。因此，互动可以让大学生们充分表达不同观点，帮助大家从不同角度观测自己和他人，重新认识生活，从而更好地接纳自己和他人。

（二）体验性

心理健康主题班会重在学生的体验，属于体验式学习。心理健康主题班会一般会有丰富多彩的活动，班级中每个同学都有机会参与。而且，所有参与者除了得到视觉和听觉刺激之外，还可以通过触觉、运动等多种感官来参与，满足不同学习风格学生的需要。可以说，在心理健康主题班会进行过程中，学生是整个身心都在学习，较容易形成积极的体验，增强归属感，促进大学生心理健康发展。

（三）分享性

心理健康主题班会重在学生之间的分享，注重给大学生更多的自主选择机会。为了让大学生充分表达不同观点，需要建立安全接纳的气氛，不让学生感到威胁。特别是当一些观点没有获得大多数学生及社会认可的时候，更需要全体学生保持开放和包容的态度，只有这样，才能使表达者畅所欲言。

（四）成长性

心理健康主题班会重在解决同年龄段大学生共同关心的成长问题，它注重的是个体的人格发展问题，重点是促进学生心理发展。

二、心理健康主题班会的组织与实施

（一）以大学生的心理动态及现实需求为出发点，有针对性地确立和策划班会的主题与内容

这是心理健康主题班会的生命力所在。不同年级、不同班级有不同的情况，同一个班级在不同的学年、学期和时间段也会呈现出不同的状况。确定心理健康主题班会的主题和内容时，组织者必须考虑具体情况，针对本班学生共同关心的社会心理现象、班级普遍性和倾向性心理问题或严重的突发个案作出选择，以引起学生注意，激发学生兴趣，取得理想的教育效果。否则，即使学生对主题有兴趣，也难以展开思维，无法参与其中，起不到教育作用。为使心理健康主题班会有针对性，组织者务必调查研究，掌握班情，清楚大学生近期关注的热点是什么，了解大学生普遍对什么感兴趣，知道大学生的动机、需要、情感等心理特征。

一次成功的心理健康主题班会将对大学生的世界观、人生观和价值观产生积极的影响。心理健康主题班会是一项实践性的活动，所以在设计主题时，可以根据大学生的成长需要、不同时期的心理发展特点，设计系列相关主题。如大一可以开展一些有关生活适应、生涯规划、人际关系、感恩教育、生命教育、恋爱教育的主题。如“我是谁”“天生我才必有用”“你想让更多的人喜欢你吗”等。大二、大三则注重于专业理论与实践的联系，能力和素质的提高，可以开展一些就业指导、职业规划相关的主题。如“成为一名合格的职场精英，你准备好了吗”“面临毕业，我该何去何从”等。也可以根据一些节日、热点来选择适宜的题目，帮助学生克服心理困惑，促进学生成长发展。

（二）根据大学生的心理和年龄特点，选择适当的组织形式加以实施

确定主题后，班会的设计，内容的安排、组织、筹备等工作都应让大学生开动脑筋，放手去做。要注意整个主题班会过程中的民主与平等，给大学生参与的时间与空间，激励每一位学生投入班会活动。要根据大学生不同的生活兴趣和心理特点，采取新颖的方式、灵活多样的形式，同时要因人、因时而异，吸引更多的同学融入主题班会活动的氛围中。

心理健康主题班会的组织形式可以采用模拟扮演、讨论、辩论、竞赛、体验交流、娱乐表演等多种模式，也可以根据主题进行选择，并形成各种组

合。如能使大学生立刻进入情绪的方式，包括鼓掌、喝彩、唱歌、运动；庆祝方式，通过答谢会、聚会、音乐表演等，展示大学生的成长；游戏方式，使用简单的道具满足学生的挑战需要；角色扮演方式，由学生根据班内情况自行设计情景，挑选学生扮演相应的角色，能够增强学生的体验。还可以采用计算机演示、头脑风暴、演讲、朗诵、小品、才艺展示、小型室外运动会等形式。当然，在心理健康主题班会召开之前，必须在组织者指导下，由班委进行认真准备，筛选符合主题与班内学生心理特点的模式及活动形式。同时，也要避免走过场，如仅仅为了完成任务而随便应付。如果是那样，心理主题班会就很难达到帮助学生成长的目的。

（三）合理利用心理辅导的技术，扩大心理健康主题班会的参与广度，增强大学生的参与意识，提高主题班会的实效性

在心理健康主题班会活动中，组织者要积极主动地运用各种心理辅导的技术，打破传统主题班会教育中存在的“教师为中心”“灌输为主”的固有模式，打破传统的师生关系模式，构建以学生为中心、以学生自主活动为基础的教育辅导过程，增强班级团体辅导的开放性与实践性。如运用积极关注技术，鼓励在主题班会上发言的同学无保留地自由表达；运用指导性倾听技术，帮助大学生们充分认识世界和认识自己；运用真诚与信任技术，引导全体同学设身处地、换位思考，让学生明白别人的感受和处境。

在心理健康主题班会的实施过程中，组织者要创造平等尊重、和谐的气氛，引导大学生自己去思考，自己去解决问题。心理健康主题班会应该让每一位同学都融入活动当中，而不是当旁观者。只有亲自参与，投入自己的精力和情感，才会融于其中，达到自我教育的目的。比如让能歌善舞的同学参与表演；让会电脑的同学设计主题班会的课件；让会画画的同学用画来表达他们的心声；让每个学生实话实说，真诚表达自我看法；让每个同学在主题班会中都有事可做，感觉到是“我”在搞活动，而不是“我”在看别人搞活动。这样的主题班会才能达到增强班级团体凝聚力，增强主题班会活动的参与意识，扩大参与广度的目的。

第五节　心理素质拓展的组织实施

校园心理拓展训练是起源于英国的拓展训练在校园的变形，是一种在团体情境中提供心理学帮助与指导的重要方式。它是通过团体内的人际交互影响，帮助个体在交往中通过观察、学习、体验等方式来认识自我、悦纳自我，同时改善人际关系、形成新的生活态度和行为方式，以发展积极有效的生活适应能力的过程。

在今天，知识和技能还只是有形的资本，而坚定的自信心、强烈的进取心、顽强的意志力、良好的沟通能力与合作精神，才更是一种无形的力量。在什么样的情况下能使有限的知识和技能释放出更大的能量；如何开发出那些一直潜伏在每个人身上、而人们又未必真正了解的能力和情趣；怎样才能实现与他人的良好沟通和弄清这种沟通能够深入到什么程度；怎样有效地破除个人自我中心概念，改变对他人和社会的冷漠心态、认知模式等。这些都是拓展训练的真正意义所在。体验式心理拓展训练寓教于乐，为学习者提供轻松自然的学习氛围，并设置了具有挑战同时又充满趣味的活动。团体相互交流分享，不仅可以丰富和更新自身的知识结构、培养高职学生独立思考的能力，而且对于启发他们如何挖掘自身潜力、发挥自身才能也有着积极作用。挑战体验式训练以活动为道具，以学员为中心，参加者通过亲身体验达到挑战自我的目的，从而改变个人态度。态度决定行为，行为决定习惯，习惯决定性格，性格决定命运。

一、校园心理素质拓展训练的主要特点

（一）在心理素质拓展训练的整个过程中，学员扮演主角这一点区别于很多其他的培训

学员始终是活动的中心，他们通过自己身体力行的活动来感受，并从中悟出道理。指导者的讲解是在所有学员回顾的基础上展开的，而不是单向的阐述。这样的学习方式充分保证了学员的投入程度。

（二）小游戏大道理，游戏蕴含深刻道理

选编的一些游戏看上去都非常简单，其实这些游戏绝大多数都是经过几十年心理学、管理学、团体科学等方面的论证，能够使个人心理素质得到有效提

升，其科学性不言自明。

（三）学员的情感距离被迅速拉近

参加拓展训练的成员通常被分成若干个小组，自己选出队长，自己制定队旗、队歌和口号。每个小组通过领导者的调动充分融合，由于活动本身都面临着挑战，许多游戏需要大家忘我的合作才能完成。这样形成的感情就如同在军营里形成的感情，其感情距离比通常情况下普通的朋友关系要近得多。

（四）物理环境能使人身心放松

从手段上看，拓展训练通常强调远离喧嚣、投入山水，有时也会引入露营、徒步等训练手段。这种做法的目的不仅仅是给学员营造一种更加投入参加培训的气氛，更是让学员身心放松、开阔视野、增长见识和增进感情。更重要的是，通过训练提升个人和团体的素质，其核心在于对学员综合素质的提升。

1. 心理素质拓展训练不同于体育

虽然训练以户外活动为载体，但无论是训练目标还是训练手段，都与体育存在较大的差别。体育以身体锻炼和竞技为核心目的，而拓展训练强调学员心理素质的提升。从训练手段而言，拓展训练通常以限时完成任务为标准，要求团体成员共同解决问题，而体育训练则以重复性强化训练为主。

2. 心理素质拓展训练不同于娱乐

拓展训练具有极大的趣味性，但仍不同于娱乐。娱乐的一个突出特征是没有明显的目的，带来的是心理上的某种满足感。而拓展训练的某些项目恰恰是以克服心理障碍、完成心理挑战为目标的。

3. 心理素质拓展训练不同于传统培训

拓展训练与传统培训的区别主要在于：轻松自然的野外环境、开放接纳的心理状态、真实模拟的情境体验、协同互助的生活经历。与传统的室内训练不同，野外拓展训练借助自然地域，通过使学员亲身体验经过定向设计的情景模拟项目，评估学员的实际表现，发现和暴露学员及团体整体的优势及问题；然后在领导者的引导下利用团体的共同智慧成功找到改进的方向和方法。

二、校园心理拓展训练的步骤

一般而言，校园心理拓展训练会根据参训者面临的心理问题设定各种训练项目，通过这些项目帮助参训者达到相互沟通、共同面对问题、寻找解决问题的方法、体验成功的喜悦、认同团队精神重要性的目的，从而使参训者联系生活中遇到的问题，产生迁移，达到提升心理健康水平以及适应社会生活和竞争的目的。

其基本过程一般包括信赖确立关系、目标设定、挑战压力、高峰体验、幽默与愉快、解决问题6个步骤。

（1）信赖关系是校园心理拓展训练展开的基础。只有信赖才能使所有参训者投入地参加各种活动，并在危险的状况下信任同伴，真实感受到当时在场的人的存在，并通过身体的活动建立起同伴之间的信赖关系。

（2）目标设定是发挥团队作用的有效因素，它能使全体参训者共同分担团队的责任，潜移默化地进行从身体安全到心理安全的转化。

（3）挑战压力是有效释放心理压力的一种方法，它通过慎重地设定许多看起来危险、使参训者感觉到压力的活动，让参训者通过克服困难去真正地释放心理压力。

（4）高峰体验是在某种技能学习或进行某项活动的努力过程中所获得的最高的体验。

（5）幽默与愉快的团队氛围，可以使参训者在训练中产生愉快感，从而达到心理压力的释放或排解。

（6）解决问题则是校园心理拓展训练的最终目的，即通过以团队的形式与同伴一起解决问题的训练，使参训者学习到解决问题的技能，体验到成功的喜悦，增强自信心，提高适应社会生活的能力。

三、校园心理拓展训练的作用

校园心理拓展训练的本质是一种体验式培训，它使参训者在活动中通过亲自参与来获得个人体验和感悟，进而获得成长。

通过校园心理拓展训练，可以让大学生在活动的过程中充分感受自己的心理变化，通过积极心理体验来促进大学生心智的完善。校园心理拓展训练的成功，不仅在于按规则完成了任务，更重要的是通过亲身体验，使得每个大学生都能够重新认识和发展自我。

通过积极的心理拓展训练，可以释放大学生活和学习中的压力，调节心理平衡；可以帮助大学生认识自身心理潜能，增强自信心；可以强化探索精神和创新意识，培养进取心；可以帮助大学生学会更好地与他人进行沟通与协调，改善人际关系；可以帮助大学生完善人格，培养勇气、毅力、责任感以及积极的人生价值观。

在心理拓展训练的同时若结合一定的心理辅导，对于提升大学生的心理素质和综合能力则更有帮助。

四、校园心理拓展训练应遵循的原则

1. 基于校情

心理拓展训练进入我国的时间不长，进入学校的时间较短。一所学校能否开展此活动，一定要基于校情，结合实际情况进行判断，切不可一哄而上，盲目效仿。开展时，要尽可能结合学校的体育传统、办学特色，这样才会有生命力和实效性。

2. 确保安全

心理拓展训练的内容很多，有的需要场地，有的需要简单器材，有的则需要专门器材，组织者要从实际出发，加以选择。不管选择哪种类型，首先一定要确保学生安全，因为尝试心理拓展训练，是为学生健康成长服务的。如果不顾学生的健康和安全，盲目开展，那就有悖初衷了。当然，我们也反对那种拿“安全”作为挡箭牌而不开展任何活动的因噎废食的做法。

3. 整合资源

开展校园心理拓展训练需要场地、器材，但我们不提倡花很多钱来购置专门器材，或者说离开专门器材就不能开展心理拓展训练了。废旧的汽车轮胎、油桶、木箱等都是很好的资源，而且还很环保。另外，还可以发动参训者创造性地开发资源，动手做器材。当然，从长期发展和区域性推进的角度来讲，加强基地拓展训练场地建设不失为资源整合的一条有效途径。

五、校园心理拓展训练后的分享功能

我们可以把分享界定为在校园心理素质拓展训练活动中，团体成员通过言语、动作、表情等途径彼此交流在活动中获得的各种感受、领悟和发现，以达到相互启发、共同成长的目的。

分享是校园心理素质拓展训练的一个基本环节，也是完成团体的一项操作性极强的技术，它必须建立在一定的活动和体验的基础上才能进行。分享的形式可以不拘一格，一般以口头交流为主要形式，辅以书面语言、手势、动作、表情等具体形式，灵活安排在团体过程之中。

1. 分享的教育功能

成员在分享中学习，在分享中成长。“你有一个苹果，我有一个苹果，我们彼此交换，每人还是一个苹果；你有一种思想，我有一种思想，我们彼此交换，每人就拥有两种思想。”团体成员在活动中接触各种各样的人，了解他人的各种感受与经验，观察他人的各种行为，在团体这个小社会里观察学习。在各种拓展训练活动之后的分享中，认识到人的个别差异，接纳甚至欣赏不同的个人风格，学习他人智慧，融百家之长，通过团体中他人的力量来提升个人的能力和经验，具有事半功倍的效果。分享还可以促进团体的成长，形成团体的凝聚力。反过来，成长了的团体对个人也会产生积极的影响。

2. 分享的宣泄功能

把不愉快的事情隐藏在心中，会增加心理负担。“找人倾诉烦恼、诉说衷肠，不仅可以使自己的心情感到舒畅，而且还能得到别人的安慰、开导以及解决问题的方法。”一吐为快，向他人倾诉是一种良好的宣泄方法。向全班或小组成员倾诉，有众多的倾听者，宣泄的效果当然更理想。

3. 分享的强化功能

分享是团体心理辅导中一个必不可少的环节，团体是一面镜子，而分享技术则是一面放大镜，通过分享使得某些问题或闪光点得以放大，从而引起团体成员的关注、讨论、模仿、借鉴，可以起到个别辅导所无法起到的作用。有时某个成员的观点说出了大家共同的感受，引起群体的共鸣，可以起到一石激起千层浪的作用；有时某个成员的想法有些争议，可以引发大家热烈的讨论，得到更为睿智的结果，最终达到的效果也是事先无法预料到的，将收到带着团体成员共同成长的奇效。

4. 分享可以促进人际关系的和谐

有时自己不能清醒地认识自己，“不识庐山真面目，只缘身在此山中”。在拓展训练中，由于成员间的人际互动，他人的存在就像自己的一面镜子，他人的意见可以使自己反省，帮助自己更好地了解自己。除此之外，成员之间在分享时互相交流感受与思想，自我暴露，加深对他人的了解和信任，能培养成员的同理心，会产生一种自己人的心理效应，促进团体成员之间良好人际关系的形成。

5. 分享的过程可以激发成员的成长动机

分享过程的实质是一种社会比较过程，成员在比较中能够更全面地认识自己、了解自己、接纳自己，使自己能够对自我有更为准确的认识，形成良好的自我概念。在比较中，成员认识到自己的优势，能增强自信；在比较中，成员知道自己的不足，会主动追求改变，促进自我完善。

6. 分享的过程本身具有心理辅导与治疗的作用

分享的过程可以帮助个体宣泄不良情绪，淡化、缓解、矫正及至消除某些心理问题。例如，有人际交往恐惧倾向者或有考试焦虑倾向者，常常会感到紧张、恐惧、无助甚至绝望，并且常常认为自己是天下最不幸的人，是倒霉鬼。在个别辅导中，这些消极情绪虽经辅导者努力处理，但有时未必能消除。而在拓展训练情境中，局面会有所不同。这些成员在团体中经过交流和互动后发现，考试焦虑是学员常见的心理问题，和自己处境相同的人居然还不少，焦虑感和孤独感会因此有所降低，他们不再认为自己是天底下最可怜的人了。他们会发现彼此同是天涯沦落人，会产生“我们”的感觉，归属感和被接纳感增强，从而更有安全感，更有信心面对学习中的挑战。这种经验与感受的分享具有心理治疗的功能。

第六节 校园心理沙龙的组织实施

校园心理沙龙是一种形式自由活泼、参与性强的主题讨论会，是心理老师和大学生都比较喜欢的一种课外教育活动形式。校园心理沙龙主要利用小组会谈的形式，组织者根据大学生心理发展的热点问题选定主题后，通过宣传招募的方式邀请有兴趣的大学生参与。沙龙的具体实施由主持人主持，全体成员就当次主题展开自由讨论，通过成员之间的思想及情感交流，达到释疑解惑、领悟成长的目的。活动参与者在主持人引导下围绕一个主题自由表达自己见解，追求尊重、平等、和谐、温馨的交流氛围，通过多人互动、交流沟通、情感宣泄、自我表露等方式对典型问题进行深入探讨，给人以启发和思考。

一、校园心理沙龙开展的方式

（一）结构化的方式

指预先准备好某个主题的活动流程，主持人基本上按照预先设定的流程来操作，参与者主要在主持人的引导下进行交流，如同教师课前准备好教案，上课时按教案来讲。

（二）非结构化的方式

在充分了解参与者的基础上，预想可能出现的问题，准备相关资料和引导方法，并根据现场的交流情况，巧妙加以引导。这种方式把参与者作为交流的主体，主持人作为影子，按问题的内在解决要求，促进参与者积极互动，以达到集思广益、启迪思维的目的。

（三）半结构化的方式

预先有结构化的和非结构化的资料，然后根据现场的交流情况灵活做出处理。比如在交流讨论不够深入的时候，主持人可以把预先准备的典型案例拿出来供大家讨论，在大家表露不很深入的时候，运用自我表露技术引导大家的表露。

结构化方式有点过于呆板，参与者会感到有些受束缚。非结构化的方式又很不容易把握，需要主持人有丰富的团体活动领导经验和较强的现场管理能力。半结构化的方式运用得最多，它能让参与者参与深入探讨，假若效果不是很理想的话，主持人又可提供预先准备的一些内容供大家讨论。但是无论哪一种形式，充分的准备都是做好活动的基础，否则，交流会浮在表面，很难深入下去。

二、校园心理沙龙活动的特点

（一）能够让全体成员“真诚，全身心地投入”

交流本身就是对思维的整理过程，就是一种宣泄，同时，能引起其他人的反馈，又会进一步促进自己的积极思考。沙龙的交流不同于日常生活中的聊天，沙龙中大家保持着生活的空间距离却又心灵相近，许多不愿对朋友讲的话可以在此一吐为快。沙龙的温馨和受保护的气氛让参与者有安全感、归属感，自己投入越多，得到的反馈就会越多，思考就会越多，收获就会越多。

（二）能够使成员在活动中“平等对话”

在普通的讨论中，人们的立场相对比较固定，为证明自己所持的观点会进行争论，努力说服他人改变立场。这样做的确可以达成一致意见，但是很难产生其他的积极后果。与之相反，在对话中，每个人一般都会有足够的耐心和兴趣去倾听他人的谈话，并理解其他人立场的意义。如果理由充分，他们就非常乐意改变对问题的看法。沙龙营造的平等对话的氛围，能在理解、宽容、接纳中让大家的心胸更宽阔，更深刻地认识别人并且悦纳自己。

三、校园心理沙龙活动的实施及注意事项

要组织好校园心理沙龙活动需要把握好活动前、活动中和活动后三个阶段，具体来说主要是：

（一）活动前——充分的准备是成功的关键

1. 确定主题

每次活动之前组织者都要召开讨论会，讨论活动的选题，选择合适的话题才会使参与者有更多的表达意愿。选题不能太宽泛，大而空的话题不利于深入探讨。比如关于人际交往的话题，可以框定在人际交往之“相互理解”，包括倾听、交流、拒绝等几个具体的方面，这样就容易深化内容。否则，仅仅停在大家都熟知的表层，激发不起更大的谈论热情。

2. 准备主题

确定主题之后，就要选出这个主题活动的主持人。主持人在充分酝酿的基础上形成主题活动的提纲。在活动举办前组织者要聚在一起，讨论主持人的提纲并提出修改意见；此外，还要进行预演，组织者根据预演的情况提出注意事项，尤其是如何把握好重点，还要考虑活动中参与者可能出现的探讨方向以及主持人如何进行引导等问题。

3. 注意交流讨论深入的技术

组织心理沙龙活动，难点在于如何使沙龙的交流讨论深入下去。交流讨论能否深入除了受主持人与参与者熟悉和信任程度的影响外，参与者全身心投入、自我表露较深、努力探索问题，主持人思维敏锐、引导巧妙，整个气氛是信任的、受保护的等，都很重要。有些问题是在一定的气氛和背景下才可以讨论的，比如恋爱的经历也许在第一、二次活动中没人谈，只有到了大家相互之

间都较熟悉的地步，有了信任的氛围，才会有人愿意把心中的秘密拿出来和大家一起分享。

（二）活动中——围绕主题，灵活应对才能取得好的效果

组织者准备了很多内容，但活动进程中会出现什么只有在活动进行时才能体现出来，一味按照准备好的内容硬把参与者往既定的框里拉，大家都会感到受束缚。所以现场的灵活把握和掌控，就显得十分必要。

1. 主持人的知识、经验、素养，对参与者的了解等影响着整个沙龙活动

主持人既要宏观把握，又要微观影响，敏感地注意现场的细微变化，艺术地加以引导，使活动朝着积极的方向发展。在必要的时候须打断不合适的讨论、交流，控制好时间、话题，明晰重点问题并把它导向深入。主持人的语气、语调、态度传达了对参与者理解和尊重的信息，随和、轻松和幽默的风格有助于创造温馨、信任的气氛。

2. 恰当地安排游戏活动、情境表演等体验内容具有积极作用

活动前的游戏可以使大家在轻松的气氛中增进了解，增加熟悉程度，为随后的活动热身，使大家进入状态。活动中间恰当地穿插游戏，可营造放松、活跃的气氛。值得注意的是，游戏不能太频繁，否则，会冲淡活动的主题，影响主题的探讨。游戏须为主题服务，而非为游戏而游戏。另外情境表演把生活中的情境现场表演出来，促进了参与者对问题的进一步思考。角色扮演等体验性较强的游戏能让参与者在真实的感受中加深对主题的理解，从而把沙龙主题的探讨引向深入，带给参与者更多更深的感悟。

3. 活动中的记录人员

在沙龙活动中要有一名记录员，负责观察现场的情况，注意参与者的言语和非言语信息，并记录下来。活动结束之后主持人和记录员要一起总结本次活动的得失，分析存在的问题，思考解决的办法，以便为下次活动提供经验。

（三）活动后及时总结并深入思考

每次沙龙活动结束之后，要及时进行总结。一是比较预期的目标和实际得到的效果。二是总结本次活动的优点、不足之处，以后如何改进。有时组织者内部也会对一些问题产生不同看法，在难以达成一致意见的情况下，可先保留各自看法，让实践去评判。

第九章 高职院校学生心理危机预防与干预

心理危机干预工作是实现心理健康教育基本目标的重要渠道。高校心理危机干预工作要遵循高校心理健康教育全体性、教育性、发展性的教育原则，一方面有目的、有计划地对全体大学生实施危机预防教育，提高危机应对能力，另一方面对处于危机爆发状态的学生个体或群体，实施全方位的心理援助，平衡其已严重失衡的心理，降低、减轻或消除可能出现的对人和社会的危害。高职院校心理健康教育的基本工作思路是：以教育为基础、以预警为重点、以干预促转化、以跟踪固成效，建立管理、教育、心理和医学（转介治疗）相结合的心理危机干预工作模式。

第一节 高职院校学生心理危机概述

心理危机是个体面临困境又无法处理时出现的一种严重失调的心理状态。个体的心理危机主要包括发展性危机、境遇性危机、存在性危机和病理心理危机四种类型。

一、心理危机的基础知识

（一）心理危机的含义

当个体面临困难情景而惯常的应对方式和支持系统无法处理该困境时，其意识、行为和情感方面会出现功能失调，产生不平衡的心理状态或心理反应，这就是心理危机。具体来讲心理危机可指心理状态的严重失调，心理矛盾激烈，冲突难以解决，也可指精神面临崩溃或精神失常，还可指发生心理障碍。当一个人出现心理危机时，当事人可能会及时察觉，也有可能根本没有察觉。

（二）心理危机的类型

心理危机的诱发因素很多，表现方式不一，总体来说包括以下4种类型。

第一种类型：发展性危机，指因日常生活中出现的变化和选择等冲突所引起的不良反应。发展性危机是正常的、不可避免的，如升学、就业、结婚、工作的变化等都会诱发发展性危机。

第二种类型：境遇性危机，指因个人无法预测和控制，或罕见的、突然发生的事件所导致的危机。境遇性危机具有随机性、突发性，如被解雇、被勒索以及发生意外事故、自然灾害和死亡等。

第三种类型：存在性危机，指由重要的人生问题所带来的危机和冲突，如责任、独立、承诺等。存在性危机是一种压倒性的、持续性的体验，可能由现在的实际情况引起，也可能由对自己过去的不满所引起。

第四种类型：病理心理危机。在这类危机中，病理心理是主要特征。某些心理障碍、心理疾病或精神疾病本身可能就是一种心理危机，如抑郁、焦虑、精神分裂症等。也有些失调的行为会引发危机，如品行障碍或违法犯罪。

（三）心理危机的发生阶段

心理危机是一个过程或一个过渡状态，活动期持续的时间因人而异，短者仅24~36个小时，最长也不超过4~6周。一般认为处于危机中的个体会经历4个阶段。

第一阶段，当一个人感受到生活突然发生变化或即将出现变化时，其内心失衡，警觉性提高，开始感到紧张。为了重新获得平衡，个体试图用其惯常的方式做出反应。此阶段的个体一般不会向他人求助。

第二阶段，经过一段时间的努力，个体发现惯常的方式未能解决问题，于是焦虑程度开始上升，同时也开始尝试各种解决问题的办法。但高度紧张的情绪多少影响了个体冷静地思考，从而影响其采取行动的有效性。

第三阶段，经过尝试多种方法却未能有效地解决问题，个体内心的紧张程度就会持续增加，并想方设法寻求和尝试新的解决方法。此阶段，个体求助动机最强，常常不顾一切发出求助信号，甚至尝试自己曾认为荒唐的方式。此时，个体最容易受他人的暗示和影响。

第四阶段，经过前三个阶段仍未能有效地解决问题。个体就很容易产生习惯性无助，如对自己失去信心和希望，甚至把问题泛化，对自己整个生命的意义发生怀疑和动摇。很多人正是在这个阶段企图自杀。同时，强大的心理压力有可能触发以前未能完全解决的、被各种方式掩盖的内心深层冲突，有的人由此而走向精神崩溃和人格解体。此阶段的个体特别需要外援性的帮助，才可能度过危机。

在高校，出现心理危机的大学生往往也会经历这几个阶段。如果我们在平时工作中能及时发现，争取在第三阶段之前给予帮助，那么大多数学生就能平安度过危机，并获得成长。

（四）心理危机可能产生的结果

由于每个人处理危机的方式不同，人格特质不同，所获得的社会支持不同，每次危机发展的结果也不同。

第一种情况，个体不仅顺利度过心理危机，而且从危机过程中学会了处理危机的新方式，学会了新的应对技巧，心理适应能力和抵抗危机的能力得到提高，心理状态变得比以前更成熟、更坚强，总体的心理素质超出危机前的水平。

第二种情况，个体看似度过了心理危机，但只是暂时将不良的情绪压抑到潜意识当中，并没有真正解决问题，而是在心理上留下一块“疤痕”，当下次遇到同样的危机事件时，可能会出现新的不适应情况。

第三种情况是未能度过心理危机，个体陷入绝望之中，采取消极应付的方式（酗酒、药物滥用），或变得孤独、多疑、抑郁、自责、焦虑、适应不良，或成为神经症甚至精神病患者。

第四种情况是未能度过心理危机，个体经受不住强大的心理压力，对未来产生绝望的情绪，于是企图以结束生命的方式得到解脱。

在实际工作中，第一种情况是我们在工作中需努力达到的结果；为了避免第二种情况的发生，我们应该对相关学生的心理状态进行科学评估；第三种情况说明学生未能获得有效的帮助，应继续给予关注并采用专业手段进行帮助；而第四种情况是心理危机最严重的后果，也是在实际工作当中需要积极预防、杜绝的。

二、高职学生心理危机的反应与表现

大学生心理危机的反应与表现通常有以下5个方面。

（一）生理反应

如肌肉紧张、疲劳感或沉重感、出汗、心跳加快、呼吸急促、胸痛、头晕、失眠、多梦、早醒、食欲不振、消化不良、尿频、便秘、性欲下降等。这些症状有时会单独发生，有时会同时出现。长期的不良生理反应会诱发一些身体疾病，如消化性溃疡、心脏病、高血压、头痛、眩晕等。

（二）情绪反应

如焦虑、紧张、愤怒、恐惧、抑郁、悲伤、挫折感、空虚感、无助、内疚和羞耻感等。

（三）认知反应

如思维模糊、思考受阻、迟钝、内心迷茫、记忆和知觉受到干扰、分析解决问题的能力下降、对前途悲观与失望等。

（四）行为反应

如兴趣减退、社会退缩、逃避、过分攻击、易怒、产生人际冲突、哭泣、易受惊吓、不能专心学习等。还可能出现过去没有的非典型行为，如逃课增多、喝酒、抽烟、使用药品、非理性纵乐消费的频率增高、对自己或对社会的破坏性行为等。

（五）人际关系

如不愿与人交谈或见面、人际关系恶劣、经常责怪他人孤立自己、与人沟通时无法集中注意力等。

三、高职学生心理危机的主要诱因

大学生心理危机的成因是很复杂的，它不是某一种原因和某一个心理问题一一对应的结果，其影响的因素是多样的。

家庭问题造成的心理创伤。家庭问题是学生心理问题的主要根源之一。父母不和或离异，容易导致学生性格的畸形发展和心理创伤。

就业竞争引发的心理危机。自从我国高校扩招后，大学生的就业竞争和压力空前增大，虽然大学毕业生数量大幅增长，但社会整体就业岗位没有明显增加。

学业压力引发的心理危机。由于就业竞争的压力，导致大学生承受的学业压力普遍比较大，他们既要学习好专业知识，又要学习好英语，还要参加各种证书考试。

由情感引起的心理危机。当前大学生谈恋爱的现象越来越普遍，但大学生的身心发展还不成熟，由于缺乏经验，无法处理好复杂的情感纠葛和情感与学业的关系，一旦失恋往往会引发心理危机。

经济因素引起的心理危机。学费成为来自贫困地区学生的一个沉重的经济负担和心理负担，由此出现了贫困生的心理危机问题。学生的自卑和闭锁心理、嫉妒心理，学生间不良的人际关系，都将引发他们对社会的极度不满情绪，使他们仇视同学、仇视社会。

环境适应问题。在校大学生年龄多为18~22岁，他们在生理上多已发育成熟，但其心理发展远没有成熟。

第二节　高职院校学生心理危机干预工作

危机干预指对处在心理危机状态下的个人采取明确有效的措施，使之最终战胜危机，恢复心理平衡，重新适应生活。危机干预的效果表现为，个体可从危机中得到对现状的更好把握，对经历的危机事件重新认识，以及学到对未来可能遇到的危机有更好的应付策略与手段。危机干预是短期的、问题取向的，其目标是尽可能快速且直接地让个体的危机状况产生改变，避免个体自伤或伤及他人，同时协助个案恢复心理平衡。

一、心理危机干预概述

心理危机干预有狭义和广义之分。狭义的心理危机干预是在心理危机发生时进行干预和治疗，广义的心理危机干预还包括前期的预防和后期的跟踪。

（一）狭义的心理危机干预

1. 含义

心理危机干预是在简短的心理治疗基础上发展起来的心理治疗方法，是指通过对处于困境或遭受挫折和将要发生危险的人提供支持和帮助，使之恢复心理平衡，达到危机前行为水平的短期治疗过程。该类干预的目标在于帮助当事人克服危机，再建心理平衡，重新面对生活。

2. 基本干预步骤

狭义危机干预可根据以下6个步骤进行。

第一步是确定问题。从干预对象的立场出发，确定和理解他（她）所面临的问题。通过使用开放式问题和积极的倾听技术，如共情、理解、接纳以及尊重，来收集信息。要特别注意危机干预对象与语言信息不一致的非语言信息，做到准确地判断问题。

第二步是保证安全。在心理危机干预过程中，应该将保证干预对象安全作为首要目标，将对自我和对他人的致死性、危险程度、失去能动性等降低到最小的程度。在检查评估、倾听和制订行动策略的过程中，必须给安全问题以足够的重视。

第三步是提供支持。心理危机干预强调与干预对象的沟通和交流，强调使用关心的、积极的、接受的态度，通过语言、语调和躯体语言让他（她）认识到干预人员是能够给予其关心和帮助的。

第四步是提出应对方式。帮助干预对象探索替代的解决方法，并转化为积极和有建设性的思维模式，让其明白还有很多可变通的应对方式可供选择，促使其采取行动努力，获得社会支持。

第五步是制订计划。干预人员与干预对象共同制订行动步骤，来缓解情绪的失衡状态。计划应该根据干预对象的应对能力确定，包括具体的行动步骤和能提供及时帮助的其他个人、组织团体和机构。

第六步是获得承诺。帮助干预对象向干预人员承诺采取确定的、积极的行动步骤。这些行动步骤必须是当事人自己愿意采取的，从现实的角度也是可以完成的。如果计划完成得较好的话，则得到承诺比较容易。在结束危机干预前，干预人员应该从求助者那里得到诚实、直接和适当的承诺。

（二）广义的心理危机干预

狭义的心理危机干预是种短暂的心理治疗，是危机爆发后的被动反应，干预目标是消除干预对象当前的症状，不涉及人格矫治等深层次问题，在一定程度上给危机的再次发生埋下了隐患。广义的危机干预不限于危机发生后的反应性处理，还包括前期的预防和后期的跟踪。

1. 现代三级预防策略

罗伯茨提出了在公共卫生、人类服务工作、精神卫生等方面的现代三级预防策略。一级预防是指事先策划一些项目和活动来预防某些危机的发生；二级预防是指设计某些策略，尽量对危机进行早期干预以预防问题发展得更为严重；三级预防则是指综合采用危机干预策略来控制危机的扩大。这也成为广义心理危机干预的理论基础。

2. “大干预”理念

广义的心理危机干预理念应该是事前预防与事后干预相统一，教育与治疗相结合；将干预阶段分为危机发生前的预防性危机干预阶段和危机发生后的反应性危机干预阶段；危机干预工作应向着系统的、合作的、积极的、预防的策略方向发展。

3. 对个体的干预目标

心理危机干预的目标可以分为三个层次：一级目标是帮助干预对象减轻情感压力，降低自伤或伤人的危险；二级目标是帮助干预对象组织、调动支持系统应对危机，使其恢复到危机前的心理功能水平，避免出现慢性适应障碍；三级目标是提高干预对象的危机应对能力，使其更加成熟。

二、高职院校学生心理危机干预工作

高职院校学生心理危机干预工作的对象是面临“青年期危机”的全体学生和少数患有心理（精神）疾病的学生，采取的是教育、辅导、咨询、治疗（转介）等全方位的干预措施。工作人员由少数专家扩展到更广泛人员，工作环节包括“开展危机预防教育——掌握心理危机预警信息——实施心理危机应急干预——进行预后跟踪”，四个环节既密切衔接又相互配合，共同实现着干预目标。

（一）开展心理危机预防教育

高职院校学生心理危机干预工作重在教育预防，即以全体高职学生为教育对象，大力开展心理危机预防教育，防患于未然，以促进高职学生的成长和发展。危机预防教育重事前预防，重教育与辅导，是高职院校学生心理危机干预工作的基础。

1. 心理危机预防教育的目标

心理危机预防教育的目标分为三个层次。一级目标是把即将发生的危机遏制在萌芽状态。二级目标是降低心理危机发生率。三级目标是促进个体成长和发展，这也是危机预防教育的终极目标。危机预防教育旨在帮助大学生顺利度过“青年期”的成长危机，充分认识到成长的意义，发展积极的个性品质，为人生下一阶段的成长奠定良好的基础。

2. 心理危机预防教育的内容

（1）心理危机通识教育。基本内容包括两个方面：一是心理危机认知教育，即什么是心理危机，心理危机的成因和表现，大学生中比较常见的心理危机等。二是心理危机应对教育，即帮助大学生学会“三助”。学会自助：自觉提高自身的心理素质，抵御心理危机的侵扰；学会求助：在面对心理困扰时，有主动求助意识，及时向外界或专业的心理机构求助，以尽快解决问题；学会助人：掌握一定的危机识别知识，对于周围陷入心理危机或存在自杀危险的同学，及时给予支持和帮助，必要时诉诸专业机构。

（2）科学人生观、价值观教育。人生观、价值观教育要充分结合社会背景以及大学生个体特征和思想实际，既要使大学生明确人生的价值在于奉献，正确处理好个人、集体和国家三者之间的关系，正确对待社会主义市场经济的双重效应，又要尊重大学生的个性及体现个人特征的价值观念，在有针对性地指导他们克服消极个性的同时，鼓励他们发展自己积极健康的个性。

（3）耐挫折教育。帮助大学生科学认识挫折，了解挫折产生的原因，指导大学生对挫折进行正确的心理归因，从而激发他们克服困难的主观能动性，增强心理承受力，提高意志行为水平，增强对消极情感的控制力，乐观、勇敢地面对危机。

（4）情绪管理教育。帮助大学生了解情绪的类型及发生机制，明确情绪对日常生活和身心健康的影响，认识自己的情绪表现，学会自我情绪调节和管理的技巧，形成适度的情绪反应能力和较强的抗干扰能力，保持良好、健康的情绪状态。

3. 心理危机预防教育的途径

（1）课堂教学。课堂教学是实施心理危机预防教育的主渠道。通过“大学生心理健康”必修课进行系统的心理健康和危机预防知识的传授，使大学生更好地认识与把握自我心理，明确自我人生价值观，自觉维护和增进自己的心理健康。同时，优化课程体系，开设危机预防教育选修课程，与“大学生心理健康”必修课形成协同效应。

（2）课外教育活动。通过课外教育活动实施心理危机预防教育，打破了课堂教学在时间、空间、形式上的局限性，增强了心理危机预防教育的实践性和趣味性。各种课外活动的开展，有利于培养大学生的自主性、能动性和创造性，有利于个体潜能的发挥，便于学生进行独立探索、自我发现和自我教育。

（3）学科渗透。学科渗透是辅助渠道，即其他课程教师在学科教学中也要自觉地、有意识地进行危机预防教育。尽管各门课程自身都有各自的认知内容，但都蕴涵着特定的危机预防教育资源。对这些显性或隐性的课程教学资源加以利用，能让更多教师参与到学生危机预防教育工作中来，而且在课程教学领域可以形成促进个体全面发展为内在尺度的价值取向。

（二）掌握学生心理危机预警信息

心理危机预警的重点是及时发现和识别潜在的或现实的心理危机预警信息，对预警个体或预警范围的心理危机发展程度进行有效判断和评估，为下一步采取及时、正确的干预措施提供依据。所以，在工作中应牢牢抓住一个“全”字，即建立覆盖全校的、全面畅通的预警信息发现、报告渠道。

1 获取预警信息的渠道

（1）信息员渠道。第一，建立学生信息员队伍，推选班级心理委员、寝室联络员和朋辈心理互助员等，做到明线和暗线相结合，全面准确地收集信息。第二，建立教师信息员队伍，通过学工队伍、任课教师以及当校其他教职工在教育教学和日常管理工作中发现潜在的或现实的预警信息。第三，家校联动，建立家校联动制度，即辅导员与家长定期联系、及时沟通，全面了解学生的心理历程。第四，建立校外信息员队伍，在校园周边及社区设校外信息员，通过他们收集预警信息。

（2）心理普查渠道。即对新生的人格特质和心理健康状况进行普查。一方面建立学生心理档案，为今后对学生个体开展心理辅导建立基础；另一方面，对筛查出有心理危机倾向的学生进行心理访谈，对普查结果进行评估确认，当确定重点关注学生后，跟踪其心理发展状况。

（3）心理危机排查渠道。坚持两个排查结合，即对全体学生的排查与对重点关注学生的排查相结合、定期排查和不定期排查相结合。具体做法，一是每月通过学生信息员队伍对全体学生或重点关注学生进行定期排查；二是在七个重点时段（毕业生离校前后、节假日放假前后、重要考试前后、新学期开学前后、新生入学后、重大活动前后、季节交替前后）进行不定期排查。

（4）其他渠道。通过心理咨询、课堂教学、网站信箱、宿舍管理、精神卫生机构、公安局和其他渠道广泛收集心理危机预警信息。

2. 重点关注对象

在心理危机预警环节，对下列大学生应给予特别关注：

（1）性格过于内向、孤僻、自卑，长期缺乏或丧失社会支持，有缺陷感或不安全感，存在攻击性行为或暴力倾向的学生。

（2）人际关系失调或人际冲突明显，且长期排斥外部支持的学生。

（3）适应、学业、就业等方面存在困难，且心理压力较大的学生。

（4）患有严重躯体疾病、治疗周期长、内心痛苦以及饮食、睡眠、体重出现变化的学生。

（5）最近阶段经历了重大生活事件的学生，如家庭发生重大变故、身体发现严重疾病、遭遇性危机、感情受挫、受辱、受惊吓、与他人发生严重人际冲突等。

（6）家庭亲友中有自杀史或自杀倾向者。

3. 对重点关注对象的辅导、管理

（1）制订重点关注对象辅导方案。首先制订重点关注对象的帮扶措施，包括心理疏导、朋辈辅导、辅导员和班主任日常谈心等措施。同时制订在心理发展关键期、节假日等关键时段的应急干预方案，包括参与干预的人员，处理的方法、路径和程序，从而使管理者能从容使用正确的方法或策略解决心理危机事件。

（2）建立“重点关注对象信息库”。信息库主要内容包括：重点关注学生的人口学资料、成长经历的重大事件、心理普查结果、重点关注原因、历次心理辅导措施和辅导效果等。信息库的建立有助于管理者对重点关注学生的外部环境、认知态度、行为方式特点以及干预过程的全面掌握，对其心理发展获得预见性信息，正确评估危机的严重程度，及时有效地采取预防措施。

（三）实施心理危机应急干预

心理危机应急干预是整个心理危机干预工作的核心部分，其目标就是降低干预对象对自己、他人和社会的危害。干预工作应突出一个“快”字，做到不拖延、不推诿，反应迅速、保护及时、措施得当、一抓到底，最大程度地减少损害，保护学生的安全和学校的稳定。

1. 应急干预对象

应急干预对象指的是有较严重的心理问题或精神疾病，可能或已经出现伤人伤己行为的学生。应急干预对象一般会有一段时间的异常表现，常表现在情绪、行为、生活习惯、言语等方面。当大学生出现以下四个方面中的两个或两个以上方面的表现时，可确定为应急干预对象。

（1）情绪方面：表现为高度的焦虑、紧张、丧失感、空虚感，且可伴随恐惧、愤怒、罪恶、烦恼、羞愧等。

（2）认知方面：身心沉浸于悲痛中，导致记忆和认知改变。难以区分事物的异同，体验到的事物间关系含糊不清，做决定和解决问题的能力受到影响，有时害怕自己发狂，一旦危机解决可迅速恢复知觉。

（3）行为方面：不能专心学习或工作；回避他人或以特殊方式使自己不孤单；令人生厌或具有黏着性，社会联系被破坏，可产生伤己或者伤人的行为；拒绝帮助，认为接受帮助是软弱无能的表现，行为与思维情感不一致，出现过去没有过的非典型行为。

（4）躯体方面，有失眠、头晕、食欲不振、胃部不适等症状。

具体来说，存在以下现象之一的大学生应作为应急干预对象立即进行干预：

（1）实施自残、自杀、伤人等过激行为或有实施这些行为的倾向者。

（2）过去有过自杀的企图或行为者，或经常有自杀意念者。

（3）患有严重心理疾病，如患有抑郁症、精神分裂症等相关疾病以及有家族病史的学生。

（4）遭遇重大生活事件，如家庭发生重大变故、遭遇性伤害、受到自然或社会意外刺激、个人感情受挫、学业遭受挫折以及由于身边的同学出现个体心理危机状况而导致情绪、行为异常的学生。

2. 应急干预措施

（1）心理危机阻控措施。学校要建立由安全保卫部门、学生工作部门、心理健康教育中心、相关院（系）人员等组成的心理危机干预小组，并制订阻控预案。当有学生因心理危机引发自伤自毁、伤害他人等突发事件时，应在第一时间赶赴现场，及时采取阻控措施，避免事件的恶化。

（2）心理危机咨询。心理危机咨询是通过心理学、精神病学的相关知识，利用各种咨询技术和技巧，帮助应急干预对象摆脱危机状态的一种手段。其职能是：心理咨询老师通过危机咨询对干预对象的危机程度做出准确判断，然后根据心理危机的严重程度制订咨询和帮扶方案，帮助其解除或降低危机状态；另外，对危机症状较重、危机程度较高者，转介到医院进行治疗。

（3）心理危机监护措施。即根据应急干预对象的个人特点以及危机程度制订监护措施，防止意外事件的发生。对有自杀意念但能正常学习的对象，由班主任、心理委员为主组成的监护组负责及时了解该生的心理与行为状况；对心理或精神疾病治疗期的干预对象，由家长陪伴监护到医院治疗，班主任、辅导员配合，保证各种监护措施得到落实；对精神障碍发作、发生严重自残、实施自杀或伤害他人行为的干预对象，则通知学生家长送往医院治疗。在与学生家长进行安全责任移交之前，由院（系）主管领导、辅导员、学生干部组成监护组实施24小时特别监护，或直接转介专业医院。

心理危机个体干预的八个步骤（见表9-1）：保证安全、确定问题、评估危机、提供支持、给予希望、制订计划、得到承诺、转介随访（樊富珉，徐凯文，2012）。

表9-1　心理危机个体干预的八个步骤

步骤	内容	记录
第一步	保证安全	采取哪些措施保证被干预者安全
第二步	确定问题	本次危机的诱发事件 危机干预的目标

续表

步骤	内容	记录
第三步	评估危机	评估危机问题的严重性和紧迫性 评估主要的症状和行为表现 评估被干预者的资源 用自杀评估表格评估自杀风险
第四步	提供支持	采取哪些会谈技术，以及其他途径给予被干预者心理、身体、社会支持
第五步	给予希望	根据来访者的资源，帮助来访者找到应对危机的资源、方法和途径
第六步	制订计划	根据找到的方法、资源和途径，和被干预者一起制订实现目标的计划并实施
第七步	得到承诺	与被干预者讨论合作，形成不伤害协议，得到不自我伤害的承诺
第八步	转介随访	安排后续的干预和转介等

（四）进行心理危机预后跟踪

心理危机预后跟踪的主要任务，一是杜绝预后对象（度过危机爆发期的学生）再次爆发危机；二是帮助干预对象恢复到危机前的功能水平，避免出现慢性适应性障碍；三是帮助干预对象把危机化作一次成长的体验，提高个体危机应对能力。

1. 心理危机预后跟踪原则

（1）内紧外松原则。对预后对象的跟踪，要有一套方案、一套班子紧锣密鼓地开展，而在预后对象的周围则要创造一种平和正常的氛围，不能过于公开，也不要关心过度，一切皆在巧妙中进行，这样既不会引起当事人的反感，也不会让周围同学感觉异常。

（2）发展性原则。预后跟踪既要防止预后对象再次爆发危机，又要着眼于预后对象的成长、发展。要引导其将目光投向未来、指向学业，鼓励预后对象通过自身努力获得发展。

（3）合力原则。对预后对象的跟踪需要动员可以动员的力量，建立全面的社会支持，共同帮助其恢复和发展。尤其是要发挥家长的心理支持作用、同学的帮扶作用、任课教师的在学业上的引导作用。

2. 预后跟踪措施

（1）建立良好的支持系统。第一，学校对预后对象的学习生活要进行妥善安排；第二，班主任、辅导员在随时了解预后对象心理变化情况的同时，还要经常与家长联系，指导家长关心、支持预后对象；第三，配备朋辈心理互助员开展心理互助，使其恢复正常的人际交往；第四，辅导员定期进行心理晤谈，巩固预后效果，引导其成长。

（2）阻断和保护措施。对于有可能再次使预后对象爆发心理危机的人、事或情景等刺激物，学校要协调有关部门及时阻断，消除对预后对象的持续不良刺激；对于其遭遇刺激后引起紧张性反应可能攻击的对象，学校也要采取保护措施。

（3）预后心理咨询与辅导。对预后对象进行系统的心理咨询与辅导，建立良好的支持系统能帮助其恢复到危机发生前的功能水平，而系统的、专业的心理咨询与辅导则能帮助其提高危机应对能力。

3. 其他注意事项

（1）复学手续的办理。对患有心理（精神）疾病的学生，按高校相关制度需休学。休学期满办理复学手续时，必须持有三甲医院或精神专科医院开具的康复证明，并经过学校心理中心咨询老师面询，确定其能正常学习生活后，再按学校学籍管理相关规定办理。

（2）康复期学生的管理。对还在服用专业医院开出的处方药但处于心理（精神）疾病康复期的学生，辅导员应督促其按时服药和定时复诊，必要时要与家长签订安全协议。

（五）高职院校心理危机干预制度

高校心理危机干预较心理学定义的范围更为宽泛、时间跨度更大，因此需要多方面的制度来保障。

1. 报告制度

院（系）每月要向心理健康教育中心报告学生心理健康教育状况；班主任每周要向院（系）报告学生的心理健康状况；对学生中存在的严重心理危机、发生的心理危机事件及其处理情况，院（系）要在第一时间向学校大学生心理健康教育工作领导小组汇报；学校教职员工发现学生存在心理异常情况，有责任在第一时间向心理健康教育中心报告。另外，学生因心理问题需退学、休学的，需要有学校指定的专业医院出示的诊断证明；因心理或精神疾病治愈而申请复学的，要出示专业医院的诊断证明。

2. 督导制度

督导的目标是保证学校心理危机干预体系的正常、有效运转。督导的内容包括：对心理危机预防教育体系、信息预警体系、应急干预体系和预后跟踪体系的运行情况进行督导；对心理危机干预实施措施的督导；对心理危机干预案例及时进行分析和总结；对心理危机干预参与人员的“督导”，以提高他们的工作能力，提高整个危机干预体系的效率。

3. 善后制度

危机事件发生之后，学校相关部要协作做好善后工作。学校对于危机事件当事人或家属做好接待与安抚工作，协商解决善后事宜。统一对外发布消息的口径，重视对事件相关人员的保护，避免谣言对当事人的二次伤害。事件相关院（系）要做好事件发生经过以及危机处理过程的记录。在学校相关工作会议上要对事件发生的原因进行分析并总结经验教训，对现有工作提出改进方案。对危机事件当事人以及密切相关的人员，要根据各自的心理状态及时进行个体心理辅导或团体心理辅导。对于情绪困扰严重持久的学生，要实施长程咨询并及时回访咨询效果。

4. 依法开展心理危机干预

依据《中华人民共和国精神卫生法》《湖南省学校学生人身伤害事故预防和处理条例》等法律规章制度开展心理危机干预。

第三节　高职院校学生自杀预防

自杀是指故意伤害自己生命的行为。自杀的要点：意识清晰；有强烈的死亡愿望；采取了自我伤害的行为；导致死亡结果。根据自杀发生的情况，一般将自杀分为自杀意念、自杀未遂、自杀死亡三种形式。自杀意念是结束生命的愿望，但没有采取任何实际行动；自杀未遂是存在有意毁灭自我的行动，但并未导致死亡；自杀死亡则为采取有意毁灭自我的行为，并导致了死亡。在高校中，最严重的心理危机极端事件就是大学生实施自杀行为或出现伤害他人行为。因此，掌握自杀识别知识、了解自杀的心理过程、做好自杀预防工作是高职院校心理健康教育工作的重点之一。

一、高职学生自杀的类型

自杀的类型大致可以分为两类。理智型自杀往往是酝酿已久，有过激烈思想斗争而最终实施了自杀的行为。冲动型自杀则是因为突发性事件而触发的偶然的、冲动的自杀行为，往往与自杀者的人格特征相关。

（一）理智型自杀

理智型自杀会有比较明显的心理发展过程和表现，一般会经历自杀意念产生——决心自杀——行为出现变化——思考自杀的方式——选择自杀的地点与时间——采取自杀行为等过程。即使理智型自杀，不同个体经历的时间也有长有短。一般把自杀行为的发展过程分为如下3个阶段。

（1）自杀动机或自杀观念的形成阶段。在很多自杀的案例中，自杀被当作一种逃避现实生活或在遇到自以为难以克服的挫折和打击时使自己得到解脱的手段。如有的人因为没有考上理想的大学，觉得人生没有意义，便决定以自杀作为解脱的方法。有的则借自杀行为作为对自己因做错事而产生悔恨、自责自罪心理的补偿，如因学习成绩不好，感到有负于家庭的殷切希望和培养，产生强烈的自责自罪心理，想通过采取自杀行为达到“谢罪”的目的。自杀还常常被用来报复与自己有关的人，比如失恋后报复对方，以使对方感到内疚、后悔和不安。

（2）矛盾冲突阶段。求生的本能和对世事的牵挂，常常使有自杀意念的大学生在作出最终自杀决定前陷入生与死的矛盾冲突状态。此时，他（她）会与同学和朋友谈论与自杀有关的话题，询问如果自己自杀他们会有什么反应，或以自杀威胁他人，表现出直接或间接的自杀意图，比如“我想死”“活着真没意思”“希望晚上睡觉之后不要再醒过来”等语言信号。如果这些能及时被同学和老师察觉到，得到适当的关注，或进行心理咨询，或通过其他帮助找到解决问题的办法，当事人的自杀意念有可能减轻甚至打消。

（3）自杀的平静阶段。有自杀意念的大学生在这一阶段似乎已从所面临问题的困扰中解脱出来，不再谈论或暗示自杀，表现比较轻松。比如正常上课下课、吃饭睡觉，甚至和同学有一定沟通。这使得周围同学和老师误以为其心理状态真的好转，从而放松警惕。事实上这可能是一种假象，因为当事人已经作出了坚定的自杀决定，不再为生与死的抉择而苦恼，认为自己终于找到了解决问题的办法。他们不再谈论或暗示自杀，甚至表现出各方面情况的好转，只不过是为了摆脱周围的人对其自杀行为阻碍和干预的可能。他们所要做的事情是为实施自杀进行最后的准备工作——考虑自杀方式，准备自杀工具，如买绳子、搜集安眠药等，并等待一个合适的时机来结束自己的生命。

（二）冲动型自杀

冲动型自杀具有突发性、进程快、周期短的特点，是由明显的突发性事件引起的爆发性激情导致的情绪失控而产生的冲动性行为。如失恋、学业上的不理想、家庭突然变故等所引起的愤恨、羞愧、痛苦、内疚等情绪失控状态，都可能导致自杀行为。冲动型自杀者有种“自杀思维循环”；当事人只关注负性信息，这种心理机制不断重复，自杀的冲动就会越来越强。一旦有外人介入，这种“自杀思维循环”就会很容易被打破，当事人很快会放弃自杀冲动，并觉得自己的自杀念头原来那么可笑。因此，只要进行干预，大多数冲动型自杀都会被制止。干预者只需要认真倾听、理解，并指出其思维中的片面性，或引导其作更全面的考虑，就有可能挽救其生命。边缘型人格障碍者也较容易产生自杀冲动。这类大学生经常有自残行为，严重的时候就会实施自杀行为。边缘型人格障碍的大学生一般会在亲密人物离开自己或者与亲密人物发生严重人际冲突时产生自杀冲动。他们自杀的目的多数情况下是想通过自杀争取爱与关注，如果亲密人物关注他们、爱他们，他们就容易中断自伤或自杀行为。边缘型人格障碍者在冲动型自杀中占了相当的比重，是高校危机干预中的一个重点。

二、高职学生自杀的识别与评估

（一）自杀相关因素（七大要素）

第一大要素：自杀者的心理特征。对自杀未遂者的研究发现，他们常有某些共同的心理特征。

1. *在认知功能方面*

（1）自杀者一般采用非此即彼和以偏概全的思维模式来分析处理问题，易走极端。

（2）自杀者易于将遇到的问题归因于命运的安排，逆来顺受，不会和命运抗争。

（3）应对机制单调生硬，缺乏耐心，渴望即时成功，即时满足，行为具有冲动性和盲目性，不计后果。

（4）对人、对事、对己、对社会均倾向于从阴暗面看问题，心存偏见和敌意。

2. 在情绪方面

自杀者通常有各种慢性的痛苦,具有焦虑、抑郁、愤怒、厌倦和内疚的情绪特征。

3. 在人际关系方面

常缺乏持久而广泛的人际交往。回避社交，独来独往，难以获得较多的社会支持资源。对新环境适应困难。

第二大要素：精神应激因素。重大的负性应激事件可能成为自杀的直接原因或诱因。尤其当个体处于某种慢性痛苦时期，这些应激事件常可起触发作用。

第三大要素：社会文化因素。

（1）性别与种族。西方国家的自杀率大多是男高于女。种族间有差异。

（2）家庭、婚姻关系。研究发现，家庭关系和睦、气氛融洽的学生自杀率低。

（3）压力。据美国的资料，按职业分，蓝领工人的自杀率最低。而从事专门技术职业的医生、律师、作家、音乐家、经理阶层及行政管理人员的自杀率较高。学习压力是重要因素。

（4）信仰。有些宗教把自杀列为禁忌。

（5）经济状况。统计表明，凡政局动荡、经济萧条年份，自杀率升高。家庭经济困难，是影响自杀率的因素之一。

第四大要素：躯体疾病因素。大量研究表明，在控制了其他危险因素的影响后，躯体疾病，尤其是慢性的或难治的躯体疾病（如癌症、慢性肾衰等）仍然是导致自杀的重要危险因素。在自杀死亡者中患有各种躯体疾病者占25%~75%。

第五大要素：精神疾病因素。大量研究表明，50%~90%的自杀死亡者可以被诊断为精神疾病患者。其中以心境障碍最多见，抑郁症是自杀者最常见的精神疾病诊断。其次为精神活性物质滥用、精神分裂症及人格障碍等。自杀死亡者中存在高比例的精神疾病者是不争的事实！在自杀未遂者中，精神疾病的诊断却要低得多，常常是一些精神健康的问题，尚不足以构成疾病的诊断。

第六大因素：遗传学因素。家系调查和双生子研究表明自杀行为有一定的遗传学基础。抑郁症有一定的家族遗传性，双胞胎中如果一方患有抑郁症，另外一方也有50%的可能患上抑郁症。

第七大因素：精神生物学因素。大量的研究发现自杀未遂者脑脊液（CEF）中5-HF的代谢产物5-羟吲哚乙酸（5-HIAA）降低，进一步分析发现CSF中5-HIAA的下降程度与致死性或自杀未遂的严重性成正相关，即越是有致死性企图，CSF中5-HIAA降低越明显。

（二）自杀的线索识别（七个线索）

在工作中，发现学生有以下情况时，应考虑到在近期内有进行自杀的可能性，同时有多项表现者，危险性更大，要结合当事人具体情况综合判断。

线索一：近期内有过自伤或自杀未遂行为，其再发自杀行为的可能性非常大，既往的行为是将来行为的最佳预测因子。在以求助为目的的自杀行为多次重复后，周围人常会认为患者其实并不想死而放松警惕，另外，当患者采取自杀这一手段并没有真正解决其问题后，再次尝试自杀的危险性将会大大增加。

线索二：向亲友、老师或同学或在个人日记作品中流露出消极、悲观的情绪，表现过自杀的意愿。

线索三：近期遭受了难以弥补的重大负性应激事件，早期容易自杀。

线索四：当事人表现出强烈的敌意攻击性时，可产生内向攻击，引起自杀。

线索五：和同学、朋友讨论自杀方法，或购买可用于自杀的药物，或常在江河、高楼徘徊者，提示患者可能已有自杀计划。

线索六：慢性难治性躯体疾病的个体突然不愿意接受医疗干预，或突然表现情绪好转，与亲友交代今后的安排和打算时。

线索七：精神病患者，特别是抑郁症、精神分裂症患者是公认的自杀高危人群。有抑郁情绪的患者，如出现情绪的突然“好转”，应警惕自杀的可能；处于严重抑郁状态的患者常常在所谓的“平静期”自杀。

Mann等（1999）提出了一个应激—素质自杀行为模型，应激因素包括急性精神病、物质滥用、负性生活事件或家庭危机等，素质涉及遗传、人格特征等，单一因素不足以引起自杀，应激因素与素质因素共同作用才导致个体发生自杀或攻击行为。

影响自杀的因素多种多样，因此，识别的因素亦涉及多个方面。

（三）自杀行为的评估（见表9–2）

（1）评估个案自杀想法和自杀计划（致命性、可行性、具体性）。

（2）评估个案既往及近亲属相关自杀、自伤经历。

（3）评估个案目前所经历的现实压力及其应对能力。

（4）评估个案的应对能力和资源。

（5）评估个案是否符合某一种或多种精神疾病诊断。

每一题项得分为0~2分，总得分0~10分，得分越高，危险性越高。根据评分总分结果，分类为：0~2分，低危；3~5分，中危；6~10分，高危。

表9–2　自杀行为评估表

项目	低危	中危	高危
评估自伤、自杀想法和计划	0	1	2
评估既往及近亲属相关自杀、自伤经历	0	1	2
评估目前现实压力	0	1	2
评估目前支持资源	2	1	0
评估临床诊断	0	1	2
总分			

三、高职学生自杀的干预

对于实施自杀行为、有自杀意念或有伤害他人意念或行为的大学生，学校应该采用果断的干预措施，最大限度地保护学生的安全。

（一）对实施自杀行为学生的干预措施

（1）对正在实施自杀行为和自杀未遂的学生，一旦发现便应立即启动自杀干预应急预案，各有关部门应立即派人赶赴现场配合处理。

（2）对刚实施了自杀行为的学生，要立即送到最近的医疗机构实施紧急救治。

（3）及时保护、勘察、处理学生自杀现场，防止事态扩散和对其他学生产生不良刺激。配合有关部门对事件进行调查取证。

（4）进行再度自杀危险度评估。自杀未遂学生可能对自杀未遂心绪复杂，不愿透露自己的想法。干预人员要通过与之交谈、与周围同学了解情况来评估其再度自杀的危险性，为之后的干预措施提供指导。

（5）正确应对新闻媒体，防止不恰当报道引发负面影响。

（二）对有自杀意念学生的干预措施

发现或知晓某学生有自杀意念，即该生近期出现实施自杀的想法和念头，则要视其严重程度采取以下措施：

（1）立即将该生转移到安全环境，并成立监护小组对该生实行24小时全程监护，确保该生人身安全，同时通知该生家长到校。

（2）由有关部门或专家对该生的心理状况进行评估或会诊，并提出书面意见。

（3）如评估该生住院治疗有利于心理康复，学校应立即通知家长将该生送至精神卫生机构进行治疗，并办理休学手续。

（4）如评估该生回家休养治疗有利于心理康复，学校应立即通知家长将该生带回家休养治疗，并办理休学手续。

（三）对有伤害他人意念或行为学生的干预措施

（1）对有伤害他人意念或行为的学生，由学校相关部门（如保卫处）立即采取相应措施，保护双方的安全。

（2）心理健康教育中心要组织专家对有伤害他人意念或行为的学生的精神状态进行评估或会诊并提供书面意见，学校则根据评估意见进行后续处理。

（四）对待自杀的认识误区

由于知识的不足，人们对自杀和自杀干预存在着一些认知上的误区，从而导致了不可挽回的后果。以下是常见的对待自杀的错误态度：

误区一：“经常说想自杀的人通常不会自杀”。事实上，80%的自杀者在自杀前曾明确表示出自杀企图，或会做出许多与自杀有关的暗示和警告。许多自杀者在行动前常常是矛盾重重的，他们只是拿死亡下赌注，看看有没有人来挽救他们，很少有人是在不让别人知道他们想法情况下自杀的。

误区二：“自杀危机过后，情况转好，自杀已不存在”。而事实上，不少自杀发生在所谓“情况好转”后的头3个月内，如果问题没有解决，当事人有足够的能力将自己病态的思想和情感付诸行动。

误区三："不能与有自杀可能性的人谈自杀"。事实上和可能自杀的人讨论自杀的问题，可以及时发现患者的自杀企图，对其自杀的危险性进行正确的评估，使他们体会到关爱、同情、支持和理解。

误区四："自杀的人都是精神病"。事实上并非如此，给自杀未遂者贴上"精神病"的标签，会使他们觉得受到了侮辱和歧视，往往成为他们再次自杀的原因。

误区五："有自杀行为者不需要精神医学干预"。事实上自杀者即使不能被诊断为精神疾病，至少其心理状态是极不稳定的。因此，在处理自杀者躯体问题的同时，应进行相应的心理干预和适当的精神药物治疗。

误区六："自杀未遂者并非真正想死"。事实上，部分自杀未遂者死亡愿望很强烈，只是自杀的方法不足以致死或抢救及时，这些人再次自杀的可能性最大。

（五）辅导员心理危机干预谈话技巧

危机谈话的目标：自杀风险评估；给予资源，降低风险。

访谈六个步骤：开放地讨论这个话题；评估；生理指标和用药情况；探讨自杀倾向；探索资源；采取下一步措施。

第一步：开放地讨论这一话题

在这种情况下，大多数人会想到"死了比活着更好"，这的确很常见。那么，你是什么样的情况呢？你会时不时有这样的想法吗？

请你坦率地告诉我，你的脑海中有自杀的想法吗？在你目前的情况下这可能很常见，大多数人可能有！

第二步：评估

评估的三个内容是：自杀意念、自杀计划和自杀行为。

现在，让我们一起花一点时间看看你的自杀意愿有多强烈。我要问一些问题，我们可以确认你的自杀风险，接下来再看看可以做点什么来防范。

危险性：当事人及其相关人员的生命危险程度，包括自杀、攻击行为，以及其他危险行为（如事故）。

严重程度：①危机事件；②当事人：认知状况、情感状况、控制性、自主性、过去的经历与经验、个性特征、精神和躯体状况等。

自杀计划：已经计划到什么程度？

设想有一份叫作"自杀倾向量表"的表格，最高的自杀倾向评10分，最低的自杀倾向评0分（见图9-1）。你目前的感受打几分最吻合呢？

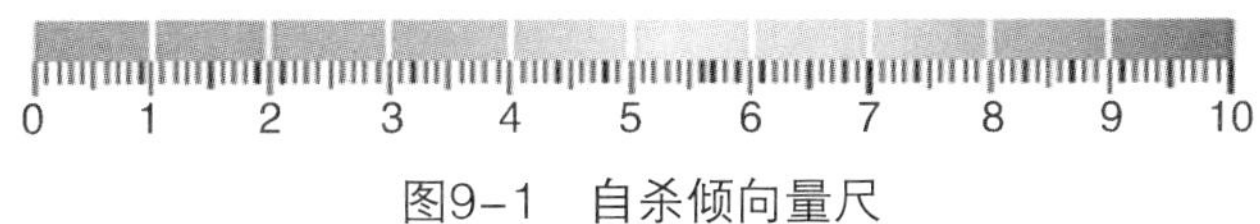

图9-1　自杀倾向量尺

第三步：生理指标和用药情况

睡眠：每晚睡多少小时？最近10天睡眠情况如何？使用安眠药没有？从长期治疗来讲，低剂量的精神药物比安眠药更好。

饮食：饮食情况如何？与之前相比较如何？

体重：体重有无明显增加或减少？

用药：用什么药？是否在医生指导下服用？是否短期内使用过精神药物？有自杀风险时，要避免使用激活作用强的药物。面临危机时，使用精神类药物可以帮助到来访者。

第四步：探讨自杀倾向

情感情绪：除了绝望、悲伤之外，你还有什么感受呢？最近这些感受减弱了吗？ 你还能觉得快乐，时不时感到满足吗？

抑郁与激越：绝望、悲伤的情况是持续存在的还是只有部分时间有？有多强烈？多频繁？从什么时候开始的？你会发自内心地贬低自己吗？（我不好、无能、没有价值、没人喜欢我、人们都应该离我而去）有多频繁？多强烈？是否对什么都不感兴趣？这种感觉有多强烈？

你感到焦躁不安吗？你有感受到平静的时刻吗？你是否时常感到好像赶着做什么事情似的？你是否感到有多余的能量需要发泄？你是否感到身体很躁动，而不是放松和无力？

如果抑郁很重，激越也很重，那么自杀风险就很高。

兴趣爱好：你喜欢做什么？你对你的穿衣打扮是不是没那么有兴趣了？ 其他可以提问的：兴趣、爱好、愿望等。

社交情况：你还和以前一样有（很多）朋友吗？你还用微信吗？

价值观：对你来讲，真正重要的是什么？

其他可以提问的：价值观、理想、原则等。

第五步：探索资源

过去的资源

以前你感受到非常不好的时候，比如说有强烈的自杀观念时，你会向谁寻求帮助？你真的会去做吗？

你既往的生命历程中有什么样的积极事件给了你力量？

现在的资源

你有哪些朋友或熟人？你可以自己联系到他们吗？你和他们说过自己的困境吗？你有想过这样去做吗？谁更合适？

哪些关系是你活下去的力量？（朋友、恋人、父母……）

什么样的目标或者义务令你继续活下去？

你的价值观或者信仰，可否足够强大使你能继续活下去？

未来资源

一旦你度过了危机，生活中什么能够继续吸引着你？

如果时间是两年后，你回头再看，会如何看待现在？

自己的资源（努力、毅力），别人的资源（好老师、好同学、长辈等）

探索完资源后可以再进行一次评分：现在如果再给你的情绪打个分，对你想自杀的意愿打个分，会打几分呢？重新评估一次。

第六步：采取下一步措施

明显的自杀意念：通知家长；报告心育中心；安排同学保护。

不明显的自杀意念：转介心育中心。

［知识窗］湖南省教育厅针对高校心理危机干预工作提出的“双五”机制

“五早”心理危机预警机制：要求对心理危机干预信息实现“早发现、早报告、早研判、早预防、早控制”，做到迅速反应，及时介入，及早缓解心理危机状态。对预警信息宁可信其有，不可信其无，宁可信其大，不可信其小，宁可虚惊一场，不可麻痹大意。在接到预警信息后，要组织专业人员进行研判，制订相关干预方案，竭力控制危机事件的发生。

“五个一”心理危机干预机制：要求在对个体的干预工作中贯彻“一名心理危机对象、一名领导、一套班子、一个方案、一抓到底”。即成立干预班子，采取有力措施，贯彻干预方案，确保有效干预，做到24小时形影不离，责任到人，工作到位，对确诊了精神疾病的学生及时转介到医院救治，同时加强与学生家庭、专业医疗机构及学生本人沟通，帮助学生度过危机。

第十章 高职院校心理育人工作优秀案例

为了深入学习贯彻习近平总书记关于教育的重要论述和全国教育大会、全国高校思政工作会议、学校思政理论课教师座谈会精神，围绕立德树人根本任务，适应新时代高校思政工作的新形势、新任务，紧扣“三全育人”综合改革和“心理育人”体系建设中存在的突出问题，进行积极探索，创新改革，对心理健康教育理论与实践工作进一步凝练总结，增强大学生心理健康教育的针对性和实效性，本章撰写了一些“心理育人”优秀工作案例供读者参考。

课程建设篇——立足“三教”改革 打造心理健康“金课”

一、案例概要

（一）案例背景

习近平总书记在全国高校思想政治工作会上提出，要“加强社会心理服务体系建设，培育学生自尊自信、理性平和、积极向上的健康心态”。作为新时代的大学生，正确认识自我，提升心理素质，塑造健康人格，是顺利完成学业和良好适应社会的基础。“三教”（教师、教材、教法）是事关提升人才培养质量的关键要素，为了适应新时代高校心育工作的新形势、新任务，我们围绕立德树人的根本任务，坚持育心与育德相结合、学生健康成长与全面发展相结合，立足“三教”改革，充分发挥教师主力军、课堂主阵地和课程主渠道作用，打造心理健康课程“金课”，心理育人取得了明显成效。

（二）思路设计

针对学生在学习心理健康课程中出现“学而无趣、学而无用、用而无效”的现象，我们遵循思想政治教育和大学生心理发展规律，根据积极心理学、建构主义理论，以信息化技术为支撑，以日常心理健康问题案例为载体，立足“三教”改革，探索“问题引兴趣，兴趣带学习，学习提素质，素质促发展”的教学策略，构建基于《大学生心理健康教育》精品在线开放课程的混合式教学，有效达成“学而有趣、学而有用、用而有效”的教学目标，从而引导大学生努力践行正确的人生观、世界观、价值观，培养学生理性平和、乐观开朗、健康向上的积极心理品质和坚韧耐劳、热爱劳动、爱岗敬业的职业心理素质。

（三）标志性成果

学校2018年立项湖南省大学生心理素质提升示范校；2019年《大学生心理健康教育》被认定为湖南省高等职业院校精品在线开放课程；2019年“育心·育人‘一米阳光’心理育人工作团队”立项湖南省高校思想政治工作骨干队伍建设项目；2019年“基于课程主渠道建设的‘五位一体’心理育人质量提升体系构建与实践”立项湖南省高校思想政治工作心理育人精品项目；2019年荣获湖南省高职院校教师职业能力大赛课堂教学赛项一等奖；2018年荣获湖南省第四届大学生心理健康教育课程多媒体课件制作大赛一等奖；2017年荣获湖南省第三届大学生心理健康教育课程多媒体课件制作大赛二等奖。

二、主要做法

（一）加强《大学生心理健康教育》课程团队建设

“三教”改革的根本在于“教师”，教师是立教之本、兴教之源。“谁来教”是育人根本问题，无论是教材的编写与选择还是教学新理念的落地与贯彻，都要由教师的具体工作来实现。我们课程团队以专兼职心理教师为主，结合辅导员、思政工作者、外聘企业工会心理咨询师、社会组织的心理学专家、督导组成，实现交流合作、共建共享，努力打造一支立体式的师德高尚、专业过硬、素质精良、充满活力的心理育人团队。团队成员中有2名博士，12名硕士，2名教授，4名副教授，8名讲师。团队成员专业涵盖心理学、教育学、思想政治教育学等，其年龄结构、学术层次和专业背景科学合理，年龄上老中青相搭配，学术上宏微观相贯通，专业上多学科相补充。落实习近平总书记“坚持把教师队伍建设作为基础工作”的精神为根本，针对教学团队建设制定种种考核、培养、激励措施，鼓励老师外出参加学习培训，积极参加省级教学比赛，创造性地开展各种教学教研活动，专业督导，从而促进教学团队专业成长，提高课程团队教学水平和教学效果。

（二）重构《大学生心理健康教育》课程教学内容

根据《普通高等学校学生心理健康教育课程教学基本要求》，基于企业岗位职业心理素养要求和学生实际心理需求，以当代大学生的生活和问题为逻辑，重构课程教学内容，对省统编教材课程体系内容进行“模块”重构，开发“模块化”课程体系：分解成心理健康基础知识模块、发展自我模块、心理调适技能模块和职业心理素质培育四个模块。其中理论教学22课时，实践教学10课时。通过重构“模块化”教学内容，提升学生心理调适能力和职业心理素养。

（三）建设立体化《大学生心理健康教育》在线课程资源

根据“模块化”课程内容，建设“微课+平台+教材”的立体化课程资源。课程资源框架以模块任务为骨架、以知识技能点为内容、以学以致用为导向，建成立体化的课程教学资源。课程资源建设采用系统化设计、碎片化呈现方式，由浅入深、循序渐进，包括课程级、模块级和知识技能点三级资源。课程级资源包括课程介绍、课程标准、教学团队、考核标准、课程设计等。模块级资源包括模块项目任务介绍、学习目标、重点难点、心理活动拓展、单元测验、作业等。知识技能点级资源包括微课视频、PPT、典型案例、图片、动画、图书等。课程内容包括154个知识点，其中84个微课视频，共648分钟，每段基本保持在5~15分钟。

同时课程团队通过问卷调查，校外企业调研，针对高职学生日益增长的心理健康需要，合作开发自编讲义，主要目的就是帮助高职学生增进心理健康意识、学习心理自助与互助的方法，打造大学生的“软实力”——提升心理素质。教材内容分为10章，与我们在学银在线平台线上课程资源相对应，完成了“微课+平台+教材”立体化课程资源建设。目前在学银在线已使用三期，课程注重资源共享应用，在线指导及时，开展泛在、开放、个性化学习方式，全程采集全员学习数据。

（四）构建“三导六步”混合式教学模式

为了实现课程教学目标，针对学情，根据积极心理学、建构主义理论，基于学银在线《大学生心理健康教育》在线开放课程，构建“三导六步”的混合式教学模式。

“三导”即教师在整个教学过程中对学生进行心理疏导、学习指导、价值引导，实现个性化、分层化、职业化教学。

心理疏导：针对出现心理困扰的学生，开通心理援助热线和网络在线咨询，提供心理健康疏导，情感支持，帮助学生解决心理问题，渡过心理危机，提升应对能力。

学习指导：通过平台数据及课堂观察，对学生学习全过程进行多元评价、考核与管理，实时掌握学生学习情况，进行学习分析与指导，如作业完成情况、视频观看情况、线上讨论测试完成情况等，针对少部分不积极参与课堂活动，线上学习没跟上进度的同学，发布预警信息进行督学，并通过单独沟通，给予学习引导。全过程做好学生的在线学习答疑和指导，确保学习“不断线”。

价值引导：利用优秀事迹、先进典型、感人故事融入课前、课中、课后各个教学环节中，开展生命教育，引领学生敬畏生命，尊重自然；培养学生爱国情操，致敬英雄，责任担当；科学面对疫情，维护心理健康，充分发挥心理健康课程育人作用。

“六步”即教学过程分为六步，第一步问题导入（导），结合主题导入案例，以问题引兴趣，启发、引导学生进行分析、思考，从而导入新课内容；第二步辨析方法（辨），通过案例分析，学习通发布抢答、投票、测验、问卷、主题讨论等活动激发学生学习热情，检验学生分析问题的能力及对知识点的掌握程度，针对学生反馈的问题及重点难点进行精讲，答疑解惑；第三步模拟实践（练），协助探究，以兴趣带学习，引导学生在心理体验的过程中学会心理调适的方法，在此特别强调学生的心理体验，发现学生的闪光点，及时反馈、评价、鼓励等，让学生在学习过程中有不断的、及时的获得感；第四步学以致用（用），播放职场工作场景，组内讨论，协作完成活动任务，拍照上传，展示点评，分析解决实际问题；第五步归纳总结（总），通过学生总结，教师总结，凝练重点，强化认识，以学习提素质；第六步巩固提升（固），发放作业、课程视频回看及拓展实践，进一步巩固所学的内容，加强知识的应用与迁移，能进行自助与助人，以素质促发展。

19级机电一体化02班彭同学说："心理健康课内容充实有价值，有趣吸引人，老师课堂讲授生动形象，能够吸引并带动我们学习。"从学生反馈、教学问卷调查及平台的学习数据来看，学生非常认可本课程，对其知识的理解和掌握起到了支持和推动作用，对其心理调适能力的提高、心理健康水平的提升有很大帮助。通过"三导六步"混合式教学进行知识传递、学生能力培养、心理素质提升，促其健康发展，打造了有效心理课堂，让学生"学而有趣、学而有用、用而有效"。

线上线下混合式教学模式既满足了当前高职学生学习的泛在化和移动化需求，又能营造师生积极互动的课堂氛围。利用课程平台进行线上学习、讨论交流、答疑解惑，及时给予学生引导和积极反馈，让学生有获得感，并根据平台数据监测及学生自主学习情况进行课堂教学活动设计与实施，激发学生的学习兴趣，增强课堂教学的趣味性和实用性，提高了教学实效性。

（五）开展多元化多维度评价考核

课程采用过程性考核与终结性考核、线上与线下考核相结合的方式，实现评价主体多元化、方式多样化、过程精细化与标准化。依托课程平台设置权重，线上自主学习（50%）+线下课堂学习与实践活动（50%）。对学生进行考核评价，采用学生自评、小组互评、教师评价和企业导师评价等多元化的评价方式，成绩考核评定方法不再以单一的知识技能为标准，而更关注学生在学习过程中表现出来的情感、态度、价值观和心理的成长。过程性考核的重点是学生课堂表现、线上自主学习任务完成情况、小组合作和日常表现、出勤等反映学生学习过程的方面，终结性考核即期末撰写一篇自我分析报告，进行课程线上期末考试。通过全过程信息采集，动态监控学生学习过程，多维展示学习结果，实现学习过程及学习结果的多元、多指标综合评价。

三、效果启示

（一）分析和思考

从学生学习参与度来看，课程平台数据显示有473万学习浏览量，有31所高校5014人学习，学生学习热情高，有较大的社会影响力；从教学目标达成情况来看，突出培养了学生自主学习、自我心理调适的能力，改变了思考问题的方式，提高了自信心等积极心理品质，从而更好适应社会生活；从产教融合来看，学生具有良好的职业心理素质，为快速适应职业岗位赋能。

基于“互联网+教育”为深化“三教”改革提供了更加广阔的空间和更加丰富的资源，也提出了新的更高挑战，心理健康课程教学将继续突破传统的教学方法，构建 “自主、泛在、个性化”的教学环境，完善“互联网+职场化”教学模式，全面推行线上+线下混合式教学模式，融入职业心理素质资源，践行通识课为专业课服务的理念，提高学生利用信息技术自主学习、分析问题和解决问题的能力，促进“知识课堂”向“智慧课堂”转变，调动学生学习积极性，提高人才培养的质量。

（二）特色与创新

（1）建设了“微课+平台+教材”的立体化课程资源，学生可随时随地进行浏览和沟通，满足了学习的泛在化和移动化需求，使学生学习参与度提高。

（2）构建了基于在线开放课程平台的“三导六步”混合式教学模式，将信息化技术贯穿教学设计全过程，打造了有效心理课堂。

（3）全过程的在线学习指导和多元评价考核，让学生有获得感、存在感。

（三）改进方向

（1）自建在线课程资源内容不够丰富，个性化学习内容推送不够智能，今后将融合其他平台，开发和整合更多的优质资源辅助教学。

（2）深入先进制造企业，挖掘工匠大师、劳模的职业心理品质，转化成教学资源，培养学生的职业心理素质。

成长辅导优秀案例——拨开迷雾，拥抱自信的阳光

一、案例概要

（一）案例背景

小玉，19岁，高职大二学生。小玉出身农村，父母均务农为生，姐姐辍学在外地打工为其交学费，家庭非常贫困，被认定为特困生。进入大学后，看到身边同学打扮时髦，生活丰富多彩，而自己各方面都不如同学，经常自惭形秽，逐渐变得性格孤僻，独来独往。由于高中基础较差，学习专业课以来，期末考试有两门课程不及格，她开始厌学，有失眠问题，经常觉得自己和社会格格不入，经常产生各种类型的冲突，这种自卑心理让她有退学的想法，觉得人生没有什么意义。

（二）思路设计

本案例属于成长辅导工作类别，针对学生的情况，根据制定的辅导目标，我设计的辅导思路如下：首先，通过谈心谈话，获得学生信任；其次，引导学生正确认识自己，加强自我悦纳；再次，全员帮扶，带领学生走出自卑情绪；最后，助力学生实现自我价值。

（三）辅导效果

小玉能正确认识自我，不再自卑内向，人际关系得到改善，与同学和室友相处较融洽。家庭关系更加和睦，能够正确看待自身的贫困问题，学习成绩进步很大，期末考试进入了班级前五，并且准备报名专升本。主动参加学校活动，逐步建立起了信心，并树立了正确的人生观和价值观，基本达到了辅导目标，效果良好。

二、主要做法

（一）分析原因，制定辅导目标

这是一起高校贫困生自卑心理问题的案例，通过评估与诊断，该生的心理问题和行为主要由以下原因导致：

（1）家庭经济困难。小玉出生在非常贫困的农村家庭，父母身体都不

好，一家人生活比较拮据。小玉考上大学后，家庭经济压力大，父母也在她身上寄托了很高的期望。家庭经济困难是小玉自卑心理的源头。

（2）性格敏感。性格也是导致自卑的一个重要原因。由于过于敏感，小玉总是会把别人无意的行为，错认为是对自己不友善的行为，是看不起自己、故意刁难自己，这些给她带来了很大的心理压力和负面影响，严重阻碍了小玉正常的社交。

（3）自我认知偏差。自我认知是自我意识的首要成分，也是自我调节控制的心理基础。小玉存在自我认知的偏差，没有正确认识自己，不能发现自身的优点，自我否定，自我认知的偏差加重了自卑的心理。

（4）挫折承受能力较差。挫折容易导致心理和行为失调，小玉心理调节能力较差，一出现负性生活事件，就产生悲观的想法，自暴自弃。

根据对小玉所遇到的问题进行分析，对小玉的初步诊断是一般心理问题。成长辅导过程中我制定了如下目标：

近期目标：帮助小玉继续学业，改善其人际关系。

最终目标：帮助小玉彻底走出自卑心理，增强其自信心。改善家庭关系，提高学习能力，树立积极正确的人生观。

（二）谈心谈话，获得学生信任

通过谈心引导法，培养学生正确的世界观、人生观和价值观。与学生谈心谈话，为学生提供情绪和想法宣泄的出口，在其精神放松的状态下，再对其进行思想引导。

2019年的某天，我收到了小玉的信息，她说自己有退学的想法，想找我办理退学手续。我找到了小玉，询问原因。小玉性格内向，一开口她便哭了起来。我安慰小玉，给她倒了一杯水让她慢慢冷静下来，给她递上纸巾擦干脸上的泪水，等她心情平复下来后开始与我交谈。在谈话中，我发现小玉有很强的自卑心理，性格敏感，我采用尊重与理解学生的原则，与她进行谈心谈话，先稳定她的情绪，倾听其诉求。谈话过程中我采用换位思考、共情的方法，站在她的立场考虑问题，她不再抗拒和排斥，逐步向我吐露了心声。

在谈话过程中，我发现小玉对很多事情有错误的认知，从而产生了一些不合理的信念。于是我运用合理情绪疗法，寻找她的不合理信念，通过改变不合理的信念来改变、控制情绪及行为结果。合理情绪疗法由美国心理学家埃利斯创立，基本理论为ABC理论。根据这一理论，情绪不是由某一诱发事件本身引起的，而是经历了这一事件的个体对这一事件的解释和评价，产生了各种无谓的烦恼和困扰。例如：通过与小玉交谈，A（激发事件）是其学习成绩挂科，C（结果）是感觉在班上抬不起头，导致她厌学，有退学想法。而导致这个结果的正是她的B（认知）——她认为自己学习不好就是一无是处，担心自己浪费学费更加无法改变贫困现状，这是一种错误的评价。运用ABC理论方法，帮助该生发现情绪产生的根源，并告知该生偶尔的失败不代表什么，不要过于在意他人的看法，管理好自己的情绪，经过沟通她明确了合理的信念。

通过谈话辅导，小玉不再有退学的想法，遇到负性事件也能先冷静下来进行合理的分析和判断，想融入同学们，但是害怕同学们不接受她，家庭贫困带来的心理压力依然不小。

（三）正确认识自己，加强自我悦纳

自卑主要源于对自我的否定和低估，因此，正确认识自我，肯定自己非常重要。

首先，正视自己的贫困现状。贫困问题是小玉自卑的根源，指导她正确面对贫困的客观现实，让她明白物质上的贫困只是暂时。要正确看待出身，社会上贫困者还有很多，不必感到自己是特殊的、孤立的。面对父母不可埋怨，面对他人，不要过分在意一些言论，物质的贫富不是评价一个人的标准，鼓励学生正确认识自己。此外，向她讲解学校相关的奖助政策，鼓励她用好国家给贫困生的物质保障，建议她通过勤工俭学或者假期兼职来减轻物质上的压力，促进学生自立自强，培养责任感，靠自身努力改变现状。

其次，鼓励小玉进行客观的自我评价。通过画图、词语描述的方式，分析自己的形象、性格、能力、情绪等，客观、辩证地看待自己，形成正确的自我意识，并以此发现自己的兴趣和人生目标。通过与别人的比较来认识自己，发现自己的优点和长处，认识到自己有吃苦耐劳、字写得还不错等一些优点。在交谈的过程中，我坚持学生主体性原则，使用鼓励性的、商量式的语气与她谈话，每当她有些许进步时，我都及时加以表扬和肯定，增强她的自信心。

通过几次辅导，小玉能客观看待贫困事实，不再埋怨父母，不再觉得自己一无是处，在学校食堂找到了勤工俭学的工作，也结识了一个老乡。她开始尝试与寝室同学沟通，感觉到同学并没有排斥自己，心理负担减轻了很多。

（四）构建“3+5”成长辅导体系

从课内到课外，从课堂到宿舍，从学习到生活，在空间上实现全方位辅导；联合家长、辅导员、任课老师、朋辈辅导员、寝室成员，打破辅导的时间限制，构建三个层面，五个关键环节的“3+5”辅导体系。

对于自卑学生而言，培养良好的家庭环境，建立家庭心理支持非常重要。父母对孩子的夸奖和肯定，对孩子有很多正面的影响。我与小玉家长沟通，告知他们她的在校情况，希望家长多与学生联系，多鼓励学生，不要给予其过多的压力，营造积极向上的家庭氛围，用强大的真情力量感化小玉，帮助她克服自卑感，重振自信心。身为辅导员，我在学校全面掌握学生的情况，与其他成员建立信息沟通机制。任课老师是课内学习辅导的关键，为了进一步提高小玉的学习积极性，了解她上课期间的表现，我与其任课老师建立沟通机制，关注她课堂上的状态。针对小玉的学习问题，我与专业课老师交流，一起给该生制订学习计划，让任课老师多在专业上给予指导。朋辈辅导员在学习和生活上积极做好心理安慰与支持，密切关注小玉的动向，及时掌握其心理状况，与辅导员做好信息传递。寝室成员作为寝室信息员，通过寝室成员了解小玉学习、生活的基本情况，初步掌握该生在校期间的心理状况。希望寝室成员主动多关心和包容小玉，给予其关心帮助。让其感受到集体的温暖。

通过“3+5”成长辅导体系，小玉感受到了大家的关爱，收获了友谊的同时还找到了自己的兴趣爱好，有了学习目标和人生规划。

（五）助力学生实现自我价值

通过激励教育法，促进学生发挥潜能，体现价值。激励小玉以奖学金为目标，调整学习方法，努力学习。通过组织集体活动提高小玉的积极性，帮助她更好地融入集体生活。开展主题班会，要求同学们寻找优点，同时发现别人的优点，小玉收获了同学们对她的优点评价，露出了灿烂的笑容。让小玉尝试组织班会，通过分享自己的改变，赢得同学们对她的欣赏和认同。鼓励她参加社团、团学会活动和学习小组，肯定她的每一次进步，不断增强她的信心，使其不再自卑。

通过一系列的活动，小玉较之前开朗乐观了很多，不再害怕主动与人交流，能积极热心班级事务，学习成绩也有了很大进步，获得了一等校级奖学金。她表示今后会好好改变自己，以坚强代替脆弱，以希望代替失望，自信地迎接新生活。

三、效果启示

（一）特色亮点

关注高校特殊群体。高校贫困生这一特殊群体是心理问题的高发人群，主要表现在：自尊心与自卑感并存的矛盾心态；孤僻、人际交往困难，社会适应性差。本案例关注贫困生中自卑学生的心理，并提出解决方案。

构建成长辅导新模式。本案例聚焦高校心理自卑学生的教育与引导，通过构建“3+5”辅导体系，全方位地帮助学生最终走出自卑阴霾。

（二）经验启示

育人为本，健全贫困生资助体系。经济困难是导致高校贫困生心理问题产生的最大原因之一，物质资助是对贫困生进行心理健康教育的基础，我们要将“助人”与“育人”相结合，充分落实国家奖助学金政策和当地政策支持，切实解决贫困大学生的经济困难。

因材施教，加强心理引导教育。我们应重视对高校心理自卑学生的教育与引导，深入分析该群体的心理和行为特征，探索学生心理健康教育工作规律。根据自卑心理学生的心理特点和家庭背景，对他们有针对性地实施成长辅导，构建人性化成长辅导方案。

暖心帮扶，关注学生心理健康。自卑学生的心理防御机制多数不健全，自我评价认知系统也偏低，所以要及时关注学生心理健康，帮助学生及时疏导负性情绪，维护身心健康，树立正确的自我观和积极的人生观。

案例负责人简介：

王怡岚，导员，讲师，国家三级心理咨询师。

危机干预篇——家校合力　云开雾散

一、案例概要

（一）案例背景

Z同学，男，19级新生，在军训期间表现出状态不佳、情绪低落、整晚失眠，辅导员及时与学生谈话，具体了解到学生是从一个多月前因从网上搜索得知个人行为习惯（自慰行为）可能会导致严重的健康问题，自认为这是一种病态行为而内心担忧和焦虑不安，并将此事告知母亲，还自行去当地医院检查了身体，自那以后Z同学常常在安静下来的时候胡思乱想，晚上难以入睡，半夜出现浅睡状态，白天精力下降，对日常的交往、娱乐、运动等活动兴趣明显降低，自觉很烦恼忧心。直到新生入学以后，每天情绪低落，对很多事情失去了兴趣。辅导员与家长联系和同学了解到的情况大致相符，初步判断该生有较严重的心理问题，直接报告学校心理健康中心进行咨询。心理中心经过两次咨询和相关测评，提示该学生可能为抑郁倾向，建议去医院进一步确诊。在家长的积极配合下，学生前往医院心理科就诊，经过医生诊断，确认为中度抑郁发作，须进行药物治疗和住院观察。

（二）思路设计

辅导员根据学生情况作出了心理危机干预的方案，基本思路为：

（1）访谈发现问题后及时上报心理中心进一步咨询确认。

（2）根据心理中心的建议联系家长，说明学生情况及其严重性，取得家长的理解和支持。

（3）在服药治疗期间对学生进行相应的辅导：帮助其建立稳定的社会关系网络，包括亲人关爱、同学陪伴、朋辈辅导，使其获得最大社会支持，定期访谈跟踪其心理发展变化，定期去心理中心咨询，鼓励其参加适当的活动和体育运动。

（三）主要成果

经过一系列辅助性的干预措施，学生坚持服药一个月后自我感觉明显好转，学期末已基本恢复到正常状态，疫情期间与学生电话交流的时候，他已经变了个人似的，心态积极乐观，思维活跃，在家坚持锻炼，也不避讳之前的种种不良情绪，表示要应征入伍，正在准备报名。到此，Z同学经过半年时间治疗和调适很快走出了这段心理“雾霾”。

二、主要做法

（一）初步访谈判断

从第一次与Z同学交谈中发现他对自己的问题认识比较清楚，思维正常清晰，能正常与人交往交流，身体无病症，饮食正常，也能坚持参加新生入学教育活动和军训。谈话结束后，辅导员让他去休息，他自己还是说可以坚持去军训，辅导员找他宿舍同学和班级负责的同学从侧面了解情况，他们反映Z同学总体正常，但说话较少，性格内向，其他各种活动都正常参与，交流并无障碍。再联系学生的母亲，其母亲反映近一个多月发现其情绪低落，也知道孩子具体的不良行为，该生时常在电话中冲母亲发火，脾气有点暴躁，而父亲还责备过他，认为他不思上进，恐将来前途受影响，高中学习不认真，父亲也曾批评过他，父子之间聊不到一块，母子关系相对融洽。他有一个表哥住在学校附近，偶尔晚上去表哥家吃饭，从其表哥那了解到的是他脾气不太好，老是在打电话时冲母亲嚷嚷，在表哥家里表现得安静，少言语。

了解Z同学这些情况后，辅导员进行了初步判断，学生存在以下问题：

（1）认知：认识到自己不良行为可能会影响身体健康，求医而又被认定为心理作用，自己苦于胡思乱想而不得解脱，情绪低落，偶尔会出现生活无意义念头，有过解脱痛苦的想法，有走出危机的迫切想法。

（2）情感：与同学虽住在一个宿舍，却感觉不到交流的意义，跟同学关系一般，与家人亲戚也未表现出应有的感情关系，比较平淡。

（3）行为：失去对社交和娱乐的兴趣，容易激动，对亲人脾气暴躁，失眠，精力明显降低。

（4）人格发展：内心敏感自卑，缺乏自信心，认为生活中的很多事没什么意义。

综上所述，Z同学存在较为严重的心理问题，有抑郁倾向和强迫思维，应该及时上报心理健康中心做进一步咨询。

（二）咨询评估就诊

（1）根据心理健康中心老师的要求，9月20日送学生前去咨询，学生很配合，解决问题的意愿很迫切，在心理中心进行了谈话和量表测评，结果是有抑郁倾向，心理老师提出了自我调适的建议，观察几天后约定下周再进行咨询。

（2）9月25日按约定去心理健康中心与心理老师咨询，心理中心认为其情绪无明显改善，初步认定为抑郁倾向，建议去医院检查确诊，学生本人与家长表示同意检查。

（3）9月26日去市人民医院心理科检查，诊断结论为：中度抑郁发作，建议留院治疗并服药，住院时间为9月27日~10月8日；因学生觉得住院除了吃药医生没有更多措施，故在出院后又去上一级医院就诊，上级医生的建议是坚持服药至少一年，半年复查一次。

（三）危机干预辅导

1. 启动危机干预程序

第一次访谈发现学生心理问题后向学校心理咨询中心汇报该生的实际情况，寻求专业帮助。同时，向学院领导汇报，将该生纳入二级学院心理危机干预库，制订相关干预方案，定期跟踪了解学生基本情况。

2. 联系家长形成合力

家庭的关心、关注是学生解决心理问题的最大社会支持系统。辅导员与家长进行了深入的交流，提出陪伴、增加活动量等建议后，家长提出请假先休养半个月，带学生外出散心，改善心境。学生经过两周半的休息，持续服药一个月后，辅导员与其谈话，学生自我感觉明显好转，情绪稳定很多，性格也比初期要开朗。

3. 建立朋辈关系网络

分配朋辈辅导员和班级心理委员相应的工作任务，对问题学生进行密切关注，主动与其交流，适当陪伴学生参与各种活动，根据学生兴趣爱好进行体育活动交流，通过社交活动和运动改善学生的心态，恢复精力，建立自信。融洽宿舍关系，形成互助氛围，营造良好的人际关系网，让学生更容易融入集体生活。

4. 定期主动约谈辅导

自发现学生心理问题以来，辅导员根据心理危机干预的相关要求，每半个月约谈一次，提示学生每周定期去心理中心进行访谈，安排班级心理委员密切关注并适当与之交流。假期学生离校，辅导员联系学生了解其动态，建议学生根据医生建议，继续服药，持续一年左右，鼓励他适当参与运动及户外活动，恢复自信。2020年疫情期间，辅导员与学生保持网络交流，其状态已大为好转，思维活跃，心态阳光，自称已恢复往日的自我了。当然，作为抑郁障碍的学生，即使目前恢复，仍要长期跟踪观察，任何内外因素的改变都可能会诱其复发，所以在校期间，相应干预的措施依然会持续下去。

三、效果启示

Z同学在药物治疗和咨询辅导共同帮助下，很快走出心理困境，重新恢复往日的开朗乐观生活状态，辅导员从本案例中总结出几点启示：

1. 辅导员应高度关注逐年高发的大学生抑郁问题

据《中国青年报》2019年7月31日的一份调查显示，大学生认为自己有严重抑郁情况者占27%，至少60%的大学生认为自己有轻微的抑郁情绪，而发现有抑郁或压力时愿意求助于专业机构的人只有2.4%，有研究进一步发现，大一和大三是抑郁症的高发期。可见大部分大学生都经历过或正在经历情绪低落的抑郁，而每年抑郁发作的重点学生也不断增加，辅导员应把握一些关键时期或季节性因素，有意识地深入学生关注他们思想动态和心理状态，及时发现学生的情绪问题。

2. 辅导员要不断提升大学生心理健康教育的知识和辅导技能

心理问题很复杂，其形成的内外因素也是多种多样的，准确发现和识别大学生心理问题，不仅要靠察言观色，还需要心理学知识和相关技能。已经获得心理咨询师证书的要不断熟练掌握相应的访谈技术，能做到早发现、早识别、早上报。掌握心理学知识后对抑郁情绪和抑郁症能做出较为准确的区分，在日常的辅导工作中可以对不同情况采取不同干预措施，这对于保护学生和帮助学生十分重要。

3. 建立有效的危机干预机制和方案辅助患有心理疾病的学生尽快康复

大学生被诊断为心理疾病后，学校应视个体情况建立相应的危机干预方案，既不能一概劝退回家，也不能盲目放任不管，中轻度的心理问题能坚持学习的情况下，大学生活和集体环境加上有效的心理辅导可以让学生更好地调适过来，抑郁情绪的调节就需要在大学校内通过建立良好的关系网、增加社会活动及适当的运动达到改善的效果。

4. 加强与学生家长和家庭的沟通联系形成合力

获得最大的社会支持是帮助心理问题学生的关键环节，家庭的支持是这个环节的核心，必要时还应对家长进行相关心理健康知识的普及，取得家长的信任和理解支持。

5. 大学生校园实践活动和社会活动内容与方式仍是辅导员亟须探索和创新的课题

校园文化实践活动的开展不仅靠立品牌，而是要提升普及性和参与率，改变活动的模式，以学生自己想要的方式开展，大力改进班级管理和集体活动的开展。应将心理健康教育提升到与思想政治教育同等重要的高度，做到相辅相成，相得益彰。

案例负责人简介：

李禄华，辅导员，副教授，国家二级心理咨询师。

参考文献

[1]夏智伦.高校心理健康教育操作实务[M].北京：高等教育出版社，2013.

[2]胡凯.大学生心理健康教育教程[M].长沙：湖南人民出版社，2018.

[3]凌四宝，杨东明，舒曼.大学生心理健康教育实务[M].北京：中国人民大学出版社，2015.

[4]樊富珉，金子璐.品格与责任：儿童和青少年学校团体辅导教师实践手册[M].北京：人民日报出版社，2019.

[5]樊富珉.结构式团体辅导与咨询应用实例[M].北京：高等教育出版社，2015.

[6]唐海波.精神卫生法背景下精神障碍的识别与干预[M].长沙：中南大学出版社，2019.

[7]贺彦芳.高职新生心理健康现状分析与教育对策思考——基于运城护理职业学院高职新生的问卷调查[J].高等职业教育：天津职业大学学报，2019，6（28）：69–73.

[8]刘雪琴，董长龙，薛雅卓.高职学生心理健康现状调查与分析[J].泰山医学院学报，2018，11（39）：1270–1272.

[9]曾荣侠.高职院校心理健康教育现状调查研究[J].创新创业理论研究与实践，2019，8（16）：185–186.

[10]唐春生，蒋伟，龙艳.广西高职高专学生心理健康教育现状调查研究[J].中国职业技术教育，2015（25）：86–89.

[11]陈家麟.学校心理健康教育——原理与操作[M].北京：教育科学出版社，2002.

[12]姚本先.学生心理健康教育[M].北京：中国轻工业出版社，2008.

[13]张日晟.咨询心理学[M].北京：人民教育出版社，1999.

[14]徐艳平.试论高校心理委员队伍建设[J].教育与教学研究，2009，23（8）：15–17.

[15]彭虎军.大学生心理健康教育规范化建设的途径[J].中国成人教育，2006（1）：68-69.

[16]王征，施进华.高校辅导员心理教育能力培养试探[J].扬州大学学报（高教研究版），2008，12（6）：34-49.

[17]李晓波，谢钢.高校心理委员培训教程[M].北京：化学工业出版社，2010.

[18]王晓刚.高校心理健康教育规范化发展探索[M].杭州：杭州出版社，2009.

[19]张亚林，曹玉萍.心理咨询与心理治疗技术操作规范[M].北京：科学出版社，2014.

[20]俞雅芳.地方高校心理健康教育工作队伍建设研究[J].湖南大众传媒职业技术学院学报，2010（5）：105-107.

[21]王军峰.心理咨询与成长辅导之辨——兼论大学生成长辅导的重要性[J].闽西职业技术学院学报，2018（9）：98-101.

附
录

附录一　中国心理学会临床与咨询心理学工作伦理守则（第二版）

中国心理学会，2018 年 2 月

《中国心理学会临床与咨询心理学工作伦理守则（第二版）》（以下简称《守则》）和《中国心理学会临床与咨询心理学专业机构和专业人员注册标准》（第二版）由中国心理学会授权临床心理学注册工作委员会在《中国心理学会临床与咨询心理学工作伦理守则》（第一版，2007）和《中国心理学会临床与咨询心理学专业机构和专业人员注册标准》（第一版，2007）基础上修订。

制定本《守则》旨在揭示临床与咨询心理学服务工作具有教育性、科学性与专业性，促使心理师、寻求专业服务者以及广大民众了解本领域专业伦理的核心理念和专业责任，以保证和提升专业服务的水准，保障寻求专业服务者和心理师的权益，提升民众心理健康水平，促进和谐社会发展。本《守则》亦为规范本学会临床与咨询心理学注册心理师的专业伦理以及处理有关临床与咨询心理学专业伦理投诉的工作基础和主要依据。

总　则

善行：心理师使寻求专业服务者从其专业服务中获益。心理师应保障寻求专业服务者的权利，努力使其得到适当的服务并避免伤害。

责任：心理师应保持其服务工作的专业水准，认清自己的专业、伦理及法律责任，维护专业信誉，并承担相应的社会责任。

诚信：心理师在工作中应做到诚实守信，在临床实践、研究及发表、教学工作以及各类媒体的宣传推广中保持真实性。

公正：心理师应公平、公正地对待专业相关的工作及人员，采取谨慎的态度防止自己潜在的偏见、能力局限、技术限制等导致的不适当行为。

尊重：心理师应尊重每位寻求专业服务者，尊重其隐私权、保密性和自我决定的权利。

1. 专业关系

心理师应按照专业的伦理规范与寻求专业服务者建立良好的专业工作关系。这种工作关系应以促进寻求专业服务者成长和发展，从而增进其利益和福祉为目的。

1.1 心理师应公正对待寻求专业服务者，不得因年龄、性别、种族、性取向、宗教信仰和政治立场、文化水平、身体状况、社会经济状况等因素歧视对方。

1.2 心理师应充分尊重和维护寻求专业服务者的权利，促进其福祉；应当避免伤害寻求专业服务者、学生或研究被试。如果伤害可预见，心理师应在对方知情同意的前提下尽可能避免，或将伤害最小化；如果伤害不可避免或无法预见，心理师应尽力使伤害程度降至最低，或在事后设法补救。

1.3 心理师应依照当地政府要求或本单位规定恰当收取专业服务费用。心理师在进入专业工作关系之前，要向寻求专业服务者清楚地介绍和解释其服务收费情况。

1.4 心理师不得以收受实物、获得劳务服务或其他方式作为其专业服务的回报，以防止引发冲突、剥削、破坏专业关系等潜在危险。

1.5 心理师须尊重寻求专业服务者的文化多元性。心理师应充分觉察自己的价值观，及其对寻求专业服务者的可能影响，并尊重寻求专业服务者的价值观，避免将自己的价值观强加给寻求专业服务者或替其做重要决定。

1.6 心理师应清楚认识自身所处位置对寻求专业服务者的潜在影响，不得利用其对自己的信任或依赖剥削对方，为自己或第三方谋取利益。

1.7 心理师要清楚了解多重关系（例如与寻求专业服务者发展家庭、社交、经济、商业或其他密切的个人关系）对专业判断可能造成的不利影响及损害寻求专业服务者福祉的潜在危险，尽可能避免与后者发生多重关系。在多重关系不可避免时，应采取专业措施预防可能的不利影响，例如签署知情同意书、告知多重关系可能的风险、寻求专业督导、做好相关记录，以确保多重关系不会影响自己的专业判断，并且不会危害后者。

1.8 心理师不得与当前寻求专业服务者或其家庭成员发生任何形式的性或亲密关系，包括当面和通过电子媒介进行的性或亲密沟通与交往。心理师不得给与自己有过性或亲密关系者做心理咨询或心理治疗。一旦关系超越了专业界限（例如开始性和亲密关系），应立即采取适当措施（例如寻求督导或同行建议），并终止专业关系。

1.9 心理师在与寻求专业服务者结束心理咨询或治疗关系后至少3年内，不得与其或其家庭成员发生任何形式的性或亲密关系，包括当面和通过电子媒介进行的性或亲密的沟通与交往。3年后如果发展此类关系，要仔细考察该关系的性质，确保此关系不存在任何剥削、控制和利用的可能性，同时要有可查证的书面记录。

1.10 心理师和寻求专业服务者存在除性或亲密关系以外的其他非专业关系，可能伤害后者；应当避免与其建立专业关系。例如，因无法保持客观、中立，心理师不得与朋友和亲人建立专业关系。

1.11 心理师不得随意中断心理咨询与治疗工作。心理师出差、休假或临时离开工作地点外出时，要尽早向寻求专业服务者说明，并适当安排已经开始的心理咨询或治疗工作。

1.12 心理师认为自己的专业能力不能胜任为寻求专业服务者提供专业服务，或不适合与后者维持专业关系时，应与督导或同行讨论后，向寻求专业服务者明确说明，并本着负责的态度将其转介给合适的专业人士或机构，同时书面记录转介情况。

1.13 寻求专业服务者在心理咨询与治疗中无法获益，心理师应终止该专业关系。若受到寻求专业服务者或相关人士的威胁或伤害，或其拒绝按协议支付专业服务费用，心理师可终止专业服务关系。

1.14 本专业领域内，不同理论学派的心理师应相互了解、相互尊重。心理师开始服务时，如知晓寻求专业服务者已经与其他同行建立了专业服务关系，而且目前没有终止或者转介时，应建议寻求专业服务者继续在同行处寻求帮助。

1.15 心理师与心理健康服务领域同行（包括精神科医师/护士、社会工作者等）的交流和合作会影响对寻求专业服务者的服务质量。心理师应与相关同行建立积极的工作关系和沟通渠道，以保障寻求专业服务者的福祉。

1.16 在机构中从事心理咨询与治疗的心理师未经机构允许，不得将自己在该机构中的寻求专业服务者转介为个人接诊的来访者。

1.17 心理师将寻求专业服务者转介至其他专业人士或机构时，不得收取任何费用，也不得向第三方支付与转介相关的任何费用。

1.18 心理师应清楚了解寻求专业服务者赠送礼物对专业关系的影响。心理师在决定是否收取寻求专业服务者的礼物时需考虑以下因素：专业关系、文化习俗、礼物的金钱价值、赠送礼物的动机以及自己接受或拒绝礼物的动机。

2. 知情同意

寻求专业服务者可以自由选择是否开始或维持一段专业关系，且有权充分了解关于专业工作的过程和心理师的专业资质及理论取向。

2.1 心理师应确保寻求专业服务者了解自己与寻求专业服务者双方的权利、责任，明确介绍收费设置，告知寻求专业服务者享有的保密权利、保密例外情况以及保密界限。心理师应认真记录评估、咨询或治疗过程中有关知情同意的讨论过程。

2.2 心理师应知晓，寻求专业服务者有权了解下列事项：①心理师的资质、所获认证、工作经验以及专业工作理论取向；②专业服务的作用；③专业服务的目标；④专业服务所采用的理论和技术；⑤专业服务的过程和局限；⑥专业服务可能带来的好处和风险；⑦心理测量与评估的意义，以及测验和结果报告的用途。

2.3 与被强制要求接受专业服务人员工作时，心理师应当在专业工作开始时与其讨论保密原则的强制界限及相关依据。

2.4 寻求专业服务者同时接受其他心理健康服务领域专业工作者的服务时，心理师可以根据工作需要，在征得其同意后，联系其他心理健康服务领域专业工作者并与他们沟通，以更好地为其服务。

2.5 只有在得到寻求专业服务者书面同意的情况下，心理师才能对心理咨询或治疗过程录音、录像或进行教学演示。

3. 隐私权和保密性

心理师有责任保护寻求专业服务者的隐私权，同时明确认识到隐私权在内容和范围上受国家法律和专业伦理规范的保护和约束。

3.1 专业服务开始时，心理师有责任向寻求专业服务者说明工作的保密原则及其应用的限度、保密例外情况并签署知情同意书。

3.2 心理师应清楚地了解保密原则的应用有其限度，下列情况为保密原则的例外：①心理师发现寻求专业服务者有伤害自身或他人的严重危险；②不具备完全民事行为能力的未成年人等受到性侵犯或虐待；③法律规定需要披露的其他情况。

3.3 遇到 3.2①和②的情况，心理师有责任向寻求专业服务者的合法监护人、可确认的潜在受害者或相关部门预警；遇到 3.2③的情况，心理师有义务遵守法律法规，并按照最低限度原则披露有关信息，但须要求法庭及相关人员出示合法的正式文书，并要求他们注意专业服务相关信息的披露范围。

3.4 心理师应按照法律法规和专业伦理规范在严格保密的前提下创建、使用、保存、传递和处理专业工作相关信息（如个案记录、测验资料、信件、录音、录像等）。心理师可告知寻求专业服务者个案记录的保存方式，相关人员（例如同事、督导、个案管理者、信息技术员）有无权限接触这些记录等。

3.5 心理师因专业工作需要在案例讨论或教学、科研、写作中采用心理咨询或治疗案例，应隐去可能辨认出寻求专业服务者的相关信息。

3.6 心理师在教学培训、科普宣传中，应避免使用完整案例，如果有可辨识身份的个人信息（如姓名、家庭背景、特殊成长或创伤经历、体貌特征等），须采取必要措施保护当事人隐私。

3.7 如果由团队为寻求专业服务者服务，应在团队内部确立保密原则，只有确保寻求专业服务者隐私受到保护时才能讨论其相关信息。

4. 专业胜任力和专业责任

心理师应遵守法律法规和专业伦理规范，以科学研究为依据，在专业界限和个人能力范围内以负责任的态度开展评估、咨询、治疗、转介、同行督导、实习生指导以及研究工作。心理师应不断更新专业知识，提升专业胜任力，促进个人身心健康水平，以更好地满足专业工作的需要。

4.1 心理师应在专业能力范围内，根据自己所接受的教育、培训和督导的经历和工作经验，为适宜人群提供科学有效的专业服务。

4.2 心理师应规范执业，遵守执业场所、机构、行业的制度。

4.3 心理师应关注保持自身专业胜任力，充分认识继续教育的意义，参加专业培训，了解专业工作领域的新知识及新进展，必要时寻求专业督导。缺乏专业督导时，应尽量寻求同行的专业帮助。

4.4 心理师应关注自我保健，警惕因自己身心健康问题伤害服务对象的可能性，必要时寻求督导或其他专业人员的帮助，或者限制、中断、终止临床专业服务。

4.5 心理师在工作中介绍和宣传自己时，应实事求是地说明专业资历、学历、学位、专业资格证书、专业工作等。心理师不得贬低其他专业人员，不得以虚假、误导、欺瞒的方式宣传自己或所在机构、部门。

4.6 心理师应承担必要的社会责任，鼓励心理师为社会提供部分专业工作时间做低经济回报、公益性质的专业服务。

5. 心理测量与评估

心理测量与评估是咨询与治疗工作的组成部分。心理师应正确理解心理测量与评估手段在临床服务中的意义和作用，考虑被测量者或被评估者的个人特征和文化背景，恰当使用测量与评估工具来促进寻求专业服务者的福祉。

5.1 心理测量与评估旨在促进寻求专业服务者的福祉，其使用不应超越服务目的和适用范围。心理师不得滥用心理测量或评估。

5.2 心理师应在接受相关培训并具备适当专业知识和技能后，实施相关测量或评估工作。

5.3 心理师应根据测量目的与对象，采用自己熟悉、已在国内建立并证实信度、效度的测量工具。若无可靠信度、效度数据，需要说明测验结果及解释的说服力和局限性。

5.4 心理师应尊重寻求专业服务者了解和获得测量与评估结果的权利，

在测量或评估后对结果给予准确、客观、对方能理解的解释，避免后者误解。

5.5 未经寻求专业服务者授权，心理师不得向非专业人员或机构泄露其测验和评估的内容与结果。

5.6 心理师有责任维护心理测验材料（测验手册、测量工具和测验项目等）和其他评估工具的公正、完整和安全，不得以任何形式向非专业人员泄露或提供不应公开的内容。

6. 教学、培训和督导

从事教学、培训和督导工作的心理师应努力发展有意义、值得尊重的专业关系，对教学、培训和督导持真诚、认真、负责的态度。

6.1 心理师从事教学、培训和督导工作旨在促进学生、被培训者或被督导者的个人及专业成长和发展，教学、培训和督导工作应有科学依据。

6.2 心理师从事教学、培训和督导工作时应持多元的理论立场，让学生、被培训者或被督导者有机会比较，并发展自己的理论立场。督导者不得把自己的理论取向强加于被督导者。

6.3 从事教学、培训和督导工作的心理师应基于其教育训练、被督导经验、专业认证及适当的专业经验，在胜任力范围内开展相关工作，且有义务不断加强自己的专业能力和伦理意识。督导者在督导过程中遇到困难，也应主动寻求专业督导。

6.4 从事教学、培训和督导工作的心理师应熟练掌握专业伦理规范，并提醒学生、被培训者或被督导者遵守伦理规范和承担专业伦理责任。

6.5 从事教学、培训工作的心理师应采取适当措施设置和计划课程，确保教学及培训能够提供适当的知识和实践训练，达到教学或培训目标。

6.6 承担教学任务的心理师应向学生明确说明自己与实习场所督导者各自的角色与责任。

6.7 担任培训任务的心理师在进行相关宣传时应实事求是，不得夸大或欺瞒。心理师应有足够的伦理敏感性，有责任采取必要措施保护被培训者个人隐私和福祉。心理师作为培训项目负责人时，应为该项目提供足够的专业支持和保证，并承担相应责任。

6.8 担任督导任务的心理师应向被督导者说明督导目的、过程、评估方式及标准，告知督导过程中可能出现的紧急情况，中断、终止督导关系的处理方法。心理师应定期评估被督导者的专业表现，并在训练方案中提供反馈，以保障专业服务水准。考评时，心理师应实事求是，诚实、公平、公正地给出评估意见。

6.9 从事教学、培训和督导工作的心理师应审慎评估其学生、被培训者或被督导者的个体差异、发展潜能及能力限度，适当关注其不足，必要时给予发展或补救机会。对不适合从事心理咨询或治疗工作的专业人员，应建议其重新考虑职业发展方向。

6.10 承担教学、培训和督导任务的心理师有责任设定清楚、适当、具文化敏感度的关系界限；不得与学生、被培训者或被督导者发生亲密关系或性关系； 不得与有亲属关系或亲密关系的专业人员建立督导关系；不得与被督导者卷入心理咨询或治疗关系。

6.11 从事教学、培训或督导工作的心理师应清楚认识自己在与学生、被培训者或被督导者关系中的优势，不得以工作之便利用对方为自己或第三方牟取私利。

6.12 承担教学、培训或督导任务的心理师应明确告知学生、被培训者或被督导者，寻求专业服务者有权了解提供心理咨询或治疗者的资质；他们若在教学、培训和督导过程中使用后者的信息，应事先征得其同意。

6.13 承担教学、培训或督导任务的心理师对学生、被培训者或被督导者在心理咨询或治疗中违反伦理的情形应保持敏感，若发现此类情形应与他们认真讨论，并为保护寻求专业服务者的福祉及时处理；对情节严重者，心理师有责任向本学会临床心理学注册工作委员会伦理工作组或其他适合的权威机构举报。

7. 研究和发表

心理师应以科学的态度研究并增进对专业领域相关现象的了解，为改善专业领域做贡献。以人类为被试的科学研究应遵守相应的研究规范和伦理准则。

7.1 心理师的研究工作若以人类作为研究对象，应尊重人的基本权益，遵守相关法律法规、伦理准则以及人类科学研究的标准。心理师应负责被试的安全，采取措施防范损害其权益，避免对其造成躯体、情感或社会性伤害。若研究需得到相关机构审批，心理师应提前呈交具体研究方案以供伦理审查。

7.2 心理师的研究应征求被试知情同意；若被试没有能力做出知情同意，应获得其法定监护人知情同意；应向被试（或其监护人）说明研究性质、目的、过程、方法、技术、保密原则及局限性，被试可能体验到的身体或情绪痛苦及干预措施，预期获益、补偿；研究者和被试各自的权利和义务，研究结果的传播形式及其可能的受众群体等。

7.3 免知情同意仅限于以下情况：（1）有理由认为不会给被试造成痛苦或伤害的研究，包括①正常教学实践研究、课程研究或在教学背景下进行的课堂管理方法研究；②仅用匿名问卷、以自然观察方式进行的研究或文献研究，其答案未使被试触犯法律、未损害其财务状况、职业或声誉，且隐私得到保护；③在机构背景下进行的工作相关因素研究，不会危及被试的职业，且其隐私得到保护。（2）法律、法规或机构管理规定允许的研究。

7.4 被试参与研究，有随时撤回同意和不再继续参与的权利，并且不会因此受到任何惩罚，而且在适当情况下应获得替代咨询、治疗干预或处置。心理师不得以任何方式强制被试参与研究。干预或实验研究需要对照组时，需适当考虑对照组成员的福祉。

7.5 心理师不得用隐瞒或欺骗手段对待被试，除非这种方法对预期研究结果必要，且无其他方法代替；研究结束后，必须向被试适当说明。

7.6 禁止心理师和当前被试通过面对面或任何媒介发展涉及性或亲密关系的沟通和交往。

7.7 撰写研究报告时，心理师应客观地说明和讨论研究设计、过程、结果及局限性，不得采用或编造虚假不实的信息或资料，不得隐瞒与研究预期、理论观点、机构、项目、服务、主流意见或既得利益相悖的结果，并声明利益冲突；如果发现已发表研究有重大错误，应更正、撤销、勘误或以其他合适的方式公开纠正。

7.8 心理师撰写研究报告时应注意对被试的身份保密（除非得到其书面授权），妥善保管相关资料。

7.9 心理师在发表论著时不得剽窃他人成果，引用其他研究者或作者的言论或资料应按照学术规范或国家标准注明原著者及资料来源。

7.10 心理师科研、写作若采用心理咨询或心理治疗案例，应确保隐匿可辨认出寻求专业服务者的信息。涉及寻求专业服务者的案例报告，应与其签署知情同意书。

7.11 全文或文中重要部分已登载于某期刊或已出版著作，心理师不得在未获原出版单位许可情况下再次投稿；同一篇稿件或主要数据相同的稿件不得同时向多家期刊投稿。

7.12 研究工作由心理师与同行一起完成时，著述应以适当方式注明全部作者、有特殊贡献者，心理师不得以个人名义发表或出版。论著主要内容源于学生的研究报告或论文，应取得学生许可并将其列为主要作者之一。

7.13 心理师审阅学术报告、文稿、基金申请或研究计划时应尊重其保密性和知识产权。心理师应审阅在自己能力范围内的材料，并避免审查工作受个人偏见影响。

8. 远程专业工作（网络/电话咨询）

心理师有责任告知寻求专业服务者远程专业工作的局限性，使其了解远程专业工作与面对面专业工作的差异。寻求专业服务者有权选择是否在接受专业服务时使用网络／电话咨询。远程工作的心理师有责任考虑相关议题，并遵守相应的伦理规范。

8.1 心理师通过网络／电话提供专业服务时，除了常规知情同意外，还需要帮助寻求专业服务者了解并同意下列信息：①远程服务所在的地理位置、时差和联系信息；②远程专业工作的益处、局限和潜在风险；③发生技术故障的可能性及处理方案；④无法联系到心理师时的应急程序。

8.2 心理师应告知寻求专业服务者电子记录和远程服务过程在网络传输中保密的局限性，告知寻求专业服务者相关人员（同事、督导、个案管理者、信息技术员）有无权限接触这些记录和咨询过程。心理师应采取合理预防措施（ 例如设置用户开机密码、网站密码、咨询记录文档密码等）以保证信息传递和保存过程中的安全性。

8.3 心理师远程工作时须确认寻求专业服务者真实身份及联系信息，也需确认双方具体地理位置和紧急联系人信息，以确保后者出现危机状况时可有效采取保护措施。

8.4 心理师通过网络 / 电话与寻求专业服务者互动并提供专业服务时，应全程验证后者真实身份，确保对方是与自己达成协议的对象。心理师应提供专业资质和专业认证机构的电子链接，并确认电子链接的有效性以保障寻求专业服务者的权利。

8.5 心理师应明白与寻求专业服务者保持专业关系的必要性。心理师应与后者讨论并建立专业界限。寻求专业服务者或心理师认为远程专业工作无效时，心理师应考虑采用面对面服务形式。如果心理师无法提供面对面服务，应帮助对方转介。

9. 媒体沟通与合作

心理师通过公众媒体（电台、电视、报纸、网络等）和自媒体从事专业活动 或以专业身份开展心理服务（讲座、演示、访谈、问答等），与媒体相关人员合作与沟通需要遵守下列伦理规范。

9.1 心理师及其所在机构应与媒体充分沟通，确认合作方了解心理咨询与治疗的专业性质与专业伦理，提醒其自觉遵守伦理规范，承担社会责任。

9.2 心理师应在专业胜任力范围内，根据自己的教育、培训和督导经历、工作经验与媒体合作，为不同人群提供适宜而有效的专业服务。

9.3 心理师如与媒体长期合作，应特别考虑可能产生的影响，并与合作方签署包含伦理款项的合作协议，包括合作目的、双方权利与义务、违约责任及协议解除等。

9.4 心理师应与拟合作媒体就如何保护寻求专业服务者个人隐私商讨保密事宜，包括保密限制条件以及对寻求专业服务者信息的备案、利用、销毁等，并将有关设置告知寻求专业服务者，并告知其媒体传播后可能带来的影响，由其决定是否同意在媒体上自我暴露、是否签署相关协议。

9.5 心理师通过公众媒体（电台、电视、出版物、网络等）从事课程、讲座、演示等专业活动或以专业身份提供解释、分析、评论、干预时，应尊重事实，基于专业文献和实践发表言论。其言行皆应遵循专业伦理规范，避免伤害寻求专业服务者、误导大众。

9.6 心理师接受采访时应要求媒体如实报道。文章发表前应经心理师本人审核确认。如发现媒体发布与自己个人或单位相关的错误、虚假、欺诈和欺骗的信息，或其报道断章取义，心理师应依据有关法律法规和伦理准则要求媒体予以澄清、纠正、致歉，以维护专业声誉、保障受众利益。

10. 伦理问题处理

心理师应在日常专业工作中践行专业伦理规范，并遵守有关法律法规。心理师应努力解决伦理困境，与相关人员直接而开放地沟通，必要时向督导及同行寻求建议或帮助。本学会临床心理学注册工作委员会设有伦理工作组，提供与本伦理守则有关的解释，接受伦理投诉，并处理违反伦理守则的案例。

10.1 心理师应当认真学习并遵守伦理守则，缺乏相关知识、误解伦理条款都不能成为违反伦理规范的理由。

10.2 心理师一旦觉察自己工作中有失职行为或对职责有误解，应尽快采取措施改正。

10.3 若本学会专业伦理规范与法律法规冲突，心理师必须让他人了解自己的行为符合专业伦理，并努力解决冲突。如这种冲突无法解决，心理师应以法律和法规作为其行动指南。

10.4 如果心理师所在机构的要求与本学会伦理规范有矛盾之处，心理师需澄清矛盾的实质，表明自己有按专业伦理规范行事的责任。心理师应坚持伦理规范并合理解决伦理规范与机构要求的冲突。

10.5 心理师若发现同行或同事违反了伦理规范，应规劝；规劝无效则通过适当渠道反映问题。如其违反伦理行为非常明显，且已造成严重危害，或违反伦理的行为无合适的非正式解决途径，心理师应当向临床心理学注册工作委员会伦理工作组或其他适合的权威机构举报，以保护寻求专业服务者的权益，维护行业声誉。心理师如不能确定某种情形或行为是否违反伦理规范，可向临床心理学注册工作委员会伦理工作组或其他适合的权威机构寻求建议。

10.6 心理师有责任配合临床心理学注册工作委员会伦理工作组调查可能违反伦理规范的行为并采取行动。心理师应了解对违反伦理规范的处理申诉程序和规定。

10.7 伦理投诉案件的处理必须以事实为根据，以伦理守则相关条文为依据。

10.8 违反伦理守则者将按情节轻重给予以下处罚：①警告；②严重警告，被投诉者必须在指定期限内完成不少于 16 学时的专业伦理培训或／和临床心理学注册工作委员会伦理工作组指定的惩戒性任务；③暂停注册资格，暂停期间被投诉者不能使用注册督导师、注册心理师或注册助理心理师身份工作，同时暂停其相关权利（选举权、被选举权、推荐权、专业晋升申请等），必须在指定期限内完成不少于 24 学时的专业伦理培训或／和临床心理学注册工作委员会伦理工作组指定的惩戒性任务，如果不当行为得以改正则由临床心理学注册工作委员会评估讨论后，取消暂停使用注册资格的决定，恢复其注册资格；④永久除名，取消注册资格后，临床心理学注册工作委员会不再受理其重新注册申请，并保留向相关部门通报的权利。

10.9 反对以不公正态度或报复方式提出有关伦理问题的投诉。

附：《守则》包含的专业名词定义

临床心理学（clinical psychology）：心理学分支学科之一。它既提供相关心理学知识，也运用这些知识理解和促进个体或群体心理健康、身体健康和社会适应。临床心理学注重个体和群体心理问题研究，并治疗严重心理障碍（包括人格障碍）。

咨询心理学（counseling psychology）：心理学分支学科之一。它运用心理学知识理解和促进个体或群体心理健康、身体健康和社会适应。咨询心理学关注个体日常生活的一般性问题，以增进其良好的心理适应能力。

心理咨询（counseling）：基于良好的咨询关系，经训练的临床与咨询专业人员运用咨询心理学理论和技术，消除或缓解求助者的心理困扰，促进其心理健康与自我发展。心理咨询侧重一般人群的发展性咨询。

心理治疗（psychotherapy）：基于良好的治疗关系，经训练的临床与咨询专业人员运用临床心理学有关理论和技术，矫治、消除或缓解患者心理障碍或问题，促进其人格向健康、协调的方向发展。心理治疗侧重心理疾患的治疗和心理评估。

心理师（clinical and counseling psychologist）：系统学习过临床与咨询心理学专业知识、接受过系统的心理治疗与咨询专业技能培训和实践督导，正从事心理咨询和心理治疗工作，并在中国心理学会有效注册的督导师、心理师、助理心理师。心理师包括临床心理师（Clinical Psychologist）和咨询心理师（Counseling Psychologist）。二者界定依赖于申请者学位培养方案中的名称。

督导师（supervisor）：从事临床与咨询心理学相关教学、培训、督导等心理师培养工作，达到中国心理学会督导师注册条件并有效注册的资深心理师。

寻求专业服务者（professional service seeker）：来访者（client）、精神障碍患者（patient）或其他需要接受心理咨询或心理治疗专业服务的求助者。

剥削（exploitation）：个人或团体违背他人意愿或在其不知情时，无偿占有其劳动成果，或不当利用其所拥有的物质、经济和心理资源，牟取利益或得到心理满足。

福祉（welfare）：个体、团体或公众的健康、利益、心理成长和幸福。

多重关系（multiple relationships）：心理师与寻求专业服务者间除心理咨询或治疗关系外，存在其他社会关系。除专业关系外，还有一种社会关系为双重关系（dual relationships），两种以上社会关系为多重关系。

亲密关系（romantic relationship）：人与人之间所产生的紧密情感联系，如恋人、同居和婚姻关系。

远程专业工作（remote counseling）：通过网络、电话等电子媒介进行、非面对面心理健康服务方式。

附录二　××职业技术学院学生心理危机干预工作管理办法

总　则

第一条　为落实《高等学校学生心理健康教育指导纲要》（教党〔2018〕41 号）、《加强新时代高校学生心理健康教育工作的实施办法》（湘教工委发〔2021〕2 号）精神，进一步加强和提升我校学生心理健康教育工作，推进学生心理危机干预及自杀预防工作，更好地帮助有严重心理问题的学生渡过心理难关，及早预防、及时疏导、有效干预、快速控制学生中可能出现的心理危机事件，降低学生心理危机事件的发生率，减少学生因心理危机带来的生命损失，特制订本办法。

第二条　心理危机是指个人面临困难情景而无法解决时，意识、行为和情感方面出现的功能失调和心理失衡。心理危机干预是对处于心理失衡状态的个体进行简短而有效的帮助，使他们渡过心理危机，恢复生理、心理和社会功能水平。

第三条　按照新形势下学生心理健康教育工作的要求，结合我校学生心理健康教育工作的实践，建构学生心理危机干预系统。

第四条　从建立心理危机预防教育体系、建立心理危机预警机制、提高危机干预反应能力和强化危机干预效果等方面着手，贯彻生命第一、亲属参与、全程监护、分工协作、事后干预以及保密的原则。

组织机构

第五条　学校成立“学生心理危机干预工作领导小组”。学生心理危机干预工作由心理危机干预工作领导小组全面指导，领导小组是心理危机干预工作的最高领导小组。主要职责是：全面规划和领导学生心理危机干预工作，督促有关部门或单位认真履行危机干预工作的职责，为重大危机事件的处理作出决策。领导小组由学校主管学生工作的校领导任组长，成员由学生工作部（处）、保卫处、后勤等单位负责人担任，办公室设在学生心理健康教育中心。心理健康教育中心成立学生心理危机鉴定与干预专家组，负责对学生心理危机进行评估，制订危机事件处理方案，实施危机风险化解措施。

第六条　各学院学生心理危机干预工作由二级学院主管学生工作负责人和

心理辅导员负责，全体教职员工均有协助与配合的责任和义务。

第七条　各学院、班级应充分发挥朋辈互助心理部、班级心理委员和心理信息员在学生心理危机干预中教育、管理和服务的作用。

重点关注学生

第八条　存在心理危机倾向与处于心理危机状态的学生是重点关注学生。确定重点关注学生存在心理危机一般指对象存在具有重大影响的生活事件，情绪剧烈波动，或认知、躯体或行为方面有较大改变，且用平常解决问题的方法暂时不能应对或无法应对目前的危机。

第九条 存在下列因素之一的学生，应作为重点关注学生予以特别关注：

1. 情绪方面：心理危机对象表现出高度的焦虑、紧张、丧失感、空虚感，且可伴随恐惧、愤怒、罪恶、烦恼、羞愧等。

2. 认知方面：身心沉浸于悲痛中，导致记忆和认知改变。难以区分事物的异同，体验到的事物间关系含糊不清，做决定和解决问题的能力受到影响，有时害怕自己发狂。一旦危机解决可迅速恢复知觉。

3. 行为方面：不能专心学习或工作。回避他人或以特殊方式使自己不孤单。令人生厌或具有黏着性，与社会的联系被破坏，可产生伤己或者伤人的行为。拒绝帮助，认为接受帮助是软弱无能的表现。行为与思维情感不一致，出现过去没有过的非典型行为。

4. 躯体方面：有失眠、头晕、食欲不振、胃部不适等症状。

此外，至少存在以下现象之一的学生应作为重点关注学生予以特别关注。

5. 实施自残、自杀、伤人等过激行为或有实施这些行为的倾向者：过去有过自杀的企图或行为者，经常有自杀意念者，家庭亲友中有自杀史或自杀倾向者。

6. 有严重心理疾病：如患有抑郁症、精神分裂症等相关疾病以及有家族病史的学生。

7. 患有严重躯体疾病：内心痛苦、治疗周期长，以及饮食、睡眠、体重等短时间内明显变化的学生。

8. 遭遇重大生活事件：如家庭发生重大变故、遭遇性伤害、受到自然或社会意外刺激、个人感情受挫、学业受挫、由于身边的同学出现个体心理危机状况而受到影响的学生。

9. 人际关系失调或人际冲突明显：出现心理或行为异常者。如当众受辱、受惊吓、与同学发生严重人际冲突而受到排斥和歧视，或本人长期排斥外部支持者。

10. 性格过于内向、孤僻、自卑：长期缺乏或丧失社会支持，有强烈的罪恶感、缺陷感或不安全感，存在明显的攻击性行为或暴力倾向的学生。

第十条　对近期发出下列警示讯号的学生，应作为心理危机的重点干预对象及时进行危机评估与干预：

1. 谈论过自杀并考虑过自杀方法，包括在信件、日记、图画或乱涂乱画的只言片语中流露出死亡念头者。

2. 不明原因突然给同学、朋友或家人送礼物、请客、赔礼道歉、述说告别话语等行为明显改变者。

3. 情绪突然明显异常者，如特别烦躁、高度焦虑、恐惧、易感情冲动或情绪异常低落，或情绪突然从低落变为平静，或饮食睡眠受到严重影响者。

心理危机预防教育体系

第十一条　建立心理危机预防教育体系的原则是，重事前预防，重教育发展。大力开展心理危机预防教育，防患于未然，促进学生个体成长和发展。

第十二条　多种途径建立心理危机预防教育体系，通过课堂教学、课外教育活动和学科渗透等方式，大力开展心理危机通识教育、科学人生观价值观教育、耐挫折教育和情绪管理教育。

心理危机预警体系

第十三条　做好学生心理危机早期预警工作，做到对学生的心理状况变化早发现，早报告，早评估，早治疗，信息畅通，反应快速，力争将学生心理危机的发生消除在萌芽状态。

第十四条　建立学生心理健康普查制度。心理健康教育中心每年对全校新生进行心理健康普查，建立学生心理健康档案，并根据普查结果筛选出心理危机高危个体，与学院心理辅导员一起做好这些学生的危机预防工作。

第十五条　建立班级、学院、学校三级预警系统。为掌握全校学生心理健康的动态发展，随时掌握高危个体的心理状况，学校建立学生心理问题动态报告制度。

1. 一级预警：班级。充分发挥班级学生干部、朋辈志愿者关心同学，广泛联系同学的骨干作用，通过多种方式加强思想和感情上的联系与沟通，了解班级学生的思想动态和心理动态，一旦发生异常情况，及时向辅导员、班主任报告。

班级心理委员、寝室心理信息员要随时掌握全班、全寝室同学的心理状况，发现同学有明显的心理异常情况要在第一时间向辅导员、心理健康教育中心汇报。

2. 二级预警：学院。学院党政领导、教师要关爱学生，密切关注学生异常心理与行为，学生政工干部、班主任要有针对性地与学生谈话，帮助学生解决心理困惑，对重要情况，要立即向有关领导、有关部门报告，并在专家指导下及时对危机学生进行快捷、有序的干预。辅导员要深入学生之中并通过班级心理委员、寝室心理信息员和学生干部等及时了解学生的心理健康状况。主管学生工作的学院学生工作负责人应每月至少召集学院辅导员召开一次以上心理健康教育专题工作会议，及时了解全院学生心理健康变化情况，心理健康教育研究中心将不定期检查会议记录。学院心理辅导员应每月组织召开一次全体寝室心理信息员会议，定期填报《学生心理健康动态报表》，并于心理辅导员例会时上交至学校学生心理健康教育中心。如发现有学生心理问题迅速恶化或新发现有严重心理问题的学生，学院应将该生的情况在第一时间以电话的形式上报，并在24小时内以书面形式向心理健康教育中心报告。

3. 三级预警：学校。学校每年针对大学新生开展学生心理健康普查，建立学生心理健康档案，筛查出主动干预的对象并采取相应措施。

4. 学校心理咨询老师在心理辅导或咨询过程中，如发现处于危机状态需要立即干预的学生，要及时采取相应的干预措施。对学生中存在的严重心理危机、发生的心理危机事故及其处理情况，心理健康教育中心应及时向学校学生心理危机干预工作领导小组汇报。

第十六条　建立医院学生心理危机报告制度。校医院应将因心理危机前来求医学生的相关信息记载清楚，并及时反馈给心理健康教育中心。

第十七条　建立朋辈心理互助员学生心理危机报告制度。朋辈心理互助员发现学生存在心理危机，应及时将相关信息以电话和书面的形式报告给心理健康教育中心。

第十八条　建立学生心理危机评估制度。专家组对学院、医院、心理咨询老师等报告的存在心理危机的学生进行及时的心理危机风险评估。

第十九条　建立《一级心理危机重点关注学生预警库》录入制度。心理健康教育中心建立《一级心理危机重点关注学生预警库》，将全校有心理危机倾向及需要进行危机干预的学生信息录入其中，实行动态管理。

第二十条　建立分层负责制度。对于进入《一级心理危机重点关注学生预警库》的学生或突发心理危机的学生，根据省教育厅“五个一”的要求，即“一名学生、一名领导、一套班子、一个方案，一抓到底”的工作机制，由学院主管学生工作的领导牵头，根据专家组的心理危机评估结果实施相应的干预措施；对于特别严重的情况，以学校为主，由学校分管领导、学工部（处）牵头，科学地制订工作方案。

心理危机干预体系

第二十一条　对于进入《一级心理危机重点关注学生预警库》的学生或突发心理危机的学生，学校根据其心理危机程度实施心理危机干预。其危机程度由心理健康教育中心专家组评估确定。

第二十二条　建立支持体系。通过开展丰富多彩的文体活动丰富学生的课余生活，培养他们积极向上、乐观进取的心态，帮助他们形成团结友爱、互帮互助的良好人际氛围。全体教师尤其是辅导员、心理辅导员应该经常关心学生的学习生活，帮助学生解决学习生活上的困难，与学生交心谈心，做学生的知心朋友。班级心理委员、宿舍心理信息员及学生党员等朋辈互助队伍对心理困难的学生应提供及时周到的帮助，真心诚意地帮助他们渡过难关。

第二十三条　建立转介治疗体系。对有严重心理危机的学生应进行及时的治疗。转介到市级、省级专业精神医院接受心理治疗和药物治疗。

第二十四条　建立阻控体系。对于学校可调控的可能引发学生心理危机的人、事或情景等刺激物，领导小组应协调有关部门，及时阻断刺激物对危机个体的不良刺激。对于危机个体遭遇刺激后引起紧张性反应可能攻击的对象，学院应采取保护或回避措施。

第二十五条　建立监护体系。对有心理危机的学生在校期间要进行监护。

1. 对心理危机程度较轻，能在学校正常学习者，学院应成立以学生干部为负责人、同寝室同学为主的不少于两人的学生监护小组，以及时了解该生的心理与行为状况，对该生进行安全监护。监护小组应及时向学院汇报该生的情况。

2. 对于心理危机程度较高但能在校坚持学习并接受治疗者，学院应将情况告知家长，家长如愿意将其接回家治疗则让学生休学回家治疗，如家长不愿意接其回家则在与家长签订书面协议后由家长陪伴监护。

3. 经专家组评估与确认为严重心理危机对象或对他人存在生命威胁者，学院应立即通知家长，并对学生作休学或退学处理。在学院与学生家长进行安全责任移交之前，学院应对该生作24小时特别监护。对心理危机特别严重者，应立即通知学生家长并在有监护的情况下送医院治疗。对于出现危机事故的学生在医院接受救治期间，学院亦应指派学生协助保卫人员在学生家长到来之前，根据医院要求在病房进行24小时特别监护。

第二十六条　建立救助体系和应急预案。对于突发的学生自伤自毁事故，学生所在学院的专职学工干部，应在闻讯后立即赶赴现场，并立即报告给校学生工作部（处）、保卫处、校医务室、校心理健康教育中心等部门，对出现心理危机的学生进行紧急救助。上述各部门在接到通知后应派人立即赶到现场并进行紧急援救。特殊情况下，学院可先将学生紧急送至医院治疗，然后向有关部门汇报。现场紧急救助各部门职责如下：

1. 学生工作部（处）负责现场的指挥协调。

2. 保卫处负责保护现场，配合学院对危机对象实施生命救护，协助有关部门对事故进行调查取证，配合学院及医疗部门对学生进行医疗救护过程中的安全监护。

3. 校医务室负责对危机对象实施紧急救治，或配合相关人员护送其转医院治疗。

学生自杀干预措施

第二十七条　对实施自杀行为学生的干预措施：

1. 对正在实施自杀行为和自杀未遂的学生，一旦发现便应立即启动心理危机干预机制，各有关部门立即派人赶赴现场协调配合处理危机。

2. 对刚实施自杀行为的学生，要立即送到最近的医疗机构实施紧急救治，进行紧急的、适度的身体治疗，对自杀未遂而产生的身体外伤，或者服药自杀导致身体受损的学生，都要送正规的医疗机构处理和治疗。

3. 及时保护、勘察、处理现场，防止事态扩散和对其他学生产生不良刺激，配合有关部门对事件进行调查取证。

4. 再度自杀危险度评估。自杀未遂学生可能对自杀未遂心绪复杂，不愿透露自己的想法。但还是应该通过与之交谈、与周围同学了解情况来评估其精神状况、抑郁程度、再度自杀的危险性、社会支持系统等，为之后的干预措施提供指导。

5. 正确应对新闻媒体，防止不恰当报道引发负面影响。

第二十八条　对有自杀意念学生的干预措施：

发现或知晓某学生有自杀意念，即该生近期有实施自杀的想法和念头，则要密切给予关注，并视其严重程度采取以下措施：

1. 立即将该生转移到安全环境，并成立监护小组对该生实行24小时全程监护，确保该生人身安全，同时通知该生家长到校。

2. 由有关部门或专家对该生的心理状况进行评估或会诊，并提供书面意见。

3. 如评估该生住院治疗有利于心理康复，学校应立即通知家长将该生送至专业精神卫生机构进行治疗。

4. 如评估该生回家休养治疗有利于心理康复，学校应立即通知家长将该生带回家休养治疗。

第二十九条　对有伤害他人意念或行为学生的干预措施：

1. 对有伤害他人意念或行为的学生，由相关部门立即采取相应措施，保护双方的安全。

2. 专家组对其精神状态进行评估或会诊并提供书面意见，学校根据评估意见进行后续处理。

有关部门的职责及责任追究

第三十条　全校各部门尤其是参与危机干预工作的各部门及其工作人员，应服从指挥，统一行动，认真履行自己的职责。在接到学生心理危机事故报案后，要做到快速反应，立即赶赴现场，迅速果断地采取有效措施。对失职造成学生生命损失的，要对单位或个人实行责任追究。具体说来，在下列情况下，要追究单位或个人责任：

1. 危机事件处理过程中需要某些单位协助而单位负责人不服从协调部门指挥的；

2. 参与危机干预事故处理的相关人员故意拖延时间不能及时赶到现场，或在现场不配合、不服从统一指挥而延误时机的；

3. 学院对学生心理危机不闻不问，或知情不报，或不及时上报，或执行学校危机干预方案不力造成严重后果的；

4. 校医院在学校相关部门出具了证明的情况下因经费问题拒绝对学生实施紧急救治的。

附 则

第三十一条 各学院应针对本院学生的实际情况，本着教育为主、及时干预、跟踪服务的原则，制订好本院学生心理危机干预工作的具体措施，畅通学生心理危机的早期预警通道，随时掌握心理危机学生的心理变化。

第三十二条 各学院在开展危机干预与危机事故处理过程中，应做好资料的收集与证据保留工作，包括与相关方面打交道的重要电话录音、谈话录音、书面记录、书信、照片等。

第三十三条 本办法由学生工作部（处）负责解释。

第三十四条 本办法自发布之日起开始实施。

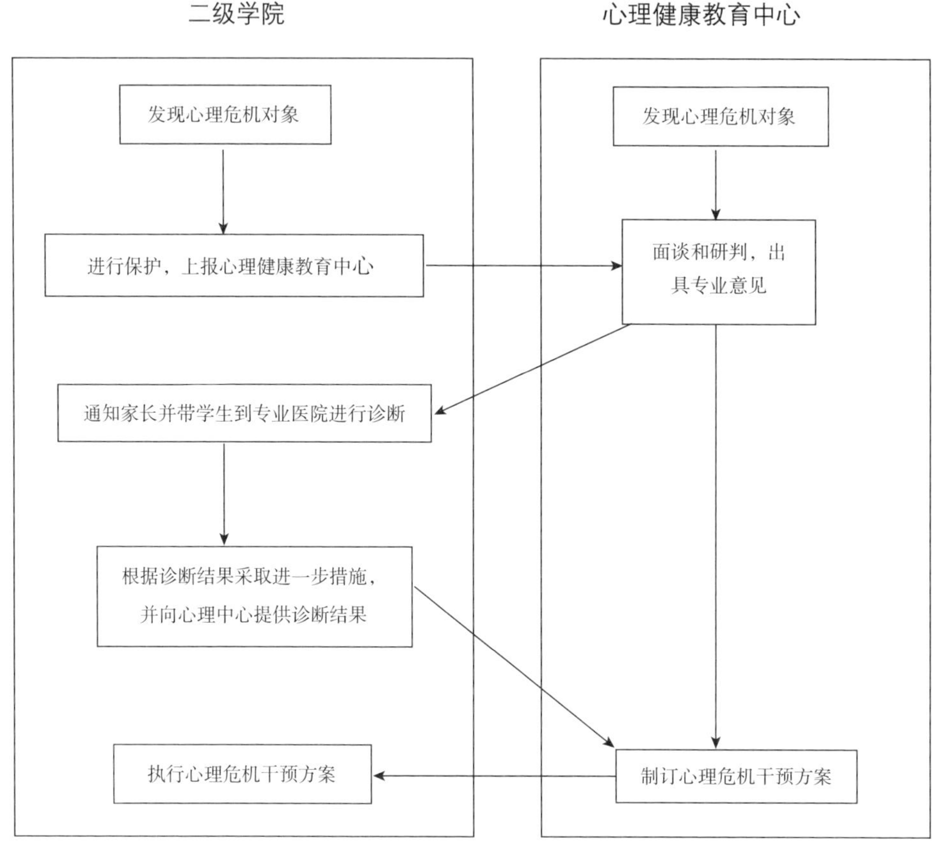

附图 心理危机干预流行图